HARDPRESS.NET
HOME OF HARD-TO-FIND BOOKS

Zeiten, Völker und Menschen
by Karl Hillebrand

Address:
HardPress
8345 NW 66TH ST #2561
MIAMI FL 33166-2626
USA
Email: info@hardpress.net

1

Zeiten, Völker und Menschen

von

Karl Hillebrand.

Erster Band.

Frankreich und die Franzosen.

Zweite umgearbeitete und vermehrte Auflage.

Berlin,
Verlag von Robert Oppenheim.
1874.

Frankreich und die Franzosen

in der

zweiten Hälfte des XIX. Jahrhunderts.

Eindrücke und Erfahrungen

von

Karl Hillebrand.

Zweite umgearbeitete und vermehrte Auflage.

Berlin

Verlag von Robert Oppenheim

1874.

Uebersetzungsrecht vorbehalten.

Seinem lieben

ans von Bülow

sendet dieses Büchlein

als Freundesgruß aus der Ferne

der Verfasser.

Inhalt.

Vorwort zur zweiten Auflage.

Die hier in erweiterter Gestalt erscheinenden „Ein= brücke und Erfahrungen" aus dem französischen Leben sind so freundlich aufgenommen und selbst von Anders= denkenden so nachsichtig beurtheilt worden, daß ein Paar Worte des Dankes und der Verständigung wohl am Platze sein dürften.

Einmüthig haben die zahlreichen Stimmen, welche über das fast zufällig entstandene, kaum als Buch ge= meinte Büchlein laut geworden sind, die redliche Absicht des Verfassers zugegeben, seine Kenntniß von Land und Leuten betont, seinen Standpunkt gebilligt: und das ist ja einem Schriftsteller, dem seine Arbeit am Herzen liegt, wohl die dankenswertheste Anerkennung. Nament= lich hat die englische und amerikanische Kritik — be= zeichnender Weise hat in Frankreich auch nicht eine

Seele von der Schrift Notiz genommen — die ganze Ausführung sogleich cum grano salis verstanden und die Grundanschauung des Verfassers, wie seine augenblickliche Absicht, wenn hier überhaupt von Absicht die Rede sein kann, sofort herausgefühlt. Nicht ganz so gut ist es ihm mit der deutschen Presse ergangen, die ihn zwar durchgängig mit dem größten Wohlwollen belobt, jedoch durchaus nicht immer errathen hat, ihn bald zu wörtlich nahm, bald hinter dem Ausgesprochensten Nebenmotive voraussetzte. An Meinungsverschiedenheit hat es natürlich auch nicht gefehlt: doch daran darf sich Niemand stoßen, noch weniger versuchen wollen sie durch Ueberredung zu beseitigen; und der Verfasser überläßt es ruhig den Ereignissen und dem Urtheil der Spätergebornen zu entscheiden, ob seine Auffassung von Menschen und Verhältnissen die richtigere ist oder diejenige, welche allgemein in Deutschland gang und gäbe ist. Anders ist es mit Mißverständnissen. So oft ein solches vorwaltet, ist es ausschließlich dem Schriftsteller zur Last zu legen. Seine erste Pflicht ist es sich so auszudrücken, daß für den Leser keine Zweideutigkeit möglich sei. Hat er aber, wie der Verfasser dieser Aufzeichnungen, lange zu einem fremden Publikum geredet, so muß er vor Allem sich selber fragen, ob er nicht hie und da einen Ton angeschlagen, der dem vaterländischen Leser nicht geläufig ist. Einige Fragen, in denen der Verfasser fürchtet nicht verständlich genug geredet zu haben, erlaube man ihm hier noch einmal kurz zu berühren.

Zweimal in der kleinen Schrift ist es ausdrücklich hervorgehoben worden, wie nothwendig es sei, von dem verkommenen öffentlichen Leben der französischen Nation keine nachtheiligen Rückschlüsse auf das Privatleben zu machen. Nichtsdestoweniger haben manche Recensenten in der Constatirung des, von dem germanischen so verschiednen, moralischen Standpunktes der Franzosen ein sittliches Verdammungsurtheil sehen wollen. Der Verfasser aber, der sich stets bemüht hat, Spinoza's Rath zu befolgen und, soviel wie möglich, die Dinge zu verstehen, nicht zu tadeln, noch zu loben, hat nie daran gedacht aus seinen Sympathien und Antipathien für diesen oder jenen moralischen Standpunkt Kriterien für den Werth derselben machen zu wollen. Er kann daher nur ein drittes Mal wiederholen, daß er im französischen Privatleben ebensoviel Beneidenswerthes findet, als er in dem politischen Leben der Nation wenig Symptome einer wiederkehrenden Gesundheit zu sehen vermag. Will ihn doch bedünken, daß eher in den acht Monaten, welche seit dem Erscheinen der ersten Ausgabe verflossen sind, eine bedenkliche Verschlimmerung der chronischen Krankheit Neufrankreich's eingetreten ist.

Neufrankreich's, muß wiederholt werden: denn, obschon der Titel des Buches ausdrücklich von der zweiten Hälfte dieses Jahrhunderts spricht, haben verschiedne Berichterstatter doch auf die Vergangenheit des Landes übertragen, was nur von dem durch achtzig Revolutionsjahre zerrütteten Lande gemeint war. Niemand be-

wundert das alte Frankreich aufrichtiger als der Ver=
faffer. Was es in Philosophie, Wissenschaft und Litte=
ratur geleistet, weiß jeder halbwegs Gebildete; und man
braucht nur einen Augenblick die Namen Scaliger,
Montaigne, Pascal, Descartes, Bayle, Montesquieu,
Voltaire, Rousseau, Laplace, Cuvier aus der Geschichte
der europäischen Cultur hinwegzudenken, um sich eine
Vorstellung zu machen von dem großartigen, und im
Allgemeinen wohlthätigen, Einfluß des französischen
Geistes auf Europa und die Menschheit. Und mehr
noch als im Wesen ist die Nation in der Form die lang=
jährige Lehrmeisterin Europa's gewesen, ohne deren
Schule die schöne Litteratur Englands und Deutschlands
im vorigen Jahrhundert geradezu unmöglich gewesen
wäre. Ebenso bewundernswerth waren die Traditionen
des französischen Staates, solange diese Traditionen
eben lebendig waren. Staatsmänner und Administra=
toren, wie Heinrich IV. und Sully, wie Richelieu und
Mazarin, wie Louvois und Colbert, wie die ganze Schule
Napoleon's hat die Geschichte weniger Völker aufzu=
weisen. Freilich vermochten sie sich nur so lange zu
produciren, als die Nation, sich dem Instinkte ihrer
eignen Natur überlassend, keine fremden Ideen, wie die
des self-government, des Parlamentarismus u. a., im=
portirte, sondern die aufgeklärte, täglich mehr gemäßigte
und gemilderte, Absolutie als die ihr natürlich zukommende
Staatsform annahm. Erst wenn die Erkenntniß die
Richtigkeit des Instinktes völlig begriffen und bestätigt hat,

ist an eine politische Wiedergeburt Frankreich's zu denken. So lange, wie erst gestern, wie noch heute, die besten Geister und die besten Charaktere der Nation glauben, mit Gesetzen und Einrichtungen Freiheit und Selbst= regierung gründen zu können, so lange ist von keinem sicheren Gesunden der öffentlichen Zustände zu reden, dahingegen die geistige Brache des heutigen Frankreich dem Verfasser ganz unabhängig von dem politischen Ver= fall und nur vorübergehend erscheinen will.

Das Kapitel, welches Thiers gewidmet ist, wurde vielfach so aufgefaßt, als ob der Verfasser den damaligen Dictator Frankreichs für unstürzbar gehalten hätte. Ein neu hinzugefügter Abschnitt mag dieses Mißverständniß aufklären, indem er bestimmter ausspricht, daß nicht der Dictator, sondern die Dictatur das Unvermeidliche war und ist; zugleich soll er als eine Charakteristik der beiden Centren dienen, welche seit anderthalb Jahren mit ein= ander um das Scepter ringen und sich über ihrem Ringen dasselbe wohl wiedereinmal werden entwinden lassen.

Mehrere empfindliche Patrioten haben die Urtheile über Deutschland, welche der Anhang enthält, sowie den ganzen Ton, in dem darin vom Vaterlande gesprochen wird, als ungerecht, oder doch als abfällig gerügt. Es ist ein herrlicher, nie genug zu preisender Zug des deutschen Volkes, daß es so gutmüthig die Sprache der Wahrheit, selbst oder gerade wenn sie derb ist, hören kann, und sie nicht allein von den Großen, wie Lessing,

Göthe, Schopenhauer, sondern auch von weniger Be=
rechtigten, wie Heine, Börne, Gervinus, ja selbst von
den Unbedeutendsten ruhig hinnimmt, sobald es nur die
Vorwürfe als begründet erkennen kann. Nun gibt's
aber Dinge, deren Nationen wie Individuen sich nur
äußerst schwer bewußt werden können, weil der Mensch
eben aus sich heraustreten muß um sie gewahr zu wer=
den: und solche Dinge in's rechte Licht zu stellen, scheint
selbst der unbedeutende Landsmann, der sie, so zu sagen,
von Außen betrachten kann, wohl berufen. Dazu ge=
hören denn auch die vom Verfasser angedeuteten gesell=
schaftlichen Untugenden des deutschen Volkes. Man hat
diese Ausstellungen im Allgemeinen viel zu äußerlich
gefaßt. Der Verfasser sieht die gesellige Barbarei der
Deutschen nicht etwa darin, daß sie den Unterschied zwi=
schen Messer und Gabel noch nicht erlernt haben oder
linkische Bücklinge zu machen pflegen, sondern in der Un=
vermögenheit oder doch Unbeholfenheit die Gränze inne
zu halten zwischen Rohheit und Unnatur. Der Mangel
an Unbefangenheit, und folglich an Anmuth und Würde,
bei den Frauen, die Reizbarkeit, der Trotz und Unbändigkeit
der Männer, verbunden mit dem ungerechtfertigten Eindrin=
gen in's Persönliche der Freunde, worin beide Geschlechter
bei uns wetteifern, haben ihre Wurzeln freilich in den
schönsten Tugenden der Nation: Wahrhaftigkeit — „im
Deutschen lügt man, wenn man höflich ist" —, Ernst
der Ueberzeugungen, Gründlichkeit, Wärme des Interesses,
Unabhängigkeitssinn, Ungeschicklichkeit in der Kunst des

Scheinens; allein dies sind eben doch zumeist Tugenden von Barbaren, deren rauhe Außenseite die Cultur gar wohl abschleifen kann ohne den Kern zu berühren; und wenn ein Volk geistig und sittlich die Barbarei so vollständig überwunden hat, wie es unsres gethan, ohne in die Corruption zu verfallen, so dürfte es auch wohl im Stande sein, sich in der Geselligkeit, welche das halbe Leben ist, ein wenig zu erziehen.

Noch ein Mißverständniß bliebe zurück, das der Verfasser gerne berichtigen möchte, wenn es sich nur in den engen Gränzen eines Vorwortes machen ließe; wenn es überhaupt möglich wäre es zu thun: aber zwischen grundverschiedenen Weltanschauungen gibt's nun einmal keine Verständigung. Man hat dem Verfasser die naive Absicht zugeschrieben, durch seine Schriften die beiden feindlichen Nationen versöhnen, künftige Kriege beschwören zu wollen und was der gutmüthigen Gesinnungen mehr ist. Wer ihm aber solcherlei Absichten überhaupt zuzutrauen vermag, der kann auch nicht eine Sylbe dieser Schrift richtig verstanden haben. Als der Verfasser den Franzosen, wie den Engländern und Italienern, Deutschland zu erklären versuchte, dachte er so wenig wie jetzt, da er den Deutschen Frankreich zu deuten unternimmt, daran praktisch irgend einen Einfluß auszuüben. Er hat schon gar lange eingesehen, daß gute Rathschläge und sittliche Betrachtungen wenig vermögen gegen Interessen und Leidenschaften, als welche allein die Politik beherrschen; und wenn die besten Männer der besten

Zeit, wenn die edelsten und begabtesten Schriftsteller Englands und Frankreichs im XVIII. Jahrhundert, sich umsonst bemühten zwei große Nationen einander durch gegenseitiges Verständniß näher zu bringen, so wird er sich doch wahrlich nicht der Täuschung hingeben, daß seine Schriften heutzutage irgend etwas zur Erweckung friedlicherer Gesinnungen zwischen Deutschland und Frankreich beitragen könnten. Wohl aber dachte er und denkt er, daß es, trotz des bedenklichen Rückschrittes aller höheren Geistesbildung, dem wir seit dreißig bis vierzig Jahren beiwohnen, doch in allen Nationen Europa's noch immer eine Anzahl wirklich Gebildeter gibt, die rohem Nationalhaß nicht die Herrschaft über sich lassen, und denen die Politik weder das einzige, noch das höchste Menschenanliegen ist, — weßhalb sie sich indeß, wenn auch nicht selber dabei zu betheiligen, doch für sie zu interessiren vermögen, wäre es auch nur wie sie's etwa für Geschichte oder Anthropologie thun würden. Für die Erbauung dieser, nicht aber „die Menschen zu bessern und zu bekehren", schreibt der Verfasser, der allzu wohl weiß wie viel der Mensch lernen, wie wenig er ändern kann.

Florenz, 24. November 1873.

K. H.

Einleitendes.

Frankreichs jäher Fall und sein rasches Sicherholen, die tiefen Schäden, welche die Katastrophe bloßgelegt, und das viele Schöne, welches der Deutsche unvermuthet während seiner unfreiwilligen Invasion im französischen Leben entdeckt hat, der Wunsch beides, Gutes und Schlimmes, in seinem historischen Werden oder in der Charakter- und Geistes-Anlage des Volkes zu erkennen — das alles hat in den letzten Jahren zu den mannichfaltigsten Veröffentlichungen über französisches Wesen Anlaß gegeben. Während die einen uns noch warnen zu müssen glaubten vor den Untugenden und Unarten des besiegten Nachbarn, riefen uns schon beredte, freimüthige und sympathische Stimmen ins Gedächtniß, was wir noch alles von dem Tiefgebeugten zu lernen hätten. Freilich ist's ein eigen Ding mit dem Lernen, bei Nationen wie bei Individuen: Kunstgriffe und Methoden, Thatsachen und sogar einzelne Ideen mag man sich wohl von andern holen; aber auch eine Weltanschauung? auch eine Charakteranlage? Und auf diesen beruht ja doch wohl allein das wirklich Gute, wie das wirklich Schlimme — mit andern Worten: das Erlernens- und das Meidenswerthe. Indessen, eine Nation studiren wie der Denker, der Geschichtschreiber, der Dichter den Menschen studirt, ohne

1 *

irgend einen Gedanken an praktische Nutzanwendung,
allein aus Interesse am Menschenschauspiel, das soll uns
doch gewiß nicht benommen sein. Ein fremdes Volk
als eine gleichzeitige Vergangenheit anzusehen, uns selbst
wie eine gleichzeitige Nachwelt ihm gegenüber zu geriren,
seiner innern und äußern Entwicklung mit Theilnahme
nachzugehen, wird immer für parteilose und beschauliche
Geister den größten Reiz haben, selbst wenn wir's darum
weder im öffentlichen noch im Privat=Leben irgend besser
machen sollten. So möge es denn einem Deutschen,
der sein halbes Leben in Frankreich zugebracht, erlaubt
sein, ohne allen polemischen Beischmack, so historisch und
objectiv als es ihm möglich, d. h. ohne sich der Sym=
pathie und des Wohlwollens zu erwehren, aus seinem
unendlich reichen Erfahrungsschatz einige weitere Beiträge
zu liefern zu den zahlreichen völkerpsychologischen Stu=
dien, welche die jüngsten Zeitereignisse angeregt haben.
Daß er bei diesen parteilosen Betrachtungen den soge=
nannten „patriotischen" Standpunkt nicht einnehmen kann,
versteht sich wohl von selbst.

Ein geistreicher italienischer Politiker, der uns vor=
trefflich kennt, sagte einst dem Schreiber dieser Zeilen:
„Nein, eitel seid ihr nicht', aber hochmüthig;" und oft
mußte der deutsche Freund dieser Worte gedenken wäh=
rend der letzten Jahre. Schon vor unsern politischen
Erfolgen regte sich jener Hochmuthsteufel in der deut=
schen Wissenschaft, und suchte für das Germanenthum
die Rolle des erwählten Volkes zu beanspruchen. Schon
früherhin mochte man hin und wieder von unserer ganz
absonderlichen culturhistorischen Mission hören; schon in

den vierziger Jahren begann, im Gegensatze zu den
humanitarischen Ansichten des 18. Jahrhunderts und
unserer classischen Literaturperiode, das Gerede von den
„deutschen Tugenden“ selbst im Munde bedeutender
Männer aufzukommen, und die übertriebene Bescheidenheit
der frühern Tage einem etwas gar anmaßlichen Selbst=
gefühl Platz zu machen. Deutscher Fleiß und deutsche
Treue, deutsche Redlichkeit und deutsche Frömmigkeit,
deutsche Offenheit und deutsche Gewissenhaftigkeit, deut=
scher Wille und deutscher Familiensinn, deutsche Tiefe
und deutsches Gemüth namentlich, hörte man schon damals
gar vielfach preisen als wären sie Monopole deutscher
Nation. Schon begann man hie und da herabzusehen
auf Romanen und Slaven mit dem den Engländern
eigenthümlichen Ueberlegenheitsbewußtsein Irländern oder
Indern gegenüber. Ein Gervinus mochte es wagen den
„tiefen“ Wolfram von Eschenbach himmelweit über
Chrétien de Troyes zu stellen, den der fränkische Ritter
ins Deutsche übertragen; Vilmar konnte sich erlauben
Rabelais neben seinem Elsäßer Uebersetzer Fischart als
einen gewöhnlichen Possenreißer zu schildern; ein
Mommsen selbst scheute sich nicht der Nation Dante's
und Leopardi's alle poetische Anlage abzusprechen. Die
Gothik, dieses echteste Kind Nordfrankreichs, galt wider=
spruchslos für „altdeutsche Kunst“, und daß Frankreich
überhaupt kaum etwas mehr als „Mode und Eleganz“
hervorbringen könne, wurde in gewissen Lagern als ganz
ausgemacht angesehen. Gar deutlich sah man noch im
Auge des Nachbarn den Splitter, und lachte weidlich ob
der Prätention mit der er „an der Spitze der Civili=

sation" zu schreiten wähnte, während man ganz unbe=
fangen seinen eigenen Balken zur Schau trug, und von
der „Ueberlegenheit deutscher Bildung" als von etwas
selbstverständlichem redete. Die geschmackvolle Citation
von Paracelsus' Worten in der Antwort deutscher Pro=
fessoren auf die Adresse der Dubliner Universität: „Eng=
länder, Franzosen, Italiener uns nach, nicht wir euch,"
war nur das Losbrechen, in einem Augenblick mangel=
hafter Selbstüberwachung, eines Gefühles, das sich in
gar manche deutsche Gelehrtenbrust eingenistet hatte. Hätte
sich nicht in den sechziger Jahren eine entschiedene Re=
action gegen diese nationale Selbsteingenommenheit ge=
regt, eine Reaction, welche um so beachtenswerther war,
als sie von den Besten ausging — ich erinnere nur an
D. F. Strauß, H. Hettner und K. Justi — hätten im
Augenblick unserer Siege und kurz darauf die Stimmen
unserer bedeutendsten Schriftsteller sich nicht so männlich
erhoben, um uns vor Selbstüberhebung und Selbstüber=
schätzung zu warnen; hätten die deutschen Heerführer
nicht ein so einziges Beispiel von Bescheidenheit und
würdevollem Tact gegeben; hätten nicht so manche auf=
geweckte und parteilose Beobachter sich bemüht auch den
guten Seiten des Feindes gerecht zu werden, wahrlich
die Masse des halbgebildeten Bürgerthums, die schon
anfing, jene Reden von der Superiorität des deutschen
Volkes über alle andern als gar angenehm und süß im
Munde zu führen, hätte sich wohl bald daran gewöhnen
und es bequem finden mögen sich auf dem Hochgefühl
seiner „deutschen Tugenden" zu betten und auszuruhen.

Wer lange unter dem französischen Volke gelebt —

und zwar nicht in Kaffeehäusern, auf Bällen und in
Theatern, sondern in der Familie, im Amt, in bürger=
licher Thätigkeit — wird wohl gerne zugeben, daß auch
unsere Nachbarn ihre Tugenden haben, wenn gleich nicht
diejenigen, welche unserm Gefühle zusagen, noch auch
alle die, welche sie sich gern selber anzudichten pflegten
in den Tagen ihres Glanzes; er wird zugeben müssen,
daß sie im Grunde

  ni cet excès d'honneur, ni cette indignité
verdienen. Höchst verzeihlich im Grunde ist es, daß die
Nation, welche während des 18. Jahrhunderts die euro=
päische Bildung beherrscht, wie England, Spanien, Ita=
lien in den vorhergegangenen Jahrhunderten, noch in
dem Wahne fortgelebt habe, sie sei nicht überholt, zumal
sie ihre politischen Ideen allüberall auf dem Festland in
die Massen dringen sah. Uns, die wir seit fünfzig
Jahren die wissenschaftliche Hegemonie Europa's führen,
kommt es zu, dieselbe entweder zu behaupten, oder die
Zeichen der Herrschaft zu erkennen und anzuerkennen,
sobald wir sie nur bei einem andern Volke gewahr wer=
den sollten; in jedem Fall aber nicht verächtlich herab=
zusehen auf die Nationen, welche sich zeitweilig von uns
überholen ließen. Vor allem aber hüten wir uns, den
sittlichen Verfall unserer Nachbarn zu sehr zu betonen,
weil ein geistiger Stillstand und ein politischer Schwäche=
zustand sich gerade jetzt so bedenklich bei ihnen mani=
festiren. Weder sittlich, noch materiell, ja nicht einmal
politisch und geistig kann die Rede sein von einer Ge=
sunkenheit der französischen Nation, wie etwa die Deutsch=
lands im Jahre 1648, als uns nicht nur die Thatsache,

sondern sogar die Idee des Vaterlandes abhanden ge=
kommen, und nichts zu sehen war in den Reichsgrenzen
als Rohheit und Elend, Bestechlichkeit, Unwissenheit,
Knechtssinn, Unzucht und Völlerei. Ja, es ist nicht
einmal nöthig, so weit zurückzugehen, um unsern Tugend=
stolz etwas abzukühlen und den Glauben an angeborne
Racenvorzüge einigermaßen zu erschüttern. Ist es denn
so lange her, daß unter Wöllner und Bischoffswerder
frömmelnde Heuchelei und cynischster Unglaube alle Re=
ligiosität erstickten? Wo war denn deutsches Pflicht=
gefühl, deutsche Zucht und Häuslichkeit in den Tagen
Gentz' und Wiesel's, des Literatenkreises gar nicht zu
gedenken? Und welcher Patriot erinnerte sich nicht mit
Scham und Ekel jenes Gemäldes von der Bestechlichkeit,
dem Favoritismus, der Liederlichkeit im süddeutschen Be=
amtenstande, während der Rheinbunds = und Restau=
rationszeiten, welches Ritter Lang uns in seinen Me=
moiren entrollt? Wie es aber noch bis in die dreißiger
Jahre in den kleinen Residenzstädten, wie in den ehe=
mals geistlichen Staaten aussah, das haben wir noch
alle „schaudernd selbst erlebt". Gegen alles das ist
wahrlich die vielberufene Corruption des zweiten Kaiser=
reichs kaum der Rede werth. Ueberhaupt von einem
sittlichen Verfall der Nation zu reden, die in den letzten
drei Jahrhunderten schon dreimal — während des Re=
ligionskriegs, unter der Regentschaft und während des
Directoriums — weit tiefer „verfallen" war als sie es
jetzt ist, beweist nur, daß man die Geschichte nicht kennt
oder sie vergißt. Eine Nation kann bei solchem Verfall
noch gar munter und kräftig gedeihen. Man denke nur

an die Daten der Barras'schen Orgien und der Bona=
partischen Siege.

Man spricht von der französischen Ignoranz des
Auslandes, von der Oberflächlichkeit, mit der sie fremde
Dinge behandeln, wenn sie dieselben ihres Studiums, ihrer
Kenntnißnahme würdigen. Und nicht mit Unrecht. Wenige
der sehr zahlreichen französischen Bücher und Zeitschriften,
welche sich mit dem Auslande beschäftigen, dringen wirk=
lich in fremdes Leben und fremden Geist ein. Aber
machen wir es denn viel besser heutzutage? Sind denn
deutsche Schriftsteller, welche Namen wie Mérimée und
Sue, oder Thierry und Capefigue in Einem Athem aus=
sprechen, soviel besser als Franzosen, die von Ranke und
Duller, oder von Lenau und Redwitz als von Zwillings=
brüdern reden?*)

Wie anders kannten unsere Großväter Frankreich
und England! Liest man die Briefe Wieland's, Herder's,
Goethe's, Merck's, so stoßen Einem auf jeder Seite die
fremden Namen auf. Man lese in Justi's herrlichem
Buche, wie Winckelmann die Franzosen las, die er nicht
mochte. Wie Lessing sie kannte, zeigt ein Blick auf die
„Dramaturgie". Sie lebten eben mit Voltaire und

*) Ich erinnere mich, von einem 27jährigen Doctor philoso-
phiae, trefflichen Philologen, tüchtigen Lehrer, der sogar mehrere
Jahre im Auslande zugebracht hatte, gefragt worden zu sein, wer
eigentlich der Bedeutendere sei, Paul oder Alfred de Musset. Von
Beiden wußte er nichts, als daß Einer von ihnen das „Rhein-
lied" geschrieben! Kaum wird man in Frankreich einen Gymnasiasten finden, der Heine ignorirte; und wie viel größer ist die
historische Bedeutung Musset's für Frankreich als Heine's für
Deutschland, des dichterischen Werthes gar nicht zu gedenken.

Rousseau, waren der französischen Sprache mächtig, wie
heute etwa jeder gebildete Russe, und Paris und Leipzig
waren sich um Hunderte von Meilen näher, als in un=
serer Eisenbahnen= und Telegraphenzeit. Daß eine solche
Aenderung eintreten mußte, ist keinem Zweifel unter=
worfen. Eine so vollkommene Vertrautheit mit einer
fremden Literatur ist nur in einem Volke möglich, das
selbst noch keine Literatur hat; aber ist man nicht zu
weit gegangen? Mögen unsere Knaben immerhin fort=
fahren, die Schiller'schen Verse auswendig zu lernen,
anstatt der Alexandriner Corneille's; mögen unsere Jüng=
linge in Kant lieber als in Condillac die Grundlage
ihrer philosophischen Bildung suchen; möge vor Allem
Goethe fortfahren, uns durch das Leben der liebste Be=
gleiter und Freund zu sein — aber muß uns das hin=
dern, ein offenes Auge und offenen Sinn für das Fremde
zu haben? Sollten wir nicht gerade immer dem Bei=
spiele des Dichters und Weisen zu folgen suchen, der
noch in hohem Alter Byron und Manzoni, Mérimée
und Hugo nicht etwa oberflächlich anblätterte, sondern
durchdrang, an sein Herz schloß, sich aneignete? Es ist
gut, sein Weib, seine Kinder und seine Jugendfreunde
täglich um sich zu haben, aber nicht die Gastfreundschaft
allein gebietet uns, auch dem Fremden manchmal einen
Sitz an unserer Tafel einzuräumen, unser wohlverstan=
denes Interesse wird uns sagen, daß unsere Unterhaltung ge=
wiß nicht an Leben, Anmuth und Mannichfaltigkeit dadurch
verlieren wird, daß wir fremde Elemente hineinziehen.

Was dem ruhigen Beobachter französischer Geschichte
und französischer Zustände mehr als alles andere auf=

fällt, ist die Fülle der Widersprüche, denen er darin begegnet. Wie die Stimmung der Nation bald „himmel-
hoch jauchzend", bald „zum Tode betrübt", so ihre
Schicksale bald glanzvoll blendend, bald elend bemitleidenswerth. Leidenschaftliche Theilnahme am Staatswesen und trostlose Gleichgültigkeit, Begeisterung und
Skepticismus, Routine und Neuerungssucht, schwung-
volle Aufopferung und egoistisches Sichauffichselbstzurück-
ziehen, Drängen nach Freiheit und Sichbegnügen im
Absolutismus, folgen sich im öffentlichen Leben rasch und
beinahe unvermittelt. Aberglaube und Unglaube, Unsittlichkeit und Familiensinn, Rhetorik und nüchternster
Geschmack grenzen hart aneinander, begegnen sich, vertragen sich im religiösen, im sittlichen, im geistigen Leben.
Und noch frappanter· ist der Gegensatz zwischen dem
Privatcharakter und dem öffentlichen Charakter des Franzosen. Leichtsinnig, verschwenderisch, nur seinen Im-
pulsen gehorchend wenn sich's um den Staat handelt,
ist er vorsichtig, sparsam, stets besonnen in seinen persönlichen Lebensverhältnissen. Es gibt einen Weg, diesen
Widerspruch zu erklären, die beiden Extreme auf gemeinsame Wurzeln zurückzuführen und darzuthun, wie es
kommt, daß unser Nachbar, dem die· Natur die Gaben
eines ζῶον πολιτικὸν — wenigstens αὐτοκρατικὸν — so absolut verweigert zu haben scheint, als geselliges Wesen
das Höchste leistet, sittlich, geistig und künstlerisch aber
den andern Nationen Europa's, wenn auch nicht überlegen, doch im Allgemeinen ebenbürtig ist.

Irren wir nicht, so liegt das Geheimniß im unver-
mittelten Gegensatze der Charakteranlage und der Geistes-

richtung. Der Rationalismus, die Verständigkeit, ist der Grundzug des französischen Geistes. Erst im 18. Jahr=hundert zu seiner vollsten Entwicklung und zu seinem bestimmtesten Ausdruck gelangt, ist er in der Revolu=tion und dem Kaiserreich zu seiner absolutesten Herr=schaft gekommen, und offenbart er erst in unsern Tagen ganz deutlich seinen bald heilsamen, bald tödtlichen Ein=fluß auf das öffentliche und das Privatleben. Versuchen wir seiner Thätigkeit nachzuspüren, dieselbe in den ver=schiedensten Lebenssphären aufzudecken, und zu sehen, wie er sich mit dem leidenschaftlich erregbaren Tempera=ment, der maßlos vordrängenden Eigenliebe des Kelten verträgt, dem das vermittelnde Element sowohl des ger=manischen Gemüths als des sinnlichen Idealismus des Romanen abgeht. Selbstverständlich kann hier nur von dem Mittelstande die Rede sein, und in diesem nur von der großen Mehrheit und der Regel, nicht von der Minderheit noch der Ausnahme, die gerade in Frank=reich, aus Gründen, die sich später ergeben werden, äußerst selten ist. Die Masse der Arbeiter und Bauern trägt wohl überall die rohen Grundzüge einer Civili=sation; aber diese Züge sind nicht ausgeprägt und aus=gebildet genug, um darin die Physiognomie dieser Civi=lisation zu studiren, wie sie in den höchsten, reichsten Ständen wiederum zu verwischt sind, um ein günstiges Beobachtungsmaterial abzugeben.

Die Gesellschaft und Litteratur.

I.

Familie und Sitte.

1.

Niemandem ist es unbekannt, wie die französische Familie auf die Vernunftehe gegründet ist; doch pflegt man im Auslande das Verhältniß oft viel zu roh aufzufassen. Hat der junge Franzose sich ausgetobt — das il faut que jeunesse se passe ist zur Höhe eines Moralprincips erhoben —, ist er nahe an die Dreißig gekommen und in eine Lebensstellung, die ihm erlaubt, einen Hausstand zu gründen, so sehen seine Eltern, Freunde, manchmal auch er selbst, sich nach einer passenden Partie um. Doch würde man sich sehr irren, wenn man glaubte, er heirathe nur eine Mitgift. Diese muß freilich nothwendig da sein; doch begnügt sich der Bräutigam im allgemeinen, wenn die Rente dieser Mitgift die Hälfte seines Einkommens beträgt. Regel ist getrenntes Eigenthum (régime dotal), doch kommt auch, besonders im Norden, Gütergemeinschaft vor; und auch in dieser Vorsichtsmaßregel, die der Frau in jedem Fall ihren Antheil sichert, offenbart sich der Geist und Charakter der französischen Ehe. Ebenso wichtige Considerationen als die Vermögensverhältnisse sind die Gesundheit, das Alter — die Braut muß durchschnittlich zehn Jahre jünger sein als der Bräutigam — der Cha= rakter, über den sorgfältigste Erkundigungen eingezogen werden, die Lebensgewohnheiten, vor allem aber die Gesellschaftssphäre, der die für einander Bestimmten an= gehören. Nur ungern heirathet der Franzose über seinem Stand, äußerst selten unter ihm. Mißheirathen aus Leidenschaft kommen, so zu sagen, nie vor; ich erinnere mich nicht, von einem reichen und vornehmen Jüngling gehört zu haben, der die Erzieherin seiner Schwester geheirathet, oder von einem Mädchen hohen Standes, das sich hätte von dem Lehrer ihrer Brüder entführen lassen; man weiß, wie alltäglich solche Facta in Ländern germanischer Race sind; von größeren Extravaganzen, wie sie in England so häufig vorkommen, gar nicht zu reden. Wichtig ist in den Augen der Mutter, daß der künftige Mann ihrer Tochter „das Leben kenne", wie der Euphemismus lautet, damit er das „Leben" nicht später beginne; denn das steht ja einmal fest: il faut que jeunesse se passe. Nachdem die „Zukünftigen" Bekannt= schaft mit einander gemacht, wird der Bräutigam all= abendlich in Gegenwart der Verwandten in dem Hause seiner Braut zugelassen, pour faire sa cour; natürlich ist an das trauliche Du in jener einmonatlichen Probe= zeit noch nicht zu denken; kaum ein Händedruck ist er= laubt. Was die Liebe anlangt, so wird erwartet, daß sie nachkommt, und gewöhnlich kommt sie auch nach. Die meisten französischen Ehen sind glücklich — glücklicher oft als unsere Neigungsheirathen. Die Solidarität der Interessen, namentlich nach der Geburt der Kinder, führt

bald eine gewisse Annäherung der Personen, Gemein=
schaftlichkeit der Wünsche und Ziele herbei, die Gewohn=
heit thut das übrige, und die Freundschaft wenigstens
bleibt selten aus. Untreue und Ehebruch sind in den
Mittelständen äußerst selten,*) und das Familienleben
ist durchschnittlich ein herzliches, beinahe inniges. Das
Wirthshausgehen des Gatten ist unbekannt, der Club
gehört im Allgemeinen nur — wenigstens für verhei=
rathete Leute — den höchsten Ständen an.

Die Schilderung, welche Gustave Droz in dem viel=
gelesenen Buche „Monsieur, Madame et Bébé" gibt,
ist im ganzen durchaus wahrheitgetreu. Freilich gibt es
eine eigene Idee von der Delicatesse der französischen
Bourgeoisie, daß ein solches Buch siebenzig Auflagen er=
reicht. Uns Deutschen will es bedünken, daß es weniger
indecent wäre uns zu Courtisanen zu führen, als uns so
von den Geheimnissen des ehelichen Alcoven den Vorhang
wegzuziehen.**) Aber so wie es ist, gibt das Buch doch

---

*) Nicht so in den höchsten Ständen, wo vielfach eine voll=
ständige Unabhängigkeit der Ehegatten von einander herrscht, noch
weniger im Arbeiterstande, wo das Concubinat die Regel ist, sehr
häufig durch eine späte Ehe sanctionirt.

**) Uebrigens sündigt auch die Jugend des deutschen Mittel=
standes nicht immer durch übertriebene Delicatesse, wie jeder Leser
zur Genüge weiß, der das Glück gehabt hat, mit verliebten Pär=
chen während ihrer Flitterwochenreise auf dem Dampfschiff oder
im Eisenbahnwagen zusammen zu reisen; wie denn auch die „Ver=
standesheirath", nach den Anzeigen unserer Zeitungen zu urtheilen,
auf dem besten Wege ist, in unserm lieben Vaterland sich in ihrer
superlativsten Form einzubürgern. Was sonst noch alles jene
letzte Seite eines deutschen Journals lehrt, ist eben auch nicht
gerade immer erfreulicher Natur.

Hillebrand, Frankreich. 2. Aufl.   2

ein lebendiges Bild der französischen Eheverhältnisse und
der gewöhnlich darin herrschenden Heiterkeit und Har=
monie. Indeß ist es charakteristisch, daß bei aller dieser
Herzlichkeit die Mutter doch im Allgemeinen ihre Kinder
inniger liebt als ihren Gatten.

Man weiß, daß die Zahl der Kinder beschränkt ist,
und daß jene rationalistische Moral, die nicht den Trieb
des Herzens, sondern den reflectirenden Verstand als Ge=
bieter anerkennt, auch erheischt, daß nicht mehr Kinder in
die Welt gesetzt werden, als man sicher ist bequem und im
Wohlstand aufziehen zu können. Diese Kinder, gewöhnlich
drei an der Zahl,*) bilden nun das einzige Interesse,
die einzige Sorge der Eltern, deren Zärtlichkeit die Gren=
zen einer besonnenen Liebe weit übersteigt. Sie sind der
einzige Gegenstand aller Gespräche, werden schon früh
an den elterlichen Tisch gezogen, wo sie die Hauptper=
sonen sind; jede Laune wird befriedigt, jedem Wunsche
nachgegeben, jedes Wort, jede Bewegung bewundert; kurz
das Verziehen beginnt systematisch; das unangenehme
Geschäft, die Kinder an Zucht und Ordnung zu gewöh=
nen, bleibt den zukünftigen Lehrern vorbehalten. Denn
mit 10 Jahren muß der Knabe ins Collège, etwas älter
das Mädchen, obschon seltener in den letzten Jahrzehnten,
in die Pension, beide als Kostgänger (internes). Die
Trennung kostet, wie man sich's denken kann, die Eltern

---

*) In französisch Flandern herrschen schon mehr niederländische
Sitten und zahlreiche Kinder, frühe Ehebündnisse zwischen Gleich=
altrigen 2c. Das nicht=celtische Blut, die späte Annexion an
Frankreich, die sehr lebendige Religiosität erklären diese Ausnahme
hinlänglich.

eine große Ueberwindung; aber sie finden eher den Muth, dieses einmalige schmerzliche Opfer zu bringen, als sich das täglich wiederkehrende der Festigkeit und Strenge den Launen der Kinder gegenüber aufzuerlegen.

Im Collège, meinen sie, „bilde sich der Charakter"; gewöhnlich aber sind Collège und Pension die Orte, wo in wenigen Wochen die bis dahin peinlichst reingehaltene Phantasie des Kindes verderbt wird. Es ist nämlich ein Zug, der nicht minder als alles Vorhergesagte die Verständigkeit der französischen Moral kennzeichnet, daß die Kinder, namentlich die Mädchen, in einer ans Pedantische grenzenden Ignoranz der Natürlichkeiten gehalten werden; keinen Schritt dürfen sie unbegleitet aus dem Hause thun, ihre Lectüre wird aufs sorgfältigste überwacht, und nicht allein das geradezu Unsittliche ihnen auf jede Weise verborgen, sondern auch alles, was die Phantasie, einerlei ob im Guten oder Schlimmen, beschäftigen und nähren könnte, fern gehalten. Bei den, jetzt mehr als früher in der Familie erzogenen, Mädchen wird durch diese systematische Ertödtung der Phantasie zu Gunsten des Verstandes das Unglaubliche erreicht. Auch wird dadurch nicht allein vermieden, daß ein Mädchen guten Standes sich vergißt, wie's wohl in England vorkommt, sondern auch, daß es sich thörichter Weise „verplempert", wie das in Deutschland so oft geschieht. Zu dieser heilsamen Furcht vor einem „sot mariage" gesellt sich noch die Elternliebe und ein edles Gefühl elterlicher Verantwortlichkeit. Nur ungern trennt sich der Franzose von seinen Kindern; nicht leicht wird er seine Tochter, selbst um die reichste Partie, außer

Landes heirathen laſſen; daß aber gar ein Mädchen allein in die Weite gehe, um ſich ſelber ihr Brod zu verdienen, wird keine achtbare Familie zugeben, ſolange noch ein Biſſen im Hauſe zu theilen iſt. Ja, ſelbſt nach der Heirath ſucht man die Tochter, wenn es irgend möglich, noch feſtzuhalten, wenn auch nicht im Hauſe — die Er= fahrung beweiſt dem klugen Franzoſen, daß das Zu= ſammenleben auf die Dauer Unheil ſtiften kann, — ſo doch jedenfalls in derſelben Stadt. Auch die Söhne ſollen womöglich in der Vaterſtadt bleiben, ihres Vaters Geſchäft — als Kaufmann, Arzt oder Anwalt — über= nehmen, dürfen keinenfalls auswandern, und wagen ſelbſt nicht gern, ein eigenes Geſchäft zu gründen, um ſich unabhängig zu machen. Der Vater ſelber wird ſich nicht leicht eine kühne Speculation erlauben, die das Vermögen ſeiner Kinder compromittiren könnte; er hält ſein wohl= erworbenes Vermögen ſchon für das Eigenthum ſeiner Kinder, eine Anſchauungsweiſe, die auch das Geſetz in der Beſchränkung der Teſtationsfreiheit feſthält; und iſt ſcrupulös gewiſſenhaft und pflichtgetreu in dieſer vor= mundſchaftlichen Verwaltung und Wahrung der Intereſſen der Nachkommenſchaft: eine andere Form des Egoismus im Grunde, wenn wir die Kinder als die fortgeſetzte Individualität der Eltern betrachten dürfen, und, wenn auch von dem entgegengeſetzten Standpunkte aus eine Art Selbſtloſigkeit, doch eine ſolche, die unſerer germa= niſchen Anſchauung von perſönlicher Unabhängigkeit nicht zuſagen will.

Im Collège nun, um auf den normalen Erziehungs= gang zurückzukommen, macht jene künſtliche Trocken=

legung der Phantasie während der ersten Jugendjahre
bald dem Gegentheile Platz; doch irrte man sich sehr,
wenn man glaubte, daß das Collège=Leben in anderer
Beziehung die Früchte der ersten Erziehung, und na=
mentlich die Familienliebe, im geringsten schädige. Die
Donnerstagsbesuche der Eltern bleiben ein freudiges Er=
eigniß für beide Theile; das Nachhausekommen in den
Ferien wird ein Fest, die Trennung nach denselben eine
tragische Scene. „Par une curieuse contradiction,‟
sagt ein französischer Schriftsteller von den Soldaten
seiner Nation, was man füglich auf alle Franzosen aus=
dehnen kann, „ils ne comprennent pas l'amour pur
et élevé; et ils respectent et aiment la famille.‟
Leider artet diese Liebe meist in blinde Zärtlichkeit aus;
und die Nachwehen jener ersten Erziehung lassen sich im
ganzen spätern Leben spüren: die Angst vor Verant=
wortlichkeit oder nur Unbequemlichkeit, der Mangel an
moralischem Muth, an höherm Pflichtgefühl, an wahrer
Männlichkeit, die das ganze öffentliche Leben Frankreichs
lähmen, haben ihren Ursprung hier. Ist doch im Grund
ein wohlverstandener Egoismus die Grundlage der ganzen
Erziehung: nicht brutale Selbstsucht, welche alle Interessen
des Nächsten roh und rücksichtslos den eigenen unter=
ordnet, sondern ein kluger feiner Egoismus mit wohl=
wollenden Formen, der Andere schont, um selbst geschont
zu werden. Zwei Dinge werden den französischen Knaben
und Mädchen vor allen andern eingeprägt: daß es nicht
darauf ankomme, etwas zu sein oder zu haben, wenn
man es nur zu sein und zu haben scheint, und, daß
man sich immer hüten muß, irgend eine Verbindlichkeit

einzugehen, sich in Etwas zu mischen, das „Einen Nichts
angeht". Und das Schlimmste ist, daß sich der Franzose
durchaus nicht bewußt ist, daß diese Moral der Klugheit
und Nützlichkeit, die Moral aller altgewordenen Völker,*)
doch nicht das Ideal aller Sittlichkeit ist.

Da nun aber der Verstand, nicht das Gewissen, das
höchste Lebensprincip ist, so handelt sich's in den Augen
der Eltern nicht darum, die Söhne zu tüchtigen Männern
heranzubilden, sondern ihnen die Wege zu ebnen, ihnen
jeden Dorn und jeden Stein aus ihrem Lebenspfade
wegzunehmen. Schon bei der Wahl des Collèges ist
eine bestimmende Rücksicht die Kameradschaft mit Söhnen
einflußreicher Familien, die zum Fortkommen im spätern
Leben behülflich sein können; noch mehr natürlich die
mehr oder minder sichere Aussicht auf das Durchkommen
im Maturitätsexamen. Kommt der Jüngling aus dem
Gymnasium, so muß er in eine Schule — école normale, école polytechnique, école militaire, école
forestière etc.; dann kostet er mit achtzehn, zwanzig Jah=
ren die Eltern nichts mehr, hat vom zweiundzwanzigsten
an sein Auskommen als Lehrer, Ingenieur, Officier ꝛc.
Glückt es ihm nicht, in eine solche Schule zu gelangen,
so tritt er als Supernumerarius in ein Finanz= oder
Verwaltungsbureau; in beiden Fällen ist er früh ver=
sorgt und rollt seinen Anciennetätsgang fort bis zu einer
anständigen Mittelmäßigkeit, während der Verfügungs=
theil des elterlichen Vermögens (la quotité disponible)
der Schwester zugewandt wird, um ihre Verheirathung

*) Man denke an Balthazar Gracian's und Baldassare
Castiglione's Lebensweisheit.

zu erleichtern. Ist die Familie vermögend, so studirt der Junge Rechte, hat eine „Stellung", d. h. ist Advocat oder Substitut du procureur, im fünfundzwanzigsten Jahre; in jedem Falle soll der Franzose des Mittelstandes im dreißigsten Jahre in der Lage sein, eine standesgemäße Ehe einzugehen. Dieß die normale Carrière, welche die Vorsorg= lichkeit der Eltern den Kindern bereitet, und diese vergelten solche Liebe durch eine Anhänglichkeit und Ehrfurcht, die sich mit einer in unseren Augen wenig beneidenswerthen Familiarität wohl zu vertragen weiß. Lange nachdem die natürliche Familie aufgelöst, Interessen, Ansichten, Lebens= wege sich getrennt haben, bleibt die Vereinigung noch be= stehen. In der That, während die germanische (englische wie deutsche) Familie auf Grund des veredelten Gattungs= triebes geschlossen, auf dem veredelten Bedürfniß der Un= mündigen fortgesetzt, mit der Emancipation der Kinder und der Gründung neuer Herde sich naturgemäß auflöst, oder doch nur noch an schwachen Fäden zusammenhängt, dauert die französische Familie, die ein Werk des ord= nenden Verstandes, eine gesellschaftliche Einrichtung ist, noch lange nachher in gleicher Geschlossenheit fort. Rüh= rend ist oft die Liebe der erwachsenen Söhne für ihre Mutter anzusehen, und nicht allein Bruder und Schwester, auch Vetter und Vettersvetter halten zusammen, helfen einander in allen Lagen des Lebens, wahren gemeinsam die Ehre des Namens und das Decorum der Familie, bilden eine dauernde Association. Ja, ein pietätvoller, nie ausgesetzter Todtencultus ehrt die Familienglieder noch über das Leben hinaus.

Das Gesetz ist nur der Ausdruck der allgemein herrschenden Weltanschauung, wenn es in die Familienverhältnisse bestimmend und ordnend eingreift. Das französische Privatrecht läßt dem Familienvater im Prinzip die freie Verfügung über sein Vermögen nicht. Die Gerechtigkeit und Gleichheit stehen ja dem französischen Gesetzgeber, wie der ganzen Nation, über der persönlichen Freiheit und es ist einem Vater ebenso unmöglich einen unwürdigen Sohn zu enterben, als den Tüchtigsten, Fähigsten und Geliebtesten seiner Söhne zum Universalerben einzusetzen; kein Vater aber denkt daran, wie der deutsche Bauer, die Tyrannei des Gesetzes durch Abfindung bei Lebzeiten zu umgehen. Findet es doch der Franzose ganz natürlich, zur „Gerechtigkeit" gezwungen zu werden.

Die französische Ehe, obgleich immer mit der religiösen Trauung verbunden — es wäre unanständig, hieße die Convenienzen, diese Götzen der socialen rationalistischen Nützlichkeitsmoral, verletzen, sich mit der Civilehe zu begnügen — die französische Ehe, sage ich, ist doch ein rein bürgerliches, gesellschaftliches Institut. Daher ist sie unauflöslich und muß es sein. Die germanische Ehe ist auf Neigung gegründet, und mag aufhören sobald die Neigung nicht mehr da ist; ja sie kann, bei sehr hochgespanntem und überfeinertem Gefühlsleben, als eine Sünde erscheinen, wenn sie die Neigung überlebt. Ein sociales Institut dagegen, in welchem die Interessen unmündiger Dritter niedergelegt sind, und dessen Beständigkeit eine Garantie der gesellschaftlichen Ordnung ist, darf nicht angetastet werden. Im schlimmsten Fall existirt ja die Trennung von Tisch und Bett, die wenigstens das äußere, formelle Fortbestehen der Association möglich macht. Doch auch diese wird ¦aufs ängstlichste vermieden, wie alles was Aufsehen erregt und von dem alltäglichen Gang der Dinge abweicht. Der Ehebruch ist viel seltener im bürgerlichen Leben als man es einer gewissen Litteratur nach glauben möchte; dagegen ist er weit weniger streng beurtheilt als man nach eben dieser Litteratur vermuthen sollte, wenn er sich nur verborgen hält, „sich nicht affichirt", wie der Kunstausdruck lautet. Denn das Schlimme ist ja nicht in französischen Augen die Sache, sondern der Schein, nicht die Verletzung des Vertrauens und der Pflicht, sondern die der gesellschaftlichen Einrichtung. Eine Frau, die einen oder mehrere Liebhaber hat, ohne daß es Aufsehen erregt, kann Verzeihung finden, wird jedenfalls nicht aus der Gesellschaft ausgeschlossen; eine Frau aber, die einen Eclat macht, das eheliche Haus verläßt um nicht länger in einer Gemeinschaft zu leben, die ihr als eine Entheiligung der Ehe erscheint, wird, selbst wenn sie nicht in die Arme eines Geliebten flieht, aufs strengste verdammt, und findet nur mit Mühe noch Zutritt in den Kreis ihrer Bekannten: denn die Ehe ist ja ein gesellschaftliches Institut, und steht als solches unter dem Schutze der Convenienz, der weit stärker ist in Frankreich als der Schutz des Gesetzes.

Und wie die Ehe, so die Freundschaft, sie ist ein gesellschaftliches Verhältniß. Auch der Franzose ist noch heute, wie zu Zeiten Montaigne's und Laboëtie's der edelsten, uneigennützigsten, aufopferndsten, ja auch der

wärmsten, gefühltesten Freundschaft fähig;*) aber diese
Erscheinung wird täglich seltener: immer häufiger sind es
Kameradschaft, Gewohnheit, Parteigenossenschaft, geselliger,
bekanntschaftlicher Verkehr, Associationen von Interessen,
gegenseitige Achtung, welche die Franzosen eng unter-
einander verbinden; der Fremde täuscht sich leicht über
die Natur dieser Verhältnisse, denen die expansive, osten-
tatorische Weise des Galliers einen Anschein von Em-
pfindsamkeit giebt, die ihm im Grunde ganz fremd ist.
Auch dieß kann natürlich nur zur Förderung und Er-
leichterung des gesellschaftlichen Verkehrs führen, muß
aber nothwendiger Weise auch dem inneren Leben gewaltigen Eintrag thun: wie denn gar viele Annehmlichkeiten der französischen Gesellschaft nur auf Kosten des
inneren Lebens zu Wege gebracht werden.

2.

Wie das Familienleben, so ist auch die Sitte der
Franzosen ganz von der rationalistischen Lebensanschauung
durchdrungen und ihr gemäß geordnet. Unumschränkt
ist die Autorität der Convenienz: sich ihr unterwerfen ist
die erste aller Pflichten, ihr trotzen das unverzeihlichste
aller Vergehen. Alle Tugenden der Franzosen haben
einen im höhern Sinn utilitarischen Charakter: sie tragen

---

*) Der Verfasser selbst nennt einen Franzosen und zwar einen
französischen Patrioten seinen treuesten und innigsten Freund.

bei zur Aufrechterhaltung der gesellschaftlichen Ordnung, und selbst ihre Fehler arbeiten unbewußt auf denselben Zweck hin. Keuschheit, Treue aus Liebe, Wahrhaftigkeit, Arbeit um der Sache willen, das sind zwecklose, nur das Gewissen des Einzelnen befriedigende Tugenden, die der bessere unter den Germanen diesseits und jenseits des Oceans übt. Achtung des Eigenthums und der Familie als Grundsteine der Gesellschaft, Ehrenpunkt und Decorum, welche der Gesellschaft ihren schönen Schein wahren, Mäßigkeit und Besonnenheit, welche Genüssen und Glücksgütern allein Dauer verschaffen, der Art sind die Tugenden, welche der Franzose am höchsten schätzt. Die Laster, welche beide Racen und Culturen am strengsten verurtheilen, ergeben sich daraus von selbst: es sind einfach die Gegenparte jener Tugenden.

Nirgend ist die Redlichkeit (probité) mehr zu Hause als in Frankreich; sie ist aller Orten, in der Stadt wie im Dorf, in jedem Stande, vom Millionär bis zum letzten Proletarier, zu finden. Großartigen escrocs und Dieben wird man in Frankreich wohl begegnen, obschon nicht mehr als in England oder Amerika: kleine Veruntreuungen kommen absolut nicht vor. Dienstboten und Arbeiter sind von der scrupulösesten Ehrlichkeit: Hausdiebstahl, Entwendung kleiner Gegenstände, Uebervortheilung sind Dinge, von denen man nie reden hört.*)

Nie sieht man einen Fremden überfordern, aus

---

*) Dem Schreiber dieser Zeilen ist es z. B. in 20 Jahren und in den verschiedensten Theilen Frankreichs nie vorgekommen, etwas zu verschließen, und es ist ihm nie etwas entwendet worden,

seiner Unkenntniß der Sprache oder der Münze Vortheil ziehen; kurz, der Franzose ist unbedingt verläßlich in Geldsachen — vorausgesetzt, daß er nicht mit dem Staate zu thun hat. Hier beginnt in der That schon wieder jener Unterschied zwischen dem öffentlichen und privaten Charakter der Franzosen bemerklich zu werden, den wir oben angedeutet haben. Schmuggeln, der Regierung übertriebene Rechnungen vorlegen, sich einer Steuer ent= ziehen, die Höhe seines Einkommens falsch angeben — eine Unwahrheit kostet ja den Celten wie den Romanen nichts — sind tagtägliche Vorkommnisse, die niemand streng beurtheilt. Der Staat ist eben keine lebendige Person, der man zu nahe tritt, und was ihm zugute kommt, oder ihm entzogen bleibt, vertheilt sich auf Alle: der Einzelne wird* dadurch nicht geschädigt; es kommt keine Störung in den Gang der gesellschaftlichen Ord= nung; die Gesellschaft aber und die Convenienz, nicht den Staat und das Gesetz achtet der Franzose.

Trefflich in vieler Beziehung ist das Verhältniß der Diener und der Herrschaft. Veruntreuungen sind, wie gesagt, unerhört; daß aber die Köchin ein gewisses Pro= cent auf ihre Einkäufe erhebt (fait danser l'anse du panier), ist ein anerkanntes Recht, keine Uebervortheilung. Nirgends gibt es mehr alte bewährte Dienstboten als in Frankreich: natürlich ist der wechselnde, gleichgültige Diener die Regel dort wie überall; aber es gibt kaum eine Familie, in der nicht einer jener alten Diener zu finden wäre, der Kind und Kindeskinder hat aufwachsen sehen. Gewohnheit und große eingeräumte Rechte und Freiheiten haben dabei freilich, wenn wir recht beobachtet

haben, oft mehr Antheil als persönliche Treue und An=
hänglichkeit: der französische Diener gleicht der Katze —
das bevorzugte Hausthier, im Vorbeigehen sei's bemerkt
— die sich an das Haus, der deutsche dem Hunde, der
sich an die Person attachirt, und man weiß, es ist leichter,
des Hundes als der Katze Sinn zu ändern. Treue und
Unterwürfigkeit aber erscheinen dem eitlen Franzosen
leicht als Servilismus, und das deutsche Verhältniß der
persönlichen Unterordnung, das englische des Arbeit=
gebers und Arbeitnehmers, das italienische patriarchali=
scher Familiarität, à la Leporello und Don Juan, existirt
nicht in Frankreich, wo der Diener als ebenbürtige Macht
der Herrschaft gegenübersteht.

Ordnungsliebe ist ein hervorstechender Zug des
Franzosen, sein Haus wie seine Kleidung sind immer
trefflich gehalten. Man weiß wie gern er sich gut kleidet;
aber er thut es meist einfach, mit Geschmack und so, daß
er ja nicht auffalle, denn die Hauptsorge ist ja immer
hier, wie in allem andern, sich nicht zu unterscheiden (ne
pas se distinguer). Dagegen muß alles, was er trägt,
echt sein. Kein Franzose wird gern falschen Schmuck
oder nur leichtes Gold tragen. Einfache Tisch= und
Bettwäsche, aber immer von gutem starkem Linnen. Kein
französisches Bürgermädchen trüge die dünne Seide, die
zweifelhafte Unterwäsche, das ausgetretene Schuhwerk
einer deutschen Baronin. Ebenso hält's der Franzose
mit dem Essen. Seine Mäßigkeit ist sprichwörtlich ge=
worden, und in der That, seine Tafel ist höchst einfach;
aber sie ist exquisit. Er verlangt gar wenig, aber das
Wenige muß das Beste sein; Oel und Butter, Kaffee

und Fleisch sind in der elenden Loge eines Pariser Con=
cierge so makellos wie auf der Tafel des Reichen. Kein
Schneidermeisterlein, das nicht täglich sein Glas Wein
und sein Dessert auf dem Mittagstisch hätte. So ängst=
lich ist man um die Trefflichkeit der Zubereitung be=
kümmert, daß die Küche nächst der Toilette eine Lebens=
frage wird, und die Hausfrau, ja auch den Hausherrn,
einen guten Theil des Tages beschäftigt. Selten wird
der so sparsame Franzose an Küche und Toilette sparen,
wenigstens nie an der Qualität, wenn auch zuweilen
an der Quantität. Daher auch die Gediegenheit oder,
um einen kaufmännischen Barbarismus zu gebrauchen,
die Reellität des französischen Kleinhandels. Fern von
der Kühnheit des englischen, deutschen oder amerikanischen
Kaufherrn, die ihm Tollkühnheit scheint, ist er nur auf
das Sichere bedacht, auf eine bewährte Kundschaft, be=
währte Quellen, bewährte Qualitäten, nur ungern läßt
er sich auf die bescheidensten Speculationen ein, aber
man ist immer derselben Waare und desselben Preises
sicher.

Wie sparsam der Franzose ist, beginnt man jetzt
allgemein auch im Ausland anzuerkennen. Nie gibt der
Franzose des Mittelstandes sein Einkommen ganz aus,
und da, nach Hrn. Micawbers nicht selbst befolgter
Maxime, der Mann, welcher von 100 Pf. St. Einkom=
men 99, 19, 11 ausgibt, reich ist, während der Millionär,
der statt seiner jährlichen 10,000 Pf. St. 10,001 ver=
zehrt, in Wirklichkeit arm ist, so ist jeder Franzose reich.
Ein geradezu mittelloser Franzose aus dem Bürgerstand
ist mir nie vorgekommen: ein 600 oder 1200 Franken

Rente floß ihm direct oder indirect doch immer noch neben seinem Verdienst irgendwoher zu. Man weiß, daß in Deutschland und England der bei weitem ·größte Theil des Mittelstandes von der Hand in den Mund lebt, d. h. von seiner Arbeit allein. Auch ist der Ver= schwender bei uns Germanen viel häufiger zu treffen als bei den Franzosen. Wir arbeiten gern viel, um viel auszugeben; die Verschwendung des reichen Amerikaners namentlich grenzt an das Unglaubliche. Der Franzose gibt nie etwas unnöthiges aus, es sei denn in den reichen Ständen für Toilette. Sehr selten trifft man einen Franzosen, der, wie der deutsche Familienvater, eine Flasche Champagner springen läßt, Landpartien organisirt, Reisen unternimmt; dafür braucht er sich den Rest des Jahres nicht krumm zu legen, und lebt ein= fach, aber gut und anständig, vom 1. Januar bis zum 31. December.

Natürlich hat auch der Franzose les défauts de ses qualités; er ist kein Verschwender, aber er ist auch nicht generös. Sehr gefällig und dienstfertig, scheut er keine Mühe, kein Opfer der Zeit, um dem Freunde, ja dem oberflächlichen Bekannten nützlich zu sein; die Stränge der Börse aber hält er ängstlich zusammenge= zogen. Trefflich befolgt er des Polonius Rath: „Sei du kein Borger“, aber auch den andern: „noch ein Ver= leiher sei“. Auch hier gibt es glänzende Ausnahmen; im ganzen aber kann man doch vom sparsamen und arbeitsamen französischen Bürger sagen:

„La fourmi n'est pas prêteuse,
C'est là son moindre défaut.“

Was französische Subscriptionslisten liefern, weiß ein jeder: Zeichnungen von 1000 Pf. St., wie man sie in England bei jeder Gelegenheit sieht, sind geradezu unerhört. Selbst der Reichste würde es für ein Unrecht gegen seine Erben halten, ein Zehntel oder gar ein Fünftel seines Einkommens einem gemeinnützigen Zweck zu opfern. Der reiche Deutsche, der anfängt, nicht mehr zu den Seltenheiten zu gehören, ist immer bei der Hand, um dem unglücklichen Freunde mit ein paar Tausend Thalern aufzuhelfen; der arme Franzose wäre schon zu stolz, ein solches „Almosen" zu erbitten oder anzunehmen; der reiche aber, der nicht zögern wird ein Capital zu opfern, um einem Mitgliede der Familie die Ehre zu retten, wird nicht leicht daran denken ein solches Opfer zu bringen, wenn sein Name nicht compromittirt ist. Doch habe ich auch hiervon rührende Ausnahmen zu sehen die Gelegenheit gehabt, und wie hülfreich, wie ganz ursprünglich, nur dem Impuls folgend, der Franzose in seiner Hülfsbereitheit ist, so lange nur die Person, nicht der Geldbeutel in Mitleidenschaft gezogen wird, das hat gewiß jedem unbefangenen Beobachter auffallen müssen.

Viele Ausländer halten den Franzosen für jeder anstrengenden, regelmäßig fortgesetzten Arbeit unfähig. Dies ist ein großer Irrthum. Nirgends wird mehr gearbeitet als in Frankreich, zumal in einem gewissen Alter. Unglaublich ist was der junge Franzose, mit der Leichtigkeit, die ihm die Natur gegeben, alles in vier bis fünf Jahren lernt, und wie er, der Lebendige, Unruhige, Tage und Nächte über seinen Büchern zu sitzen weiß, wenn's gilt einen Zweck zu erreichen — aber auch nur

so lange. Selten, äußerst selten, arbeitet der Franzose
aus Liebe zu einer Sache: er studirt um ein Examen
zu passiren; er „ochst" — wenn ich den sehr bezeich=
nenden deutschen Studentenausdruck gebrauchen darf,
um das französische piocher wiederzugeben — um einige
Plätze in der Rangordnung der hohen Schule zu ge=
winnen; er schwitzt, um eine Stelle, um Geld, einen
Orden, einen Namen, einen Platz im Institut zu be=
kommen; hat er das Gewünschte erlangt, dann wird's
auf einmal still: die Pferde werden ausgespannt, und
man ruht aus. Nur selten arbeitet der Franzose noch
eifrig fort sobald er es nicht mehr nöthig hat, es müßte
denn sein, um seiner Eitelkeit neue Genugthuungen zu
bereiten: wo er sicher ist durch Anciennetät und etwas
Gunst doch höher hinauf und zu dem Bändchen zu kom=
men — wie in der Armee und der Justiz — fällt selbst
dieser Stimulus weg. Eitelkeit in der That und eine
weniger entschuldbare Charakter=Eigenschaft des Fran=
zosen, Eifersucht, bringen von der Schule an bis in die
vorgeschrittensten Lebensthätigkeiten einen Wettstreit her=
vor, der bis zu einem gewissen Grade das Pflichtgefühl
des Engländers, die Liebe zur Sache des Deutschen er=
setzt. Immer aber ist's ein zeitliches Gut, das der
Franzose mit seiner Arbeit zu erringen sucht. Er nennt
diese Lebensanschauung naiver Weise „praktisch", wenn
er sie mit unserem „zwecklosen" uneigennützigen Arbeiten
vergleicht, das ja nichts „bezweckt" als der Wahrheit
näher zu kommen, oder das Beste zu leisten, ob's uns
zeitlich weiter bringt oder nicht. Ein Schullehrer z. B.,
der all sein Leben und sein Denken der Pädagogie ge=

widmet, ohne je an ein Hinaustreten aus dieser gesell=
schaftlich so bescheidenen Stellung, noch auch an ein Geld=
machen aus derselben zu denken, ist eine rarissima avis
bei unsern Nachbarn.*)

Ein sehr heikler Punkt in der französischen Moral,
den wir aber, als genügend bekannt, kaum zu berühren
brauchen, ist die Laxität in den geschlechtlichen Be=
ziehungen. Man muß eben nie vergessen, daß die Be=
griffe von Sitte und Sittlichkeit von Land zu Land, wie
von Jahrhundert zu Jahrhundert sich gar gewaltig än=
dern. Hier, wenn irgendwo, gilt das alte Wort: „Verité
en deçà des Pyrénées, erreur au delà." So sieht der
Franzose, der selbst den leichtesten Rausch für eine Ent=
würdigung des Mannes hält und eine deutsche Dame,
die kein Wasser in ihren Wein gießt, als eine Person
von sehr zweifelhafter Moralität betrachtet, in uns Ger=
manen — Engländern und Deutschen — die den Wein
besingen und idealisiren, schier Barbaren, wie dem Deut=
schen die ganze Grisetten= und Lorettenwirthschaft des
Franzosen als eitel Corruption erscheint. Wie der Becher
in allen und jeden Situationen des deutschen Lebens
eine Rolle spielt, so das Weiberwesen in allen Verhält=
nissen der französischen Gesellschaft. Man kann all=
abendlich ein deutsches Theater besuchen, es wird immer
ein Räuschchen oder ein Trinkliedchen auf die Bühne
kommen. Es geht auch nicht Eine Oper oder Ein Ballet,
nicht Eine Tragödie oder Komödie über die französische

*) Daher, im Vorbeigehen sei es bemerkt, die Unlösbarkeit
der Aufgabe den elementaren Laienunterricht im französischen
Volke durchzuführen.

Scene, worin sich die Handlung nicht um ein, nach unsern Begriffen unerlaubtes, Liebesverhältniß drehte. Où est la femme? soll ein französischer Untersuchungs= richter erstaunt gefragt haben, als er nicht gleich eine weibliche Hand in dem ihm vorgelegten Criminalproceß gewahr wurde; und diese sprüchwörtlich gewordene Frage drückt nur die Wahrheit aus. Auf den Einfluß der Frauen in der Gesellschaft und im Staat werde ich weiterhin zurückkommen; hier rede ich nur von intimeren Beziehungen.

Der Franzose ist im höchsten Grade sinnlich; dabei unternehmend und weder durch den Glauben an die Reinheit der Frauen, noch durch früh eingeprägte Grund= sätze, noch durch die Furcht vor dem allgemeinen Tadel zurückgehalten. Wird er ja doch von Jugend auf in der Anschauung groß gezogen, daß Großthaten auf diesem Felde nur zur Ehre gereichen können. Voraus= gesetzt, daß er nicht die Dummheit begeht, sein Mädchen zu heirathen, oder unversehens zum Vater zu werden, oder gar seine Geliebte, wenn sie verheirathet ist, zu compromittiren, macht weder Vater noch Mutter ihm ein Verbrechen daraus, wenn er „sich amüsirt". Unsere Enthaltsamkeit, wie er sie zum Beispiel während des Krieges verwundert angestaunt, erscheint ihm nur, und nicht ganz ohne Unrecht, als Folge kälteren Blutes, als Mangel an Leidenschaft oder gar als unmännliche Schüch= ternheit. Ja selbst wenn das Laster zum Verbrechen wird, offenbart sich in der Nachsicht der Geschworenen die mehr als tolerante Anschauungsweise der Nation für diese Form der Unsittlichkeit.

3*

Dabei trägt der Franzose, wie jedes andere Volk, in seine Sinnlichkeit die ihm charakteristische National=eigenschaft. Der Italiener ist leidenschaftlich in der Liebe, der Deutsche sentimental, der Engländer ernst, der Franzose witzig. Der französische, höchst verpönte Kunst=ausdruck polissonnerie bezeichnet weiter nichts, als die Anwendung des Witzes und des raffinirenden Verstan=des auf die Geschlechtsbeziehungen, und dieselbe ist ganz allgemein.*) Daher denn auch das Gymnasiastenartige Behagen an cynischster Zote, welches das Gespräch der Männer, alt und jung, hoch und niedrig, unwissend oder gebildet, durchzieht.**) Das Laster selber übrigens hält der Franzose meist in den Schranken, die in seinen Augen die Grenzlinie bezeichnen, wo es gefährlich für die gesellschaftliche Ordnung wird. Läßt er's aber aus=arten, wie es zu gewissen Epochen wohl vorgekommen, so erweist sich's eben auch als ein Krebsschaden der Nation: die Ausartung unseres Nationallasters, die Völlerei, erniedrigt nur Einen, die des französischen entwürdigt Zwei und compromittirt die kommende Ge=neration, schlimmerer Verirrungen des Geschlechtstriebes gar nicht zu erwähnen, welche wohl häufiger in Frank=reich als sonstwo vorkommen und oft zu unnatürlichen

---

*) Natürlich gibt's auch hier der Ausnahmen genug, und man findet auch wohl den sentimentalen und gar den „tugend=haften" Franzosen; doch ist derselbe nicht viel anziehender als der Deutsche, wenn er frivol ist. Beide fallen aus der Rolle.

**) Bezeichnender Weise ist ein gewisses Verbum das üblichste der ganzen Sprache und vielleicht noch mehrerer Bedeutungen fähig als z. B. mettre, coup und andere dergleichen hundert=sinnige, in jeder Combination brauchbare Wörter.

Lastern führen. Uebrigens ist gerade die zweite Hälfte unseres Jahrhunderts in diesem Punkte bei Weitem we=niger ausschweifend, als z. B. die Zeiten Ludwig's XIV.*) Es dürfte überhaupt schwer sein, im Privatleben der Franzosen irgend welche Symptome des Verfalles zu entdecken. Der Trunk allein hat auf eine bedenkliche Weise um sich gegriffen und tritt in einer Form auf — der Form der einsamen Betäubung — die ihn noch gefährlicher erscheinen läßt. Selbst die Spielsucht zeigt sich nicht mehr in dem Grade, in dem sie zu andern Zeiten herrschte.

Auch in der Religiosität — die französische Sprache kennt bezeichnender Weise das Wort nicht — offenbart sich der Grundzug des französischen Wesens. Das Land, das schon seit geraumer Zeit zum Hauptlager des Ka=tholicismus geworden, ist im allgemeinen nicht religiös im deutschen Sinne. Selbst da, wo die Religion in der fanatischsten Form auftritt, ist es doch immer mehr die Parteileidenschaft, als der innige Glaube des Deutschen oder der sinnliche des Italieners. Selbst in Bossuet steckt der Rationalist und Parteimann; es ist eine Kopfliebe (amour de tête), nicht eine Herzensliebe, die er zum Heiland hat; seine Leidenschaft unterscheidet sich in nichts von der eines politischen Parteiführers, wie wir deren so viele in Frankreich sehen, beinahe immer ohne nie=deres Interesse, oft sogar ohne persönlichen Ehrgeiz, aber vollständig mit ihrer ganzen Person aufgehend in der

---

*) Man lese nur die Briefe der Mutter des Regenten, um sich davon zu überzeugen.

Idee der Partei — einer Idee, die meist nur ein Wort
ist. Doch ist dieser Fanatismus, der politische wie der
religiöse, nur die Ausnahme in den Mittelständen, ob=
schon er sich auf der Oberfläche sehr breit macht; die
Indifferenz ist die Regel. Die Mehrheit der gebildeten
Franzosen bekennt sich im Grunde zur Religion Vol=
taire's: ein persönlicher Gott, eine persönliche Fortdauer
nach dem Tode; dabei begnügen sie sich. Nicht so nach
außen. Wie kein in der Gesellschaft lebender Franzose
sich mit der bürgerlichen Trauung würde begnügen wollen,
so kommt es auch nicht vor, daß die Kinder ohne Com=
munion und Confirmation erzogen, daß die Sterbenden
ohne das Sacrament gelassen, daß die Verstorbenen ohne
Priesterbegleitung zu Grabe getragen würden; in den
meisten Familien sogar wird Freitags gefastet, wäre es
auch nur „pour donner l'exemple aux gens." Es
hieß über das Ziel hinausschießen, wollte man dieses
Verfahren als Heuchelei brandmarken. In solchen Dingen
die äußere Handlungsweise und die innere Ueberzeugung
in Einklang zu bringen, ist eben mal vu; es ist eine
Geschmacklosigkeit, deren sich ein gebildeter Franzose um
keinen Preis schuldig machen möchte. Convenienz und
Nützlichkeit sind auch hier das gewissenhaft befolgte
Princip. Man lasse sich nicht durch die zahlreiche Theil=
nahme des französischen Bürgerstandes an der Société
de Saint Vincent de Paule und andern dergleichen
religiösen Vereinen täuschen: es gilt dabei nur eine Auf=
rechthaltung der Religion in den niedern Ständen als
ein Gegengift gegen die subversiven Einflüsse der Revo=
lutionäre; man ist überzeugt, daß die Moralität des ge=

meinen Mannes vom Aberglauben unzertrennlich ist.
Deßhalb vornehmlich, wenn auch nicht deßhalb allein,
„practicirt" (pratique) der Franzose aus dem Mittelstande; denn so nennt er bezeichnend das Kirchgehen
und Beichten. Ich weiß nicht mehr, wer die Religion
für den besten Gendarmen erklärt hat; er hat nur aus-
gesprochen, was fast jeder gebildete Franzose in petto denkt.
Freilich gibt es auch solche und zwar in ziemlicher Anzahl,
welche die ganze Religion in Bausch und Bogen ohne jede
Prüfung annehmen, sowie sie dieselbe von Kindsbeinen auf
üben gesehen und selbst geübt, als eine fertige, consequente
Lösung des Welträthsels, das denn damit endgültig abge-
than ist. Darüber noch weiter nachzudenken wäre unnütz,
unbequem, ja gefährlich. Besser man untersagt ein für
alle Male seiner Vernunft diese Kammer zu öffnen und
mit neugierigem Zweifel darin herumzuspähen: sie soll
hübsch ehrerbietig dran vorübergleiten, sonst möchte es
ihr ergehen wie Blaubart's Frau. Hat ja doch der tiefste
Denker Frankreichs nach Descartes, hat doch Pascal
selbst den Katholicismus nur angenommen, um den
Schrecknissen des Skepticismus zu entgehen, als eine
Wette, bei der möglicherweise alles gewonnen, jedenfalls
nichts verloren werden könne. Die Pfäfferei und der
Pfaffenhaß, die wie bei allen katholischen Völkern, latei-
nischer, deutscher oder celtischer Race, auch bei den Franzosen ihr Spiel treiben, ändern an der Sache Nichts.
Es ist die liebe Logik, die das Volk zu den Extremen
hinreißt, sobald es sich überhaupt mit religiösen Fragen
abgibt, und die etwas so Inconsequentes als den Protestantismus oder gar die vage, deutsche Religiosität ohne

Dogmen, gar nicht zuläßt. Die ungeheure Mehrheit indeß der gebildeten Franzosen beschäftigt sich durchaus nicht mit dergleichen unbequemen Fragen und entschlägt sich jedes Gedankens an das Uebernatürliche so sehr und so lange wie möglich. Sie läßt eben, wie der Volkswitz es bezeichnend sagt, unsern Herrgott einen guten Mann sein, was sie nicht hindert mechanisch den Hut vor ihm abzuziehen.

Die Religion des Franzosen ist nun einmal wie seine Sittlichkeit eine Verstandessache, die äußere Observanz ist das Kriterium der einen, wie ein correcter Lebenswandel das der andern. Was ein echter Germane ist, stellt den Glauben über die Werke; ihm sind die Werke nur dann etwas werth, wenn sie Ausdruck des Glaubens sind; dem Franzosen geht die Gemeinnützlichkeit des Handelns über die Reinheit des Gemüths, seine Moral beschränkt sich im Grund auf das einfache „Thue keinem andern, was du nicht möchtest, das man dir thäte." Was ein echter Germane ist, glaubt an die Gnadenwahl, welche Gestalt er auch dem Glauben geben mag: die Helden seiner Phantasie, ein Prinz Heinz und Tom Jones, ein Egmont und Faust bleiben ihm edel, trotz aller Verirrungen, edler denn der tugendhafte Bürger, der nie seinem Nächsten wehe, aber auch nie ihm wohlgethan. Denn der Germane zweifelt nicht, er kann nicht daran zweifeln: „ein guter Mensch in seinem dunklen Drang ist sich des rechten Weges wohl bewußt." Sokrates, der mit allen bösen Instinkten geboren zu sein vorgab, sie aber besiegt zu haben behauptete, ist von jeher ein Ideal französischer Cultur gewesen; Cicero's

bonum, das zugleich ein honestum und utile ist, be=
geistert die Franzosen noch heute wie zu Zeiten Bossuet's
und Fénelons; an der Freiheit des Willens zu zweifeln
galt und gilt ihnen als unmoralisch. Daß der größte
Woller der neuern Zeit, daß Luther nicht an die Frei=
heit des Willens geglaubt, ist ihnen unbegreiflich, und
hätte Calvin, hätte Jansenius sich entschließen können,
das Dogma der Prädestination fallen zu lassen, wer
weiß, ob das nüchterne Frankreich, das immer gallica=
nische Unabhängigkeitsgelüste hatte, heute nicht prote=
stantisch oder jansenistisch wäre?

3.

Was auch verstockte Germanen von dem moralischen
Standpunkt und der politischen Befähigung ·der Fran=
zosen denken mögen — und, trügen nicht alle Zeichen,
so gewinnt nach und nach der französische Rationalis=
mus auch in Staat und Sitte Englands und Deutsch=
lands die Oberhand, wie denn überall die Cultur in
letzter Instanz auf verflachende Verständigkeit hinarbeitet
— eines wird auch der conservativste Germane zugeben
müssen: Natur und Bildung haben aus dem Franzosen
das vollendetste Gesellschaftswesen geschaffen, das die
Menschheit kennt. Die Natur hat ihm Heiterkeit und
Witz, Leichtlebigkeit und Feinheit, den Wunsch zu ge=
fallen und diejenige Dosis von Egoismus gegeben, ohne
welche das Gesellschaftsleben nothwendig roh, lästig oder
mürrisch werden muß. Mit ungemeinem Scharfsinn hat

er dann die Verhältnisse der Gesellschaft so geordnet, daß alle diese Eigenschaften freien Spielraum darin haben, ohne gegenseitig auf einander zu prallen. Wir Deutschen nehmen die Dinge, seien's nun Lebensverhält= nisse oder Gesprächsgegenstände, gleich gar ernst, und eine gewisse leichte Indifferenz wäre uns vielleicht in mancher Beziehung zu wünschen. Die „Bekanntschaft", dieses angenehm reizende gesellige Verhältniß, genügt dem sentimentalen Deutschen nicht: entweder stehen ihm die Menschen fern, oder sie werden seine Busenfreunde. Er nimmt sich ihre Angelegenheiten zu Herzen als wären's seine eigenen. Die Wahrung der individuellen Freiheit in Freundschaftsverhältnissen scheint ihm Egois= mus oder Mangel an Vertrauen. Was aber der Deutsche „Theilnahme" nennt — und oft nur Indiscretion oder simple Neugier ist — läßt eben keinen unbefangenen gesellschaftlichen Verkehr aufkommen; denn dieser setzt Unabhängigkeit voraus: er will, daß der Mensch wohl einen Theil seiner Person zum Gemeinsamen mitbringe, einen Theil aber, und zwar den größern, sorgfältig für sich bewahre. Ganz darf sich der Mensch nur Einem oder Wenigen geben, sonst läuft er Gefahr, sich früher oder später einer Collision der Interessen oder Leiden= schaften auszusetzen, wo es dann aus ist mit jeder Art von Verkehr. Der Franzose ist im voraus überzeugt, daß die allzu große Intimität das Grab der Geselligkeit ist, und er vermeidet sie, wie er die schwerfällige Gründ= lichkeit der Discussion vermeidet, weil sie dem Gespräch, in welchem er ein Virtuose ist, den Reiz der Lebendigkeit und Mannichfaltigkeit raubt.

Französische Geselligkeit ist sprüchwörtlich geworden. Die natürliche Heiterkeit, das Bedürfniß fortwährender Anregung von Außen, die Mittheilsamkeit, die tief in des Franzosen Natur liegen, befähigen ihn in der That ganz besonders zum leichten gesellschaftlichen Verkehr. Auch empfängt er gern in seinem eigenen Hause, wenn er schon seine Thür keineswegs offen läßt, wie der Deutsche und Engländer. Freilich hängt auch diese beschränkte Gastfreiheit mit jener Einfachheit des Tisches zusammen, von der wir früher sprachen. Der Franzose, selbst der wahrhaftigste, will denn doch immer gern noch mehr scheinen als er ist. Sehr unlieb ist es ihm, wenn der Nichtangehörige, selbst der vertrauteste Freund, in sein tägliches Leben hineinblickt. Er ist wohl schon gastfrei, nur will er gern Herr bleiben über sich selbst und sein Haus, gern selbst die Art und Stunde seiner Gastfreund=schaft bestimmen. Uneingeladen wird kein Hausfreund, sei es der älteste, es wagen, sich an einem Familientische niederzulassen, den Abend um eine Tasse Thee zu bitten, und in der Provinz erlaubt es die Eitelkeit des Haus=herrn und der Hausfrau nicht, daß der Gast anders als an einem Prunkgelage oder in einer Soirée empfangen wird.*) Auch ist die Mahlzeit Selbstzweck: Befriedigung eines Bedürfnisses und Gewährung eines raffinirten Ge=nusses, nicht, wie in England und Deutschland, Vorwand, Gelegenheit, namentlich aber künstliche Belebung der ge=

*) In der Pariser Gesellschaft ist man weniger ängstlich, und die einfachste Bewirthung macht da eine heitere und herzliche Gastfreundschaft möglich. Ein bescheidenes „offenes Haus" ist etwas ganz gewöhnliches in der Hauptstadt.

felligen Unterhaltung. Das lange Tafeln ist unbekannt
in Frankreich; mit dem letzten Bissen wird der Speise=
saal verlassen. Spiel, Musik oder Gespräch füllen den
Abend, und einer äußern, zumal einer alkoholischen An=
regung bedarf der lebhafte, redefertige Celte nicht, um
Fluß und Leben in die Unterhaltung zu bringen.

Seine angeborene Gefallsucht kommt ihm dabei sehr
zu statten. Er zeigt sich gern von seiner besten Seite.
Mit dem eleganten Oberkleide zieht er auch Abends sein
geistiges Galakleid an, und läßt seinen moralischen
Schlafrock mit dem andern zu Hause zurück. Von Ju=
gend auf gewöhnt, jenes Kleid zu tragen, bewegt er sich
darin ungezwungen und leicht; uns würde es in jeder
Bewegung hemmen und zwängen. Was er nur In=
teressantes und Schönes den Tag über gesehen oder ge=
lesen, gedacht oder gehört hat, das bringt er mit, zum
Besten aller, und wie er in seinen Büchern nicht, wie
wir Deutschen wohl bislang zu thun pflegten, die Küche
zeigt, sondern nur das elegant und reinlich servirte Ge=
richt, so auch in der abendlichen Unterhaltung. Es wäre
eine grobe Auffassung, dies Komödie nennen zu wollen:
der Franzose stellt keinen andern vor; er bringt nur sein
Selbst mit, aber es ist sein besseres oder, wenn man will,
sein liebenswürdigeres Selbst. Indem er Diesem Triumphe
bereitet, verschafft er den Andern heitern und feinen
Genuß. Rücksicht und Schonung für den Nächsten übt
er, ohne daß man die Absicht merken und verstimmt
werden könnte. Wie man sich durch eine französische
Volksmenge durchwinden kann, ohne leibliche Rippen=
stöße zu erhalten, so circulirt man in der Gesellschaft,

ohne die Gefahr zu laufen, daß irgend jemand Einem
auf die moralischen Hühneraugen träte — was in den
Ländern, wo die Pflege der „Offenheit" besonders weit
getrieben wird, nicht immer so leicht vermieden werden soll.

Freilich begnügt sich der Franzose nicht beim Nicht=
verletzen des Nächsten; er kann sich's nicht versagen, ihn
auch zu liebkosen, und dies, so angenehm es auch im
Augenblick von dem Geliebkosten empfunden werden
mag, kann doch immer nur auf Unkosten der Wahr=
haftigkeit geschehen. Die ganze französische Geselligkeit
ist im Grund eine gegenseitige Eitelkeitsversicherungs=
anstalt. Man streichelt, um wieder gestreichelt zu werden;
doch geschieht's nie plump, noch ohne Geschmack. Die
Kunst der gewandten, indirecten, unabsichtlich scheinenden,
stets maßvollen Schmeichelei ist zu einer wahren Vir=
tuosität gebracht, und gerade die Abwesenheit der dadurch
erzeugten Atmosphäre macht, daß der Franzose sich überall
im Auslande so unbehaglich, so durchaus als ein
Fisch außer Wasser fühlt. Aber nicht allein im geselligen
Umgang, auch in der gesellschaftlichen Ordnung ist dem
Eitelkeitsbedürfniß Rechnung getragen; das den Fran=
zosen fälschlich zugeschriebene Gleichheitsbedürfniß ver=
trägt sich sehr wohl mit Auszeichnungen aller Art, und
es gibt deren so viele, daß es jedem vergönnt ist, we=
nigstens einer derselben zu genießen: Kreuze und Bänd=
chen, Preise und Würden, Adelstitelchen und akademische
Sessel sind in solcher Anzahl vorhanden, daß auch das
bescheidenste Verdienst etwas abzubekommen hoffen darf.
Und merkwürdig ist, daß, obschon Jedermann weiß, wie
solche Auszeichnungen erworben werden, dieselben doch

noch immer Gegenstand des Wunsches und des Neides nicht allein, sondern auch der Hochachtung bleiben. So ist es keinem Franzosen unbekannt, daß es dem „schweigenden Verdienst" — um mit Hamlet zu reden — absolut unmöglich ist, die Decoration der Ehrenlegion oder einen Sitz im Institut zu bekommen; besondere statutarische Bestimmungen wollen, daß man um beides in eigner Person, schriftlich im einen Falle, mit Besuchen im andern Falle, förmlich nachsuche. Nichtsdestoweniger genießen beide Auszeichnungen eines viel höheren Ansehens, als z. B. deutsche Orden, oder Mitgliederschaft deutscher Akademien, welche beide beinahe durchgängig die Leute von Verdienst aufsuchen, anstatt von ihnen aufgesucht zu werden.

Mit der Eitelkeit des Franzosen hängt auch eine andere seiner socialen Tugenden — oder Untugenden? — zusammen, der sogenannte respect humain. Unglaublich empfindlich ist der Franzose für das Lächerliche. Alles erträgt er lieber, als daß man über ihn lache; Unglück und Schmerz sind ihm nichts gegen Spott; er empfindet den Scherz über seine Person wie eine Ehrenkränkung, wie eine Demüthigung. Daher das sorgfältige ängstliche Vermeiden alles dessen qui ne se fait pas, aus Furcht, dadurch sich auszuzeichnen oder gar ein Lächeln zu erregen. Und dies erstreckt sich auf alle Lebenssphären. Wie der echte Franzose um keinen Preis einen Hut trägt, den nicht alle andern Franzosen tragen, so wird er nicht gern eine Meinung bekennen, die nicht von allen getheilt wird: ich hätte es keinem gebildeten Franzosen rathen wollen, den „Tannhäuser" zu bewun-

dern, nachdem er durchgefallen, oder einen Flecken in
Victor Hugo's Sonne zu finden, als diese Sonne noch
das Centrum des litterarischen Planetensystems war.
Daher auch eine gewisse Monotonie des Geistes, die
einen bei dem lebhaften Volke sonderbar anmuthet. Es
ist eben der vollständige Mangel an Geistesfreiheit, wie
ihn die Erziehung schon einprägt, die Lebensordnung
weiter entwickelt, welcher die schönsten geistigen Eigenschaften der Nation lähmt; es ist die dadurch erzeugte
Feigheit vor der öffentlichen Meinung, welche ein wür-
diges politisches Leben geradezu unmöglich macht. Von
dieser Feigheit, wie sie sich z. B. beim Herannahen des
großen Krieges so nackt offenbarte, reden wir weiter
unten. Hier sei nur bemerkt, daß nicht allein auf staat-
lichem Gebiete, sondern in allen Lebenssphären, bald die
fieberhafte Leidenschaftlichkeit weniger Parteimänner die
Masse der Guten erst zum schweigenden Unterwerfen,
dann zur Apathie bringt, bald die utopistischen Seichtig-
keiten und rhetorischen Gemeinplätze eitler oder unreifer
Neuerer wieder das blinde Sichanklammern der vielen
an die Autorität, das überlegte Festhalten der feineren
Skeptiker an der Routine als natürliche Reaction zur
Folge haben. Nirgends ist die Doctrin des laissez
faire verbreiteter unter den bedeutenden Köpfen als gerade in Frankreich, wo sie von dem gefährlichen Phrasen-
schwall der Volksbeglücker die unmittelbarste Erfahrung
haben. Eine wahre Panik vor neuen Systemen und
Theorien hat dort, nicht ohne Grund, die besten Geister
ergriffen. Wie sich aber mit jenem Autoritätsglauben
und diesem Skepticismus das Bedürfniß zu kritisiren

vereinigt, wie sich der materialistische Individualismus,
d. h. der Egoismus, mit der geistigen Monotonie ver=
trägt, bleibt ebenfalls einem andern Capitel vorbehalten.
Hier ist im Augenblick nur von der Gesellschaft, nicht
vom Staate noch von der Litteratur, die Rede, und es
genügt uns für jetzt, auf den Fetischismus hingewiesen
zu haben, welchen der gebildete Franzose mit seinen
eigenen Lebensgewohnheiten und Ansichten treibt. Einer
der an Charakter und Geist bedeutendsten Staatsmänner,
die ich gekannt, ein Minister, wie Frankreich deren leider
wenige gesehen hat, sagte mir einst scherzend: „Im Grunde
seid ihr Ausländer doch alle ein wenig übergeschnappt
(toqués)." Er wollte damit weiter nichts sagen, als
daß wir Amerikaner, Engländer und Deutschen es alle
mehr oder minder wagten, uns von der herrschenden
Sitte und Ansicht zu emancipiren. Mein Freund aber
hatte in seiner Jugend England und Italien, ja ganz
Hindostan bereist! Man denke sich, was der Bürger,
der die Rue St. Denis oder gar die Stadt Bourges
oder Douai nie verlassen hat, von unsern „Excentricitäten"
halten mag!

Nicht minder als dieser Codex gesellschaftlicher
Satzungen, und die ehrfurchtsvolle Achtung, deren er
genießt, trägt der Ehrencodex zur Aufrechthaltung und
Verfeinerung der französischen Gesellschaft bei. Auch er
wird ebenso sehr respectirt, als die Staatsgesetze despectirt
werden. Er ist der wahre Polizeidiener der französischen
Gesellschaft. Niemandem fällt es ein, wegen Verleumdung
oder Beleidigung an die Gerichte zu appelliren: würde
dies ja doch nur noch mehr Reden und Lärm verursachen,

was gerade das zu Vermeidende ist. So sehr aber ist diese Autorität anerkannt, daß eine Ehrenverletzung bei= nahe unerhört ist; die Sprache selbst ist derart ausge= bildet, daß sie erlaubt beinahe alles zu sagen ohne die „Ehre" zu verletzen; kommt's aber doch zum Zusammen= stoß, nun, so gelangt die Sache vor die unsichtbare Vehme der Gesellschaft, sie wird beigelegt, oder es kommt zum Duell, das von den Tribunalen des Staats, diesen ge= horsamen Dienern der öffentlichen Meinung, so gut wie unbestraft gelassen wird.*) Auch dieser Ehrencodex wur= zelt in der Eitelkeit. Der Franzose, recht im Gegensatze zum Germanen, zumal zum Engländer, stellt den Ehren= punkt über die Ehre, wie er das Ansehen über die Würde setzt. Die Empfindlichkeit für die geringste Verletzung der Eitelkeit (amour-propre) wird auf's weiteste getrieben. Schon bei den Kindern wird ein solches Ehrgefühl künst= lich groß gezogen, gerade wie ihnen die Furcht vor der Lächerlichkeit mehr als der Abscheu des Schlechten bei= gebracht wird. In unsern Augen hat ein Kind keine „Ehre" im gesellschaftlichen Sinne; sie kommt nur dem Erwachsenen und dem in der Gesellschaft Lebenden zu. Nicht so bei den Franzosen: ein Knabe von zwölf Jahren wäre „entehrt", erhielte er eine Ohrfeige von seinem Lehrer; im aristokratischsten College Englands empfängt

---

*) Man geht mit Abfassung eines eigenen Gesetzes über das Duellwesen um; bis jetzt wurde dasselbe entweder als assas- sinat prémédité oder als coups et blessures betrachtet! Aecht französisch war das Gesetz nicht der Wirklichkeit angepaßt, sondern mußte sich die Wirklichkeit in das Prokrustesbette des Gesetzes fügen, das eben ein so irrationelles mittelaltriges Ding als das Duell nicht anerkennen kann.

Hillebrand, Frankreich. 2. Aufl.   4

der Siebzehnjährige noch Prügel, wenn er sich durch die Lüge entehrt hat. Wie in der Schule, so im Leben. Nicht dadurch, daß man unehrenhaft handelt, sondern daß man unehrenhafter Handlung, selbst unverdienter Weise, gezieben wird, geht man in Frankreich der Ehre verlustig. Doch ist es nur gerecht und billig, zu con= statiren, daß unehrenhafte Handlungen in Frankreich vielleicht seltener als irgendwo sonst sind.

Daß der Schein überhaupt dem Franzosen gar lieb ist, weiß man zur Genüge. Hübsch ist es, daß er sich dieser Schwäche durchaus nicht schämt. Wer wollte ihm z. B. physischen Muth absprechen? Und doch gesteht er gern selber zu, daß, um recht muthig zu sein, er Zu= schauer haben müsse, dann könne er Heldenthaten ver= richten. Ein junger Mann schrieb mir: er gehe in den Krieg, um darin „den Tod zu finden" oder — nicht etwa sein Vaterland befreit zu sehen, sondern — „sich das Kreuz zu verdienen!" Selbst die vielgerühmte Ritterlichkeit des Franzosen bedarf der Zeugen, um sich in ihrem schönsten Lichte zu entfalten; gern nimmt er sich des Schwachen an, gern beugt er sich vor dem Alter, gern bringt er kleine Opfer — doch ist's ihm lieb, dabei gesehen zu werden.

Auch die Galanterie der Franzosen trägt zum Reiz des gesellschaftlichen Lebens bei. Wie die Kitzlichkeit des Ehrenpunktes Rücksicht auf die Empfindlichkeit des an= dern gebietet und so jeder Bewegung ihre Härte nimmt, so gibt die Galanterie der Geselligkeit einen pikanten Reiz, eine Anregung, wie sie bei uns wohl durch das Bechern nur unvollkommen ersetzt wird. Die Coketterie der

Französinnen ist meist weit unschuldiger als man voraus=
setzt; jedenfalls ist sie natürlicher als das Gegentheil.
Das Bedürfniß zu gefallen und die Gewohnheit dieses
unschuldigen Bedürfnisses kein Hehl zu machen, gibt dem
Gespräch der französischen Damen eine ungemeine An=
ziehung; das Sichzusammennehmen ihnen gegenüber, der
Wunsch, an diesem anziehenden Verkehr sich betheiligen
zu können, macht die Herren liebenswürdiger, indem es
ihnen zugleich eine gewisse Zurückhaltung und ein Maß
auferlegt, das sie sonst leicht vergessen möchten. Freilich
verschwindet mit der einreißenden Anglomanie der höheren
Stände, mit der modischen Tugendhaftigkeit des Bürger=
standes jene Unbefangenheit und liebenswürdige Heiter=
keit immer mehr. Die alte französische Gutmüthigkeit
(bonhomie), die alte harmlose Kindlichkeit werden täg=
lich seltener. Wie es Mode geworden ist, in der höchsten
Gesellschaft für die Herren sich als englische grooms,
für die Damen sich wie Loretten zu geberden, so beginnt
in den Mittelclassen ein pedantischer Ton von — den
Franzosen gar übelkleidender — Ernsthaftigkeit und Prü=
derie einzudringen, der die alte heitere Geselligkeit zu
tödten droht. Das membre du Jockey-Club nimmt
Herzoginnen und Marquisinnen gegenüber Attitüden, und
erlaubt sich Ungenirtheiten der Rede, die früher nur an
verrufenen Orten geduldet wurden; der Mann aus den
„liberalen Carrièren‟ hat aber einen solchen Respect
vor der Tugend seiner Damen, daß er sich den unschul=
digsten Scherz untersagt. Die schöne und angenehme
Mitte zwischen beiden Extremen, in welcher der Franzose
sich so elegant und ungezwungen zu bewegen pflegte, die

4*

witzige verschleierte Anspielung auf gewisse Natürlich=
keiten, das graciöse und unbefangene Hofmachen wie das
geschmackvolle und elegante Einwickeln des Anstößigen
— alles das droht zu verschwinden. Ja, die heitere Ge=
sprächigkeit selbst ist auf dem Punkte, sich zu verlieren.
Früher redeten Zusammenreisende, im Theater Neben=
einandersitzende unbefangen miteinander, nicht um sich
auf deutsche Weise nach den persönlichen Verhältnissen
zu erkundigen, sondern um mit dem Gespräch über all=
gemeine oder gleichgültige Dinge die Zeit zu vertreiben;
jetzt glaubt man seiner Würde zu vergeben, wenn man
nicht auf englische Weise stumm in seiner Ecke sitzt. Doch
ist der Salon von dieser Unart noch so ziemlich frei, ob=
schon auch hier eine gewisse steife Zurückhaltung immer
mehr Mode wird.

Wie sehr die dominirende Rolle der Frauen in der
französischen Gesellschaft mit dem Nationalcharakter zu=
sammenhängt, geht schon aus der Thatsache hervor, daß
dieselbe zu allen Zeiten der französischen Geschichte gleich
einflußreich gewesen zu sein scheint; und daß das Her=
vortreten des Bürgerstandes seit 1789 Nichts daran ge=
ändert hat. Noch heute herrscht die Französin im Sa=
lon, in den Bureaux der Ministerien, in der Familie, ja
im Handel, wie früher am Hofe. Bei ihr ist natürlich
die rationalistische Anschauung nicht so tief eingedrungen
als bei dem Manne; sie hat noch sicheren Instinkt, In=
tuition und Charakterfestigkeit bewahrt, weil sie, der
weiblichen Natur unbewußt gehorchend, dieselben nicht
den abstracten Schablonen des Verstandes oder, wie
man das pompös zu nennen pflegt „den Principien“

geopfert hat. Die Französin verdient in der That zu
regieren, wie sie es in Wirklichkeit thut, denn sie ist sitt=
lich und geistig dem Franzosen überlegen: die Ordnung,
die Sparsamkeit, der Familiensinn, welche der Nation
überhaupt angehören, sind bei ihr naturgemäß ausge=
prägter als beim Manne. Kalt, berechnend, practisch, ist
sie zugleich weniger gewissenhaft, sieht den Vortheil der
Familie mit sichererem und schnellerem Blick, weiß ihn
energischer zu verfolgen. Es gibt keine trefflicheren Haus=
hälterinnen als die Französinnen, die, ohne mit der
Haushalterei auf deutsche Weise zu prahlen, den Haus=
stand mit umsichtiger und fester Hand zu leiten wissen.
Viele stehen selbst den Geschäften des Mannes vor, was
denn auch freilich wieder die Zaghaftigkeit des franzö=
sischen Handels erklärt: die Frau sieht den nächsten
Vortheil, schwingt sich aber nicht leicht zur Conception
eines entfernten und zweifelhaften Gewinnes, d. h. zu
einer Speculation auf. An Keckheit und Dreistigkeit im
Auftreten wird's einer Französin nie fehlen; natürlichen
Verstand hat sie und hat sich ihn nicht durch „Principien"
verkümmern lassen. Kein geschaffenes Wesen ist geschickter
im beinahe unmerklichen Hervorkehren und Verwerthen
ihrer Vorzüge, auch der geringsten, eines schönen Fußes
oder eines bißchen Singstimme, je nach den Erforder=
nissen der Lage. Ehrgeizig im höchsten Grade, leiden=
schaftlich unter einem äußern Anschein von Nüchternheit,
gewandt in ihrem Betragen, elegant in ihrem Aeußern,
von der Natur mit einer Grazie ausgestattet, welche
eine eigens darauf gerichtete Erziehung sorgfältig aus=
gebildet, charakterfest vor allem und willensstark, leitet sie

den Mann, wie den Bruder oder den Sohn, bringt ihn
vorwärts, ebnet ihm die Wege, thut für ihn die Schritte,
welche nothwendig, aber peinlich zu thun sind, kurz, sie
erobert ihm seinen Platz in der Welt und hilft ihm ihn
behaupten. Diese hervorragende Rolle der Frau trägt
ungemein viel dazu bei, der französischen Gesellschaft,
wie dem französischen Staate die ihm eigenthümliche Rich=
tung zu geben: das leidenschaftliche Ergreifen und Ver=
folgen eines nahen Gewinnes oder Interesses ist der
französischen Politik immer eigenthümlich gewesen, so
lange und so oft sie nicht Verwirklichung abstracter Be=
griffe anstrebte: Anmuth, Gewandtheit, Lebhaftigkeit geben,
nächst dem aplomb, dem esprit und dem bon sens
der französischen Gesellschaft ihren besonderen Charakter:
Beides aber rührt unzweifelhaft von dem Vorwalten
des weiblichen Elements im französischen Leben her.

Unter allen den Dingen, welche das Gesellschaftsleben
der Franzosen besonders begünstigen, wäre hier auch die be=
reits hervorgehobene schöne Tugend der gegenseitigen Hülfe=
bereitheit anzuführen. Der Franzose ist verbindlicher, hülf=
reicher als es der Germane zu sein pflegt, aus demselben
Grund, aus welchem er überhaupt geselliger ist; das indivi=
duelle auf sich selbst Gestelltsein, sich selbst Genügen, ist ihm
nicht gegeben, das help yourself dünkt ihm Egoismus.
Vor allem aber ist es die Geschlossenheit der Gesellschaft,
welche ihr Leben und Reiz verleiht. Der Franzose rühmt
sich gern seines Sinnes für Gleichheit; keine Prätention
ist weniger gerechtfertigt. Von unten herauf existirt
dieser Sinn wohl; ein jeder dünkt sich dem über ihm
Stehenden gleich; von oben nach unten ist er nirgends

zu finden. In keinem Lande sind die Classen schärfer
abgesondert, sind die gesellschaftlichen Vorurtheile ausge=
prägter. Die erste Schichte wird gebildet von den Leuten
— adelig oder bürgerlich — welche bequem und elegant
leben können ohne zu arbeiten, und deren Eltern schon
so leben konnten. Darunter wieder, in Paris wie in
der Provinz, Unterabtheilungen: alter Adel, neuer Adel,
hohe Finanz, bürgerliche Grundeigenthümer 2c. Die
zweite Schichte ist gebildet in erster Linie von Advocaten
und Richtern, als Erben der noblesse de robe, dann
von Beamten, Aerzten, Professoren, sowie von Groß=
händlern. Diese beiden Schichten verkehren gesellig mit
einander, scheinen gleich zu sein, und werden in der That
nur durch das connubium getrennt, das zwischen ihnen
nicht stattfindet. Die dritte Schichte, die nicht mehr zur
„Gesellschaft" gehört, also schon nicht mehr duellfähig ist,
besteht aus Kaufleuten, die ein Detailgeschäft haben, so
groß es auch immer sein mag. Dann kommt der wohl=
habendere Handwerkerstand, der Bäcker, der Fleischer;
auf ihn folgt der kleine Handwerker, dann der Arbeiter,
der zu Hause arbeitet, der besitzende Bauer, der Tag=
löhner, endlich der Fabrikarbeiter; und eine unüberspring=
bare Kluft trennt jeden dieser Stände von dem andern,
selbst da, wo die politische Gesetzgebung versucht hat, sie
auf unnatürliche Weise zu vermengen. Dieses Kasten=
system aber, es ist nicht zu leugnen, gibt der französischen
Gesellschaft eine Stabilität, eine Ordnung, eine Sicher=
heit, die wir Deutschen bei unsern ineinanderverschwim=
menden Ständen und Professionen nicht besitzen können.
Es erzeugt nicht zu billigende Vorurtheile; aber ohne

Vorurtheile ist die Gesellschaft eben doch undenkbar, ihr
Wesen und ihre Grundlage ist ja so recht eigentlich das
Vorurtheil.

Alle Tugenden der Franzosen, von denen ich geredet,
sowie diejenigen, von denen ich noch zu reden haben
werde — Redlichkeit, Nüchternheit, Dienstfertigkeit, Ele=
ganz, Gerechtigkeitssinn — sind vorzugsweise gesellschaft=
licher Natur, alle beruhen auf der Reflexion, nicht auf
der Spontaneität, auf dem Verstand, nicht auf dem Ge=
müth. Alle streben das Nützliche, nicht das an sich Gute
an. Sie machen das tägliche Leben angenehm und leicht,
heiter und bequem; sie genügen in neunundneunzig Tagen
des Lebens, so lange es eben in gewohnten Gleisen fort=
rollt. Aber sie sind ungenügend am hundertsten Tage,
wenn das Unvorhergesehene geschieht, wenn der Sturm
einbricht über das künstliche Gebäude oder es aus den
Fugen zu reißen droht. Dann wäre männlicher Muth,
Selbsterkenntniß, Selbsthülfe oder aber Entsagung und
Sichfügen vor der Hand des Höhern an der Stelle —
Tugenden, die auf dem Boden des Rationalismus eben
nie und nimmer wachsen. Die Rinde fällt ab, und der
schwache Stamm beugt sich oder bricht unter der Wucht
des Orkans! Rathlosigkeit und Kopflosigkeit, blinde
Leidenschaft und bleiche Panik, Leichtgläubigkeit und rohe
Selbstsucht, ja Grausamkeit und Wildheit brechen los.
Grattez le Russe et vous trouverez le Tartare, sagt
ein französisches Witzwort; mit mehr Recht dürfte man
sagen: Grattez le Français et vous trouverez l'Irlandais. Es ist dieselbe Liebenswürdigkeit und Leicht=
lebigkeit, derselbe Witz und dieselbe Anmuth, dieselbe

gutmüthige Eitelkeit und dieselbe Beweglichkeit; alles nur in gebildetern, feinern Formen, alles nützlicher und schöner geordnet, alles besser und zweckmäßiger gelenkt und verwendet. Aber nun zerfalle diese Form und diese Ordnung, nun verliere man die Richtung und Lenkung, was soll aus dem Menschen werden, der nicht in sich, sondern außer sich sein Gesetz wie seinen Compaß hat? Er irrt wie ein Wahnsinniger umher, allen Winden preisgegeben, gegen sich selbst und andere wüthend, sich selbst und andere zerstörend. Nie wird ein Romane oder ein Germane solcher Wuthausbrüche fähig sein wie sie in der Bartholomäusnacht, den Septembertagen oder zur Zeit der Commune die Welt mit Schauder erfüllt; nie wird der Romane oder der Germane sich selbst und seine Würde verlieren, wie der Franzose es nach den Niederlagen des Jahres 1870 gethan; das sind die periodischen Rückfälle des Celten in seine angeborne Natur: Grattez le Français et vous trouverez l'Irlandais!

II.

Unterrichtswesen.

Sechs Grundsteine legte der große Organisator des modernen Frankreichs, um darauf das Gebäude der cäsarischen Demokratie aufzurichten, und drei Revolutionen, drei Dynastien, zwei Republiken, drei Invasionen sind seitdem über das Haus gekommen ohne jene Grundsteine auch nur im mindesten zu erschüttern. Ein neues Schild, einen neuen Anstrich, ja ein Fenster hier, einen Balcon dort mochten die wechselnden Hausmeister sich und den Insassen wohl gönnen; an den Mauern hat noch keiner zu rütteln gewagt. Nicht Alexander noch Cäsar, nicht Karl, nicht Friedrich, die Großen, haben größeres geleistet. War's zum Heil, war's zum Verderben der Nation?

> Ai posteri
> L'ardua sentenza!

rief Manzoni, als der Ungeheure fiel, und wir, die wir diese Nachwelt sind, der es zukommt das Urtheil zu fällen, dürfen sagen: Ja, unter den gegebenen Umständen war's zum Heil. Diese Umstände aber, es war die Revolution, welche sie herbeigeführt hatte, als sie die natio=

nale Tradition unwiederbringlich zerstörte, und es unter=
nahm, sie durch abstracte Verstandesconceptionen zu
ersetzen. Das Unglück war geschehen, als das Genie
Napoleons, in dem sich der Gedanke der Revolution
concentrirte, inmitten der Trümmer ein neues festes Ge=
bäude aufrichtete, das allen Stürmen trotzen sollte. Wenn
es einer einförmigen Caserne ähnlicher sah, als einem
heiteren geräumigen Wohnhause, das die aufeinander
folgenden Geschlechter, unsymmetrisch, nicht unharmonisch,
aufgebaut, so war's nicht die Schuld des Architekten
allein. Ein Obdach war dringend nothwendig, seit der
Hochmuth des Verstandes sich vermessen, im Verein mit
der Rohheit losgelassener Leidenschaft das alte Haus von
Grund aus abzubrechen. Ihm, dem Soldaten=Kaiser,
wurde der Auftrag: schnell, aber dauerhaft, das neue
Obdach herzurichten — ja, zum größten Theil ward ihm
der Plan von seinem Mandanten aufgenöthigt: die
Grundlinien der Napoleonischen Gesetzgebung waren schon
vorgezeichnet durch die Revolutionäre des Convents und
der Fünfhundert. Nach diesem Plan ein Gebäude zu
errichten, in welchem Freiheit der Bewegung und Selbst=
verwaltung jedes Theiles geherrscht hätte, war unmöglich,
selbst wenn der Dictator es gewollt hätte. Dagegen ver=
mochte er das Einzige: den permanenten natürlichen
Interessen der Gesellschaft und den angeborenen Charakter=
Anlagen des Franzosen Spielraum zu geben innerhalb
jener doctrinären rationalistischen Grundlinien, es in
einem Wort zu sagen: er verstand das Concrete nicht
dem Abstracten zu opfern, sondern es durch dasselbe zu
neutralisiren, freilich nicht so vollständig, daß die leidige

Abstraction — d. i. die demokratische Doctrin, welche ihm von der Revolution aufgezwungen worden — nicht doch unendlich viele Blüthen des geistigen und politischen Lebens der Nation mit ihrem vertrocknenden Hauche gewelkt und getödtet hätte.

Jene sechs unerschütterten Grundsteine des modernen Frankreich — die Universität, die Justiz, die Verwaltung, das Heer, der Staatshaushalt, das Concordat — müssen in ihrem Wesen demjenigen bekannt sein, der sich über die wahren Gründe Rechenschaft ablegen will, weshalb alle seitdem gemachten Versuche eine parlamentarische Regierung in Frankreich einzubürgern so jämmerlich scheitern mußten. Alle sechs sind, wie gesagt, trotz einiger Namensveränderungen, noch genau dieselben, die sie im Jahre 1804 waren, und die Dauerhaftigkeit dieser gesetzgeberischen Schöpfungen Napoleons wird nur übertroffen von der Gebrechlichkeit seiner politischen Schöpfungen.

1.

Das gesammte französische Unterrichtswesen ist begriffen unter dem Namen l'Université de France, und folgerichtig müßte der Minister des öffentlichen Unterrichts noch immer le grand maître de l'Université heißen, wie er es in der That noch immer ist. Die „Universität von Frankreich“ zerfällt in drei Kategorien oder Grade: Primär=, Secundär= und höheren Unterricht.

welche unseren Volksschulen, Gymnasien und Univer=
sitäten entsprechen. Jeder Grad hat sein Personal von
Lehrern und Inspectoren, die aber von einem Grad zum
andern aufsteigen können, und wirklich öfters aufsteigen.
Dem Raume nach ist die Universität in sechzehn Aka=
demien von je vier bis fünf Departementen getheilt, und
an der Spitze eines jeden Bezirks steht ein von der Re=
gierung ernannter Rector, welchem die Verwaltung und
stete Beaufsichtigung der Facultäten, Gymnasien und
Volksschulen gleicherweise obliegt, obschon seine Autorität
über letztere beinahe nur scheinbar und in der Wirklichkeit
bei dem Präfecten ist, welcher des Schullehrers als politischen
Agenten so wenig als des Flurschützen entrathen kann.
An der Seite des Rectors steht ein Unterrichtsrath, ge=
bildet durch ministerielle Ernennung nach dem Muster
des oberen Unterrichtsrathes, welcher dem Minister zur
Seite steht. Bischof und Staatsanwalt, Obergerichts=
präsident und Maire, Präfect und Unterpräfect, die De=
kane und Inspectoren des Bezirkes bilden diesen Rath
der sich nur zweimal des Jahres zu eintägiger Bera=
thung zusammenfindet, absolut unmächtig zum Guten,
nur allzu mächtig zum Schlimmen, durchaus incompetent
und fast durchgängig ein Werkzeug der Kirche.

Der Volksunterricht, für welchen Napoleon nur den
Rahmen vorgezeichnet, beruht noch ganz auf dem Gesetze
Guizots von 1833, welches jenen Rahmen nothdürftig
ausfüllte. Er ist weder obligatorisch noch unentgeltlich,
und wird es, selbst wenn gegen alles Erwarten ein
Gesetz in diesem Sinn erlassen werden sollte, in der That
nie werden. Die Folge davon ist, daß zwei Drittel der

Nation vollständig illitterat sind. Zum größten Theil wird der Volksunterricht von den frères de la doctrine chrétienne, den wohlbekannten ignorantins, und von frommen Schwestern ertheilt, zum geringeren Theil von Laien. Der abstracte Liberalismus, der noch immer blindlings den Spuren der Revolution folgt, sucht natür=lich, so viel er kann, den Unterricht der Geistlichen zu verdrängen; ja er zieht die Abwesenheit alles Unter=richts dem Unterricht durch Geistliche vor; denn, obschon viele der Partei nur aus Leidenschaft und Unkenntniß sündigen, so wissen die Führer, welche unterdessen ihre Kinder selbst zur Communion schicken, doch sehr wohl, daß Frankreich keine 40,000 Laienschulmeister auftreiben kann, selbst wenn es die dafür nöthige ungeheure Aus=gabe bestreiten wollte; sie wissen, daß es mit der Mora=lität eines Laienschulmeisters, der nicht aus religiösen Motiven, noch aus Beruf die harte und entbehrungs=volle Laufbahn ergreift, sondern als ein gagnepain und um dem Militairdienst zu entgehen, nicht immer zum besten bestellt ist; sie wissen, daß seine Halbbildung ohne jedes Gegengewicht ihn allenthalben zum blinden poli=tischen Werkzeug der Revolution oder der Reaction macht, daß das bißchen Wissen, welches er in seinem Examen darlegt, durchaus keine pädagogische Garantie bietet, die mit derjenigen zu vergleichen wäre, welche die geistliche Disciplin und die Kirche bieten; sie wissen, daß die zeit=weilig auftauchenden Skandale, welche so illoyal gegen die Geistlichen ausgebeutet werden, verschwindende Aus=nahmen sind; sie wissen endlich, daß die „Schwestern“ ihr Amt mit einer Selbstaufopferung, einem Eifer, einem

Pflichtgefühl erfüllen, die kein diplôme de premier degré je ersetzen kann. Einerlei, die Gefahr, daß den Kindern mit dem ABC auch etwas Religion beigebracht werden könnte, ist so groß, daß es besser ist zu warten bis die Musterschulen des Staates 40,000 Laien dressirt haben! Glücklicherweise sind nicht alle Maires liberal; auch wissen viele ihren Liberalismus zu vergessen wenn's zur Praxis kommt, und so ist einige Hoffnung vorhanden, daß die Kinder Frankreichs jenes Millenium nicht abzuwarten brauchen, welches die Freunde des Fortschritts und die Feinde der Dunkelmänner sich herbeizuführen vermessen. Wie aber unser vielangestaunter Volksunterricht aus dem religiösen Unterricht in drei Jahrhunderten langsam her-ausgewachsen ist, das brauchen ja die abstracten Welt-verbesserer und Welterleuchter nicht zu wissen; rühmen sie sich doch, daß die Geschichte und ihr geheimnißvolles Werden ihnen ein Buch mit sieben Siegeln ist, daß sie keine andere Autorität anerkennen als die des souveränen Verstandes, dessen Decrete doch wohl auch müssen schaffen können, wie sie zu ordnen vermögen.

Sehr schlimm steht es in Frankreich um den Unter-richt in den niederen Mittelclassen: erst seit kurzem kommen die écoles professionelles auf, welche unseren Real-schulen sund unseren Bürgerschulen zugleich entsprechen sollen, in der That aber keineswegs entsprechen. Elende, kleine Institute füllen diese Lücke nur sehr unvollständig aus; doch mehren sich seit dem zweiten Kaiserreich, das überhaupt viel für den Volksunterricht gethan, die Schulen dieser Gattung. Leider sind sie oft aus falsch verstan-denem Demokratismus und übel angebrachter Sparsamkeit mit den Gymnasien verbunden, und laufen als Nebensache dann nur so mit.

Der bei weitem bestbestellte Theil des öffentlichen Unterrichts ist der mittlere, obschon auch er vieles zu wünschen übrig läßt. Frankreich mag etwa vierhundert colléges (Lateinschulen, Progymnasien) und einhundert lycées (Gymnasien) zählen. Das Internat ist die Regel, doch nimmt das Externat glücklicherweise auch allmählich zu. An der Spitze des lycée steht ein proviseur, der das Unterrichtswesen und die äußeren Verbindungen mit Eltern und Verwandten leitet. Von ihm, der selbst keinen Unterricht ertheilt, hängen sämmtliche Lehrer ab, die sehr oft, meistens sogar, höhere akademische Grade haben als ihr Vorgesetzter. Neben dem proviseur steht der censeur, der mit Aufrechthaltung der Disciplin betraut ist, und die von den Lehrern verhängten Strafen zum Vollzug bringt. Ein économe sorgt für das Wohl des Leibes, ein aumônier für das Heil der Seele. Die eigentlichen Lehrer, meist junge Leute, haben jeder eine Classe, und geben nur in dieser Unterricht. Daß ein Lehrer seine Schüler von unten herauf begleiten, ihrer Geistes- und Charakterentwicklung folgen könnte, ist demnach nicht denkbar. In den unteren grammatischen Classen findet man selbst in den Lyceen wenige sogenannte agrégés, d. h. mit dem höheren Lehrerdiplom versehene Sieger im concours. Der Unterricht wird meist von einfachen licenciés ertheilt, deren Examen, mutatis mutandis, unserem Lehramtscandidaten-Examen entspricht, weniger philologische, mehr elegante Kenntnisse verlangt; in den colléges haben die meisten Lehrer nur die maturitas. Nur in den höchsten Claſſen der Lyceen trifft man Schüler der école normale supérieure an, doch durchſchnittlich nicht mehr als zwei bis drei in einem lycée; ſie werden als die Perlen der Lehrer betrachtet; doch bleiben ſie meiſt nur vorübergehend, da ſie entweder nach Paris zurückzukehren oder in eine Facultät vorzurücken trachten. Ihre Probezeit in dem Provincial-lyceum dünkt ihnen ein Fegefeuer; an ein pädagogiſches uneigennütziges Intereſſe iſt, bei jungen Leuten deren Hauptziel im Leben iſt in Paris leben zu können, nicht zu denken. Freilich iſt ihre geſellſchaftliche Stellung in der Provinz, gegen ihre höhere Bildung gehalten, eine ſo untergeordnete, daß dieſer Wunſch ihnen nicht ſehr zu verdenken iſt.

Was überhaupt die Lehrer zur Arbeit anhält, iſt nicht das Pflichtgefühl und der Apell ans Gewiſſen, ſondern das materielle Intereſſe und die Ueberwachung. Wenn ein Lehrer ſeine Claſſen verſäumt, wird er durch Gehaltsabzug beſtraft (sic!). Der Proviſeur, meiſt dem Lehrer geiſtig ganz untergeordnet, beſucht deſſen Claſſe, macht Bemerkungen über ihn, liefert Berichte an den Rector, der an der Spitze des Unterrichtsbezirkes (académie) ſteht. Der ſtändige Inspector, der ſeinen Sitz in der Hauptſtadt des Departements hat, thut daſſelbe. Jährlich einmal kommen zwei Generalinspectoren von Paris, und inspiciren Lyceum, Unterinspectoren, den Rector ſelber und — die Facultäten, und geben davon Bericht an den Unterrichtsminiſter. Sie ſind die gefürchteten Popanze des ganzen Unterrichtsweſens — doch auch ſie ſtreifen nur die Oberfläche; keiner von ihnen geht in eines

Hillebrand, Frankreich. 2. Aufl. 5

der vierhundert colléges municipaux, worin der größte
Theil der französischen Jugend erzogen wird. Ihre
Berichte entscheiden über Leben und Tod, oder doch
wenigstens über Beförderung oder Zurücksetzung, Aus=
zeichnung *) oder Verweis; und ihre Berichte begnügen
sich nicht die öffentliche Thätigkeit der Lehrer zu prüfen;
auch ihr Privatleben, ihre Vermögensverhältnisse, ihre
politischen Gesinnungen sind Gegenstand ihrer Erkun=
digungen. Man kann sich denken welche Ehrfurcht der
Schüler vor dem Lehrer bewahrt, der, zitternd in seinem
schwarzen Talar, den Rüssel des gestrengen Herrn Ge=
neralinspectors einstecken muß.

Neben jenen Municipal= und Staatsgymnasien nun
bestehen viele geistliche Institute, welche in demselben
Geiste, nach denselben Programmen — denn die Pro=
gramme dessen was in jeder Classe zu lehren ist, und
wie es zu geschehen hat, werden alljährlich vom Minister
festgestellt — unterrichten. Auch sie stehen nominell wenig=
stens unter Staatsaufsicht. Die Concurrenz, welche sie den
Staatsgymnasien machen, ist bedeutend. Ihre Erfolge
pflegen größer zu sein: denn wo es sich um mechanisches
Abrichten handelt, wird der katholische Geistliche immer
jedem Lehrer den Rang ablaufen. Sie sind von besserer
Gesellschaft besucht; bieten, wie man meint, mehr Garan=
tien für Moralität und es herrscht in ihnen jedenfalls
ein besserer und feinerer Ton als in den Lyceen. End=
lich gibt es in allen größeren Städten, namentlich aber

---

*) Ein eigener Orden — eine goldene oder silberne Palme
an violettem Bande — ist als Stimulus für den Volks= und Gym=
nasiallehrer eingeführt.

in Paris, eine Menge kleiner Pensionen, ähnlich unsern alten bursae und den colleges von Löwen und Oxford, doch natürlich nicht republikanisch eingerichtet wie diese. Sie sind einfache Speculationen sogenannter Suppenhändler, denen der Grad eines Baccalaureus (maturitas) genügt um eine solche Anstalt zu öffnen, worin sie mit Hülfe armer Lehrer die Jungen für die Preisvertheilung mästen. Sehr häufig kommt es vor, daß begabte Kinder unentgeltlich dort aufgenommen werden, um für eine bestimmte Prämie, z. B. der Geschichte, der Mathematik, des lateinischen Aufsatzes ꝛc., je nach ihrer Begabung dressirt zu werden. Von hier aus werden die Kostgänger alltäglich von einem répétiteur nach dem Gymnasium geführt, wo sie dem cours beiwohnen, dann zurückgebracht und dort für den nächsten Tag vorbereitet. Es ist dieß, wie schon bemerkt, ein rein kaufmännisches Geschäft mit dem nöthigen Zubehör von Aushängeschild, réclames ꝛc., ein Schandfleck im französischen Unterrichtswesen, von dem es gut ist so wenig wie möglich zu reden, den aber die „Freiheit des Unterrichts" nicht erlaubt zu unterdrücken.

Jedes lycée, um auf den officiellen Typus des Secundärunterrichts zurückzukommen, hat sieben Classen, von der Sexta bis zur Secunda; unserer Prima entspricht die rhétorique: in der siebenten Classe, der philosophie, werden schon Logik und Psychologie gelehrt. Man sieht, es sind noch ganz die alten Formen der geistlichen Schulen. Leider muß man sagen: „Wie die Formen so der Geist." Der Unterricht bezweckt durchaus nicht die Entwickelung des Geistes, sondern nur

5*

positives Wissen, und auch dieß nicht einmal als Selbst=
zweck, sondern als Mittel Preise zu erlangen und Exa=
mina zu passiren. Vom proviseur, im Municipalgymnasium
principal genannt, bis zum Lehrer, vom Lehrer bis zum
letzten Schüler, werden nur diese äußeren Gesichtspunkte
ins Auge gefaßt. Je mehr Schüler durchs Baccalaureats=
Examen kommen, desto mehr Recruten wird die Anstalt
machen, desto berechtigter werden die Ansprüche des Pro=
viseurs und des Lehrers auf Beförderung oder Decora=
tion, desto größer wird jedenfalls ihr Einkommen sein;
denn von diesem ist ein Theil „eventuell", d. h. ein
Procent des Gesammteinkommens der Anstalt. Der
Schüler endlich, gehört er zu den besten, denkt nur an
seine Triumphe am Tage der Preisvertheilung, einer
ganz außerordentlichen theatralischen Feierlichkeit, der
außer Tausenden von Zuschauern alle höchsten Autori=
täten des Departements beiwohnen; gehört er zu den
mittelguten, so ist das verhängnißvolle Examen sein ein=
ziger Stimulus. Hieraus würde schon a priori die
Folgerung gezogen werden können, welche factisch unan=
gefochten constatirt ist, daß der Lehrer sich nur um die
zehn ersten Schüler seiner Classe bekümmert, deren Erfolge
ja ihm angerechnet werden. Alle übrigen werden ihrem
Schicksal und den maîtres d'études oder Aufsehern
überlassen, armen jungen Leuten, die oft selbst das Ma=
turitätsexamen noch nicht gemacht haben, und deren er=
barmungswürdiges Loos es ist als ein Gegenstand des
Hohns für die Jugend, vornehmer Verachtung für die
Lehrer, despotischer Willkür für den Proviseur, die Kin=
der im Schlafzimmer, in der Studirstube, auf dem Spa=

ziergange zu überwachen und ihnen bei ihrer Arbeit zu helfen.

Der Tag ist militärisch eingetheilt in Lehr=, Ar= beits = und Vergnügungsstunden, welche die Trommel laut verkündigt, und die sämmtlich unter Aufsicht und in den kahlen Mauern des klösterlichen Gebäudes oder seiner öden Höfe hingebracht werden. Turnen ist bei= nahe vollständig unbekannt. Alle Wochen einmal, am Donnerstag, wird die Heerde in ihrer militärischen Uni= form unter Aufsicht der armen pions — der Spottname jener unglücklichen Märtyrer, die officiell maîtres d'études heißen — in das Freie geführt.

2.

Schon die Uniform der Gymnasiasten deutet darauf hin, wie die Pflege der lebendigen Individualität die geringste Sorge der Lehrer und „Erzieher" ist. Die moralische Leitung beschränkt sich in der That darauf, alle Schüler einer gleichmäßigen halb klösterlichen, halb militärischen Disciplin zu unterwerfen, welche dazu an= gethan sein soll „den Charakter zu bilden", im Grund aber nur ein Extrem an die Stelle eines andern setzt. Die Familienerziehung läßt das Individuum in allen seinen Launen und Unarten gewähren; die Collége Er= ziehung sucht es selbst in seinen berechtigsten Eigen= heiten zu unterdrücken. Und dieses rohe Princip wird mit den rohesten Mitteln durchgeführt. Ueberwachung,

Strafe, Belohnung, Auszeichnung sollen die bösen Instincte im Zaume halten, reichen aber nur aus sie dem
Auge zu entziehen; denn unter der Oberfläche wuchern
sie fort wie geiles Unkraut. Weder Pflichtgefühl, noch
Wahrheitsliebe, noch Ehrfurcht werden zu entwickeln gesucht. Nicht das Gemüth rein, die Phantasie keusch zu
erhalten, den Sinn auf das Höhere und Ideale zu
lenken, bemüht sich der Erzieher, sondern strafbare Handlungen zu verhindern oder dem Tageslicht zu entziehen.
Furcht und Feindschaft oder Familiarität und Kameradschaft kennzeichnen das Verhältniß zwischen Lehrer und
Schüler, und lassen keinen Platz für vertrauensvolles
Hinaufblicken und für lebendige sittliche Autorität.

Desto eifriger werden die todten geistigen Autoritäten cultivirt. In der That ist die jesuitische Tradition
noch lange nicht überwunden, trotz des Brotneides, der
zwischen der „Université“ und der Gesellschaft Jesu blüht.
Der ganze Unterricht trägt noch dasselbe scholastische
Gepräge, das er vor drei Jahrhunderten trug. Die
litterarische Orthodoxie wird auf das peinlichste aufrecht
erhalten. An Entwicklung eines selbständigen Urtheils
denkt niemand; wehe dem Schüler, der sich beifallen
ließe eine eigene Ansicht zu haben, oder gar Bossuet hohl,
Cicero langweilig zu finden! Die Entwickelung der
Phantasie wird, wo möglich, für noch gefährlicher gehalten als die des Urtheils. Die lateinische Versification
ist noch der einzige schmale Canal, in den sie sich er-
gießen darf. Dagegen werden Gedächtniß und Formensinn — wollten wir das Kind bei seinem wahren Namen nennen — Mechanik und schöner Schein aufs sorg-

fältigfte gepflegt. Das Auswendiglernen wird von früh
auf bis in die höchſte Claſſe, und zwar im umfaſſendſten
Maßſtab, getrieben. Kritikloſe Datenzuſammenſtellung
mit obligatem fertigem Urtheil gilt für Geſchichtsunter-
richt. Memoriren von Städte- und Gebirgsnamen, namentlich aber von franzöſiſchen Departementen und Chefs-
lieux, macht die Geographie aus, die den Schülern
beigebracht wird; Phyſik und Chemie werden ohne Experimente, Naturgeſchichte wird ohne Anſchauung gelehrt;
einige ſcholaſtiſche Formeln von Logik, Pſychologie und
Metaphyſik ſchließen den ganzen Lehrcurſus.

Sorgfältiger noch als das Gedächtniß, aber leider
gar zu ausſchließlich, wird der Geſchmack geleitet und
entwickelt. Der Commentar lateiniſcher und franzöſiſcher
Autoren iſt rein rhetoriſch. Man unterſtreicht die „Schön-
heiten“, läßt die glänzenden Stellen auswendig lernen,
ſucht die Geheimniſſe der Mache aufzudecken, die Befol-
gung der litterariſchen Regeln nachzuweiſen. Auch die
Stylübungen — die freilich ganz über Gebühr und auf
Koſten des Weſens getrieben werden — ſind, nach der
Correctheit, zunächſt auf Bildung des Geſchmacks gerichtet, wie ſie es immer und überall ſein ſollten, und
an dieſer Sorgfalt, die der Sprache, hauptſächlich aber
der Compoſition, gewidmet wird, könnten unſere Gym-
naſiallehrer wohl etwas lernen; ein franzöſiſcher rhéto-
ricien (Primaner) ſchreibt ſeine Sprache geſchmackvoller,
componirt namentlich ſeinen Aufſatz gefälliger und über-
ſichtlicher, als mancher deutſche Schriftſteller. Freilich
bringt die Unfreiheit des Geiſtes und der Autoritäts-
aberglaube auch in die Sprache, wie ſie die Geſellſchaft

und Bildung beherrschen: cela se dit und cela ne se
dit pas, ist so tyrannisch wie cela se fait oder cela ne
se fait pas. Fertige Redensarten — und leider mit
ihnen hohle Gemeinplätze — zwingen sich auf und
bringen die Sprache oft um Originalität und Frische,
wie sie dem Ideenkreis eine gewisse Monotonie auf=
drücken, die manchmal wirklich ermüdend wird, und nur
durch die angeborne Lebhaftigkeit des Franzosen einiger=
maßen gemildert ist. Auch des ewigen Voranstellens
der Form wird der Fremde bald müde; nie hört der
Knabe, der Jüngling, der Mann ein anderes Urtheil
über ein Werk des Geistes als: c'est bien écrit, ce
n'est pas écrit. Niemand fragt: wie ist's gedacht, wie
ist's empfunden? Daher das unglaubliche Resultat, daß
die veralteten Ideen und die tönende Eloquenz Bossuets
einem echten Franzosen heute noch eben so hoch stehen
als Montaigne's Originalität, Pascals Tiefe oder Vol=
taire's Schärfe: c'est une belle langue, und das genügt
um den hohlen Rhetor den größten Geistern der Mensch=
heit gleichzustellen.

Von der Gedankenlosigkeit, Oberflächlichkeit, Me=
chanik des Unterrichts in den weiblichen Instituten —
höhere Töchterschulen kennt man in Frankreich nicht —
ist es schwer sich einen Begriff zu machen; es reducirt
sich in Wirklichkeit auf ein papageienhaftes Auswendig=
lernen von Tabellen, Daten, Büchertiteln 2c. Alle Bil=
dung der Französinnen wird erst nach der Heirath durch
den Umgang mit Männern und durch Lectüre gewonnen;
sie ist darum gewiß nicht weniger werth als unsere Schul=
bildung; nur wird auch sie von Tag zu Tag seltener im

heutigen Frankreich. Uebrigens darf nicht vergessen werden, daß der meist recht gute Privatunterricht durch Lehrer und Lehrerinnen im Hause immer mehr aufkommt. Leider werden in Frankreich noch mehr als in Deutschland die Mädchen mit geisttödtendem Pianoüben den halben Tag lang geplagt. Auch das Erlernen der lebenden Sprachen nimmt immer mehr zu; wobei indeß auch der gemeine Nützlichkeitszweck der vorherrschende ist. Ob die Kinder in den Stand gesetzt werden, Shakespeare und Goethe zu lesen, ist ganz unwichtig. Alles kommt darauf an, daß sie ein hannöver'sches Kindermädchen haben, damit sie die gute Aussprache wegbekommen. Im Uebrigen entschuldigt man das Abgehen einer genauen Kenntniß lebender Sprachen mit dem angebornen Mangel an Sprachtalent; einer ganz unhaltbaren Entschuldigung: denn in der That ist vielleicht kein Volk besser zum Erlernen fremder Sprachen befähigt als das französische: aber weder Lehrer noch Schüler wollen sich die nothwendige Mühe geben. Alle sogenannte „unnütze "Arbeit wird dem Knaben, wie dem Mädchen, sorgfältig erspart und ist es nicht „unnütz", mehr deutsch zu lernen als nöthig ist, um bei einer allenfallsigen Rheinreise sich mit dem deutschen Kellner verständigen zu können?

Wenn trotz alle dem der junge Franzose in seinem lycée mehr als positives Wissen, Geschmack und Stärkung des Gedächtnisses gewinnt, so ist es weder dem System, noch der Lehrmethode, noch dem uneigennützigen Eifer der Lehrer zuzuschreiben, sondern, nächst der natürlichen Begabung, einzig und allein der innewohnenden Macht der mathematischen und classischen Studien auf den menschlichen Geist. Sie mögen noch so mechanisch, noch so geistlos gelehrt werden, sie werden nie ihre magische Wirkung auf den jugendlichen Menschen verfehlen, den sie heranbilden und entwickeln, ob er's wolle oder nicht. Auch ist der Unterricht der Mathematik, die der Verständigkeit des Franzosen zusagt, im allgemeinen ein trefflicher. Selbst die classischen Studien, obgleich nur von ihrer formellen Seite aufgefaßt und im Grund aufs Lateinische beschränkt, werden mit Erfolg betrieben. Da die Sprache, die Gesetzgebung, ja die ganze Bildung der Franzosen auf dem römischen Alterthum beruht, so ist's nur natürlich daß man diesem das Griechische opfert; weil nun aber die lateinische Litteratur ihren alexandrinischen Charakter einmal nicht verläugnen kann, so ist die natürliche Folge daß der ganze französische Geschmack in litterarischen Dingen etwas künstliches, unfreies, nüchternes oder rhetorisches hat, daß er sich noch nicht wie der unsrige, der sich direct an der hellenischen Quelle nährt, von den Fesseln der akademischen Regel hat ganz befreien können. Und selbst das lateinische Alterthum wird nicht in seinem Wesen, sondern in seiner Form erfaßt. Die Lectüre der Alten ist ein Mittel Latein zu lernen, nicht das Lateinlernen ein Mittel das Alterthum kennen zu lernen. Man liest unendlich wenig: einen Gesang von Virgil, ein Buch des Livius, eine Rede Cicero's im ganzen Jahr; dagegen wird außerordentlich viel geschrieben, Verse wie Prosa, und es ist nicht zu leugnen daß die besten der Besten unter den französischen Gymnasiasten ein elegan=

teres Latein schreiben als manche unserer bedeutendsten
Philologen.

Die besten der Besten aber sind leicht zu finden;
ein Concours jedes Gymnasiums sortirt alljährlich die
zehn Besten jeder Classe; ein weiterer Concours dieser
mit den Erwählten aller Gymnasien des Unterrichtsbe=
zirks (académie) stellt die zehn Besten des ganzen Be=
zirkes in die Vorderreihe, und da es sechzehn solcher
Bezirke in Frankreich gibt, so wird der dritte und allge=
meine Concours 160 Competenten für jede Classe im
Hauptturnier zusammenführen. Der glückliche Sieger
aber ist geborgen für sein Leben: le grand prix d'honneur wird ihm nie vergessen; schon sogleich am Tage
des Sieges wird ihm ein reicher Preis, dazu eine Ein=
ladung zum Dîner des Ministers, Befreiung vom Mili=
tärdienst; bei jeder späteren Bewerbung um eine Staats=
stelle ist der Preis die gewichtigste Empfehlung; und
selbst ein Drouyn de Lhuys oder ein Herzog v. Broglie,
ein Prévost=Paradol oder J. J. Weiß danken ihrem prix
d'honneur vielleicht mehr noch als ihrer Geburt oder
ihren schriftstellerischen Leistungen. Der glückliche Lehrer
erhält natürlich das Kreuz der Ehrenlegion, und das
betreffende Gymnasium wird mit dem neuen Schuljahr auf
einen starken Zuwachs rechnen können. Von den Tausenden
aber, die an keinem Concours theilgenommen, schweigt
die Geschichte. Wäre nicht das dräuende Examen und
die unglaubliche Intelligenz, mit der die Natur den Fran=
zosen ausgerüstet: sie alle würden geistig verkommen.
So kommen sie doch noch leidlich mit einem Anfluge von
Latinität und einem gründlichen Unterricht in der eigenen

Sprache, Litteratur und Geschichte aus der Schule und ins Leben. Auch dieser Unterricht wendet sich, wie der lateinische nur an Gedächtniß und Formensinn, aber er bildet beide aufs höchste aus, und obschon dabei mehr Nationaleitelkeit und ·Ausschließlichkeit unterläuft als es für das eitle Volk gut ist, so ist er doch ein Glanz= punkt des französischen Unterrichtssystems.

Am Schlusse der Schulzeit steht, wie in Deutschland, nur um ein oder zwei Jahre früher, ein Abiturienten= examen, dort baccalauréat-ès-lettres oder ès sciences genannt. Allein es unterscheidet sich in fast allem und jedem von der deutschen maturitas. Der gerühmten „Unterrichts= freiheit" zu liebe wird nicht der Lehrer, der den Schüler herangebildet hat und kennt, als Examinator bestellt — er wird ja schon von vornherein als nothwendig parteiisch angenommen — das Examen findet statt vor der phi= losophischen Facultät des betreffenden Unterrichtsbezirkes. Da die Professoren dieser Facultät meist keine Männer der Wissenschaft, sondern avancirte Pädagogen sind, so ist die Sache weniger außerordentlich als sie auf den ersten Blick scheinen möchte; aber sie garantirt auch weniger als man vorgibt die angestrebte Unparteilichkeit: als gewesene Gymnasiallehrer und noch immer Mitglieder der Université, neigen sie gewöhnlich zur Parteilichkeit für die Schüler der Staatsgymnasien, und nur der schrecklichste der Schrecken, den der Franzose kennt, le qu'en dira-t-on, und die Oeffentlichkeit der Prüfungen sichern dem Schüler geistlicher Anstalten eine parteilose Beurtheilung. Natürlich spielt der Zufall bei der per= sönlichen Unbekanntschaft der Examinatoren mit dem

Examinanden eine große Rolle in diesen Prüfungen. Sie sind zum großen Theil schriftlich; aber auch der mündliche Theil ist einem Programm unterworfen, welches nur den Unterricht des letzten Jahres umfaßt. Der Candidat darf die punischen Kriege ignoriren, muß aber das Datum der Schlacht bei Rocroi wissen; er darf unfähig sein einen Satz in Xenophons Anabasis ex tempore zu übersetzen, aber er muß das im Programm vorgeschriebene und folglich vorbereitete Capitel des Thucydides übertragen können. Jedes Jahr finden drei solcher Sessionen an den sechzehn Sitzen der philosophischen Facultäten statt, und Hunderte von Candidaten strömen von allen Ecken und Enden der Akademie zusammen; denn das Bacculaureat ist die Thüre zu allem. Hier nun beginnt das System von Sollicitationen und Fürsprechereien, das den Franzosen auf seinem ganzen Leben begleitet. Jeder Candidat muß empfohlen sein; und die Briefe, die Besuche, denen der unglückliche Examinator ausgesetzt ist, grenzen ans Unzählbare, namentlich leisten die Mütter, verheiratheten Schwestern oder Cousinen darin das Unglaubliche. So streng und gewissenhaft Minos und Rhadamanthys auch sein mögen, ohne es zu wollen lassen sie sich ein wenig beeinflussen, sonst würden's ja die Freunde und Verwandten wohl schon müde geworden sein. Die Candidaten werden rottenweise zu je zwanzig unter Aufsicht in ein Zimmer geschlossen, wo sie drei halbe Tage lang ihre schriftlichen Arbeiten liefern müssen — unter denen keine griechische, noch englische oder deutsche. Die Glücklichen, durchschnittlich zwölf, werden dann am dritten Tag ins mündliche Verhör genommen, jeder eine Stunde lang, für jede Branche fünf Minuten. Am Bureau sitzen drei Professoren der faculté des lettres und einer der faculté des sciences (bei dem baccalauréat ès sciences findet natürlich das entgegengesetzte Verhältniß statt.*) Jede Leistung hat ihren in Zahlen bestimmten Werth, und diese Zahlen werden zusammengerechnet und danach die Gesammtnote gegeben. Bei dieser infalliblen Arithmetik des Bildungswesens kommen dann gewöhnlich 50 Procent der Candidaten durch. Die Durchgefallenen kommen nach drei Monaten wieder und immer wieder, bis die Langmuth — oder das Gegentheil — der Examinatoren ihnen die seligmachenden Thore des Baccalauréats öffnet. Da kein proviseur oder principal den Eltern gegenüber den Muth besitzt, einen Knaben in einer niederen Classe über sein Jahr zurückzuhalten, so rollen Alle in dem Gymnasium bis zur philosophie (selecta) fort; einmal da angekommen, bringt es kein Richter über sein Herz den unglücklichen Achtzehnjährigen für immer von dem gelobten Land auszuschließen; das gelobte Land aber des Franzosen liegt jenseit des Baccalauréats.

---

*) Minister Duruy, so hochverdient um das französische Unterrichtswesen, hat auch ein baccalauréat-ès-arts eingeführt für die Schüler der Realschulen, aber ohne guten Erfolg. Das baccalauréat-ès-sciences ist für die künftigen Mediciner, Pharmaceuten, die Schüler der Militärschule, der polytechnischen Schule erfordert. Es begreift Physik, Chemie, Naturgeschichte, Geometrie und Arithmetik. Der examinateur des lettres prüft den Candidaten in etwa 15 Minuten im Latein, einer lebenden Sprache, französischer Litteratur, Philosophie, Geschichte und quibusdam aliis.

Da nun aber eben wegen der Nothwendigkeit dieses Diploms für fast alle Carrièren die Gymnasien in Frankreich besuchter sind als in irgendeinem andern Lande, so folgt daraus eine weit verbreitetere Form= und Geschmacksbildung als man sie sonstwo anzutreffen vermag. Das Realschulwesen will nun einmal in der Nation nicht aufkommen, deren glücklicher Instinkt sie vor einem sonst so ganz ihrem utilitarischen Sinn ent= sprechenden Lehrsystem warnt, das sie um den letzten Rest ihrer Bildung — der Geschmacks= und Formbil= dung — bringen würde, welche sie noch aus dem Schiff= bruch ihrer einst so ruhmvollen geistigen Tradition gerettet. Jeder halbwegs bemittelte Franzose läßt seinem Sohn eine vollständige classische Bildung zukommen; nur der Handwerker, kaum der Ladenhändler, benutzt die écoles professionelles; kein angesehener Kaufmann würde seinen Sohn, wie unsere Bremer und Hamburger, Cre= felder oder Chemnitzer Handels= und Industrieherren, mit vierzehn, fünfzehn Jahren auf ein Comptoir schicken wollen. Daher die Ueberlegenheit der formellen Bildung des französischen Mittelstandes über den deutschen, eine Ueberlegenheit, welche die Lieblingslectüren beider — „Revue des deux Mondes“ und „Gartenlaube“ — hin= länglich veranschaulichen. Obgleich jeder Franzose von dem andern zu sagen pflegt: il ne sait pas le français, gibt es doch kein Land, wo die gebildeten Classen ihre Sprache mehr in Ehren halten, sie richtiger und eleganter reden und schreiben. Diese freilich ganz oberflächliche Bildung, verbunden mit der natürlichen Intelligenz, Lebhaftigkeit und Anmuth der Franzosen, gibt ihrer

Unterhaltung die Mannichfaltigkeit und das Interesse, die sie vor der unsrigen voraus hat. Noch etwas anderes aber bildet ihre Erziehung aus als den Sinn für schöne Form: der französische Witz erlangt hier schon die Schärfe, Leichtigkeit und Schnelligkeit, die ihn später auszeichnen. Il faut trois jours à un Allemand pour comprendre un bon mot français, sagt der Franzose, und der Landsmann, welcher je die Gelegenheit gehabt hat eine französische Komödie anzuhören, wird zugeben müssen, daß das Sprichwort nicht Unrecht hat; jeder Blousenmann wird den Witz rascher im Flug auffassen als unser einer. Freilich können wir das Wort umkehren: der Franzose braucht drei Tage um die sous-entendus deutscher Poesie zu verstehen — wenn er sie überhaupt je versteht. Wie dem auch sei, heiterer Witz, der bei uns leicht verletzend schwer niederfallen würde, die Kunst jedes Diamantstäubchen elegant zu fassen und ins rechte Licht zu setzen, eine Kunst, die bei uns zur Affectation oder Heuchelei würde, vereinigen sich mit jener äußerlichen Bildung, natürlichen Feinheit und Beweglichkeit der Franzosen, um ihrem Gespräch die Lebendigkeit, ihrem geselligen Leben die Annehmlichkeit, ihrem Umgange die Leichtigkeit zu geben, welche sie so sehr vor den unsern auszeichnen. Freilich gibt's auch etwas außer dem geselligen Leben, etwas wofür die äußere Bildung und Liebenswürdigkeit nicht hinreichen. Es kommen Tage und Lagen, wo man gern alle die gewaltigen Tugenden, welche einem jahrelang das Leben erleichtert, verschönt und erheitert haben, hingäbe um eine einzige jener männlichen, oft lästigen Tugenden, die nur auf dem Boden ernsten, innern, individuellen Lebens wachsen und gedeihen. Es mag seine schlimme Seite haben für eine Nation, wenn das geistige und sittliche Leben des Individuums allein in ihr entwickelt wird, wie bei uns in den neunziger Jahren. Es entsteht dadurch eine Art raffinirten Egoismus, welchem Staat und Gesellschaft gleicherweise zum Opfer fallen Schlimmer aber noch steht es, wenn gar nichts geschieht um die geistige und sittliche Individualität zu entwickeln, d. h. sie zu befreien. Da der Individualismus sich nun einmal nicht aus der Menschennatur ausrotten läßt, so wirft er sich dann aufs Materielle. Der Selbsterhaltungstrieb in seiner unschönsten Gestalt, der rohe Egoismus, macht dann seine Rechte geltend. Solange alles gut geht, waltet er nur latent, d. h. er schont andere um selbst geschont zu werden; er verletzt den nächsten nicht unnöthig durch abweichende Ansichten, Sitten oder Handlungen; aber, laßt Moskau brennen, und wie auf der Beresinabrücke wird sich in panisch wilder Flucht Leidenschaft auf Leidenschaft, Interesse auf Interesse rücksichtslos stürzen; doch — wir wollen uns nicht wiederholen, zumal wenn sich's um so unliebsame Wahrheiten handelt.

Ja, es bedarf für den in Frankreich lebenden Deutschen nicht einmal solcher Katastrophen, um sich manchmal recht hinauszusehnen aus den weichen Formen des schönen Scheines in die Atmosphäre schroffer Wahrheitsliebe, aus der Heiterkeit und dem verfeinerten Lebensgenuß in die ärmliche Einfachheit und den Ernst des Vaterlandes, wo er zwar nicht gelebt hat „wie Gott in

Frankreich", wo er aber wußte, daß unter der rauhen
oder geschmacklosen Außenseite doch ein gar edler, idealer
Kern sich verbarg. Ist es ja doch selbst einem Heine so
gegangen, als er das schöne Lied sang:

> Deutschland, du meine ferne Liebe,
> Gedenk' ich deiner, wein' ich fast;
> Der blaue Himmel wird mir trübe;
> Das leichte Volk wird mir zur Last.

3.

Das Land, welches dem europäischen Mittelalter die
erste und bedeutendste Universität und in ihr das Vor-
bild aller ähnlichen Schöpfungen gab, hat keine Universitäten mehr. Wie hätten auch die beschränkten und
übermüthigen Utilitarier der Revolution die noch küm-
merlich hinsiechenden Gewächse schonen oder gar suchen
mögen sie wieder zu beleben? Die ganze Natur der
Universitäten, ihr complexer, zugleich wissenschaftlicher
und didaktischer Charakter, der Rest von Autonomie, ohne
welchen sie in Wirklichkeit aufhören Universitäten zu sein,
die Freiheit, die sie dem Lehrenden und Lernenden in
gleicher Weise gönnen — kurz, ihr ganzes in Geschichte
und Tradition begründetes Wesen mußte der rationalistischen, nivellirenden Tendenz der französischen Revolution mehr als zuwider sein: es war ihr geradezu vom
Uebel. Weder ihr Geschmack an Symmetrie, noch ihr
Sinn für gemeine Nützlichkeit, noch ihr Gefallen an

Logik und Schablone konnten diese unförmlichen Ueber=
bleibsel des Mittelalters im „modernen Staat" dulden,
und so setzte der große Testamentsvollstrecker der Revo=
lution, ihr echter Sohn in dieser Lust am willkürlichen
Organisiren, wie in der Freude am Wegräumen „un=
nützen Schuttes", an die Stelle der Universitäten die
Universität, jene riesenhafte Maschine, welche Volks=
unterricht, mittleren und höchsten Unterricht in sich be=
greift, und, von dem Unterrichtsminister geleitet, von
sechzehn Rectoren verwaltet, von Hunderten von General=,
Akademie= und Primär=Inspectoren überwacht wird.

Am schlimmsten kam dabei der eigentliche Univer=
sitätsunterricht weg: ein paar Rechts = und Medicin=
schulen sollten genügen um Frankreich mit Richtern und
Aerzten zu versehen. An Stelle der ganz unnützen
philosophischen Facultäten sollten ein paar Athenäen das
gebildete Publicum unterhalten. Was etwa von prak=
tischem Werthe sein konnte in dem Unterricht dieser Fa=
cultät, sollte in Specialschulen gelehrt werden. Aus
diesen rohen Anschauungen und von so ärmlichen An=
fängen hat sich denn nach und nach das höhere Unter=
richtswesen entwickelt wie es jetzt besteht.*)

Aus den drei Rechtsschulen sind elf geworden, an
die verschiedensten Orte verstreut, meist jedoch an solche,
wo schon eine faculté des lettres besteht; doch verbin=
det kein collegiales Band, wie unser Senat, die Pro=

---

*) Siehe De la Réforme de l'Enseignement Supé-
rieur par Karl Hillebrand. Paris. Germer Baillière 1868;
insbesondere S. 77—111.

fessoren zweier verschiedenen Facultäten, selbst wenn sie sich an demselben Orte befinden. Für den Studenten der Rechte existirt die philosophische Facultät nicht, ob= schon das Programm ihm den Besuch einer Vorlesung jährlich in dieser Facultät vorschreibt: da kein Examen die dort erworbenen Kenntnisse constatirt, so ist die Folge daß nicht ein studiosus juris unter Hunderten den Hörsaal der faculté des lettres je mit seinem Besuche beehrt. Der Unterricht in der faculté de droit, ge= wöhnlich von acht Lehrern ertheilt, beschränkt sich auf ein Commentiren des code civil, code de procédure, code de commerce, code pénal etc. Vom römischen Recht werden nur die Institutionen und diese selbst nur kurz behandelt; an Naturrecht, Völkerrecht, Rechtsgeschichte u. dgl. überflüssige Disciplinen ist natürlich nicht zu denken.*) Das nicht codificirte Verwaltungsrecht allein wird in einigermaßen systematischer, wissenschaftlicher Weise gelehrt. In einem Worte: der Student lernt das bestehende Gesetz und nicht sein Werden, noch we= niger seine Principien, er lernt das praktisch Nothwen= dige; die Rechtswissenschaft bleibt ihm vorenthalten: es ist ein einfaches Abrichten von Advocaten, Richtern und Notaren, nicht eine Bildungsschule für Rechtsgelehrte. Programme schreiben genau vor was und wie viel — bis zum Buch und Titel des code civil — in jedem Jahre gelehrt und gelernt werden muß. Jährliche Exa=

---

*) Alle diese Zweige, sowie die Pandekten, werden sämmtlich erst im vierten Jahre gelehrt und bilden das Programm des Doctorexamens. Man weiß aber daß nur 2 Procent der Stu= denten überhaupt ihr viertes Jahr und ihr Doctorexamen machen.

—

mina sorgen dafür daß ja alles recht vereinzelt bleibe
und der Student keinen Gesammtblick über die Juris=
prudenz bekomme. Am Ende des dritten Jahres kommt
dann das examen de licence, mit der gewohnten Be=
gleitung aller französischen Prüfungen, „den Empfeh=
lungen“. Der licencié ist de jure Advocat, und braucht
sich nur an irgendeinem barreau als stagiaire ein=
schreiben zu lassen, um nach zwei Jahren auch de facto
Rechtsanwalt zu sein. Ein Staatsexamen existirt nicht.

Aus dieser bunten Masse werden dann hernach
Richter, Verwaltungsbeamte ⁊c. genommen, nicht die Pro=
fessoren. Das Privatdocententhum besteht natürlich nicht,
da ja keine individuellen Collegiengelder existiren; noch
weniger die Berufung, da es ja keine Autonomie gibt,
und der Weg die Professoren zu recrutiren, ist, wie für
die Oberlehrerstellen am Gymnasium, die einfache mini=
sterielle Ernennung ohne Consultation der Facultät, auf
den concours d’agrégation hin. Der Studiosus, der sein
viertes Jahr durchgemacht und sich den Doctorhut
erobert hat, bereitet sich für den concours vor: für
diesen werden jährlich so viele Plätze ausgeschrieben
als zu besetzen sind; die Glücklichen in diesem langwie=
rigen peinlichen Examen, das durchaus keinen Beweis
von der didaktischen Fähigkeit der Candidaten liefert,
werden nach Nummern geordnet, und je nach dieser
Rangnummer als professeurs agrégés an eine Facultät
ersten, zweiten oder dritten Ranges geschickt. Vom Zu=
fall hängt es ab welche Disciplin der junge Lehrer zu
dociren hat: Specialitäten, als Romanist, Criminalist ⁊c.,
gibt es nicht; der Professor wird engagirt pour tout

faire. Nach einem Zeitraum von zwei bis drei Jahren
wird der agrégé zum professeur titulaire ernannt.
Auch der Dekan ist auf Lebenszeit vom Minister bestellt.
Die meisten Professoren practiciren zugleich als Advo=
caten und erhöhen dadurch ihr Einkommen bedeutend.
Ob ihr Unterricht dabei an Wissenschaftlichkeit oder auch
nur an Sorgfalt gewinnt, das mag sich der Leser selbst
beantworten. Fast die Hälfte der Studirenden wohnt
in der Regel nicht in der Stadt, wo die Facultät errich=
tet ist. Sie bereiten sich zu Hause durch Bücherstudien
— manuels — vor, oder nehmen gerade noch vor Thor=
schluß einen répétiteur. Die meisten Studenten die am
Orte wohnen, hören ebenfalls solche Repetitoria, die ein
Haupteinkommen der jungen Lehrer — ihrer Examina=
toren am Jahresschluß! — bilden, und deren Zahlung allein
direct in ihre Tasche fließt. Im übrigen zahlt der Stu=
dent seine jährliche Inscription wie seine Examinations=
gebühren an den Secretair der Facultät, der sie an den
Finanzminister weiter befördert. Aus dieser Masse wird
dann später, nach starkem Abzug, der Gehalt der Professoren
bestritten. Die 11 Rechtsfacultäten bringen dem Staat jähr=
lich einen Nettogewinn von 1,200,000 Fr. ein! Das Land,
das sich rühmt allen höheren Unterricht unentgeltlich zu
geben, weil die Thüren der Hörsäle jedem Unberufenen
geöffnet sind, legt in Wahrheit einen Finanzzoll auf das
Studiren. Und so ist's, im Vorbeigehen sei's gesagt, im
Grunde mit beinahe all den schönen Generositäten der
Revolution: alle Bibliotheken sind offen, um, wie die
Hörsäle, von Frierenden oder Romanlesern angefüllt zu
werden; der Gelehrte aber, der ernstlich nur zu Hause

arbeiten kann, darf kein Buch mit heim nehmen. Der Concours, schon principiell ein grundfalsches System, das nur der plattesten Auffassung von Gerechtigkeit entspricht, wird in der That auf alle Weise beeinflußt. Die Ausschreibung der Professuren an alle Bewerber ist eine leere Formalität, und so verhält sich's mit allen jenen edlen Abstractionen, die auf dem Papier stehen.

Aehnlich wie die Rechtsschulen sind die Facultés de médecine eingerichtet. Ihrer sind nur drei, Paris, Montpellier, Straßburg (jetzt Nancy). Daneben existiren freilich etwa zwanzig Vorbereitungsschulen, die aber nur den Anfangsunterricht und das brevet d'officier de santé ertheilen dürfen. Eine faculté des sciences pflegt an demselben Orte zu sein, aber ohne alle Beziehung zu der Medicinschule. Die agrégation ist hier abgeschafft, und die Ernennung erfolgt einseitig durch den Minister. Für alle Professoren an den drei Facultäten wie an den Vorbereitungsschulen ist die Professur durchaus Nebensache; sie sind insgesammt praktische Aerzte, denen der schlecht bezahlte Lehrstuhl nur als réclame beim Publicum dient. Im Uebrigen ist die Organisation dieselbe, wie in den Rechtsschulen.

Die katholisch-theologischen Facultäten führen, außer der Pariser, nur noch ein Scheinleben; es existiren deren etwa vier oder fünf; die Seminarien haben sie in Frankreich, wie bei uns, virtuell getödtet. Die zwei protestantisch-theologischen Facultäten von Straßburg und Montauban standen in gutem Flor vor dem Kriege, die erstere liberaler, die zweite mehr orthodoxer Richtung angehörend, beide viel von Schweizern besucht.

Die philosophische Facultät ist in zwei getheilt: eine faculté des lettres, eine faculté des sciences. In jeder der sechzehn Akademien existiren beide, wiewohl oft an verschiedenen Orten. In jeder sind fünf Professoren, die wöchentlich eine Vorlesung halten. Das Publicum dieser, unsern populärwissenschaftlichen Vorträgen durch= aus ähnlichen, Vorlesungen besteht aus Damen, älteren Herren und armen Teufeln, die ein warmes Zimmer suchen. Bei dem ziemlich hohen Niveau der Bildung dieses Auditoriums wird diese Vorlesung eine wahre Arbeit für den Professor, namentlich was die Form anlangt: auch der Gegenstand darf weder ein allgemein bekannter noch ein speciell gelehrter sein: das Ganze gleicht einem sorgfältig gearbeiteten Revue=Artikel. Da der Wortlaut des Reglements annimmt, daß die Studiosen jene Vor= lesungen besuchen, so ist diesen zu Liebe das Triennium eingeführt. Der Professor der Geschichte muß das eine Jahr einen Gegenstand des Alterthums, das zweite einen des Mittelalters, das dritte einen der Neuzeit be= handeln. Der Professor der auswärtigen Litteratur — und jede Facultät hat einen — muß abwechselnd Gegen= stände italienischer, deutscher und englischer Litteratur= geschichte vortragen. Ist er im einen warm geworden, so muß er ihn verlassen, um zum andern überzuspringen. Oft wird ein Professor versetzt vom Lehrstuhl der fran= zösischen Literatur auf den der alten, von diesem auf den der Philosophie. Kann ja doch nur ein trockner Stockgelehrter ein Specialist sein. Neben dieser wöchent= lichen öffentlichen Vorlesung hält jeder Professor wöchent= lich eine Classe, worin er ein paar verhungerte maîtrez

répétiteurs für's Licenciatenexamen vorbereitet, ihnen
ihre Aufätze corrigirt 2c. Doctorexamen in der Provinz
kommen fast nie vor: sie sind Paris vorbehalten. Die
sociale Stellung des Professors in der Provinz ist im
Grunde eine untergeordnete. Da er meist aus einem
Gymnasium avancirt ist und die Gymnasiallehrer sich
aus den niederen Mittelclassen recrutiren, da überhaupt
vorausgesetzt wird daß nur ein Mensch, der am Ver=
hungern ist, sich in den Galeerendienst der Pädagogie
begeben kann, so besteht bei dem früher geschilderten Kasten=
geiste der Franzosen eine tiefe Kluft zwischen dem Pro=
fessor und dem Justiz= oder Verwaltungsbeamten, Advo=
caten oder Arzt, obschon äußerlich vollständige Gleich=
heit zu herrschen scheint. Es kommt absolut nicht vor,
daß ein bemittelter oder adeliger Franzose in die Université tritt. Der Concours ist abgeschafft für die
facultés des lettres et des sciences.

Wo sind nun aber die Studenten unserer philoso=
phischen Facultät? Ihre durch die philosophie (selecta)
des Gymnasiums sehr reducirte Anzahl steckt in den
Specialschulen: Ecoles polytechnique, normale, cen-
trale, des forêts, des mines, des ponts et chaussées,
des langues orientales, des chartes etc. Der Zweck
dieser Schulen aber ist ein ganz praktischer: die Vorbe=
reitung für gewisse Carrièren; nur von Wissen ist hier
die Rede, nie von Wissenschaft. Sie sollen Ingenieure,
Lehrer, Architekten, Dolmetscher 2c. liefern, keine Philo=
logen oder Mathematiker, Linguisten oder Geschichts=
forscher. Sie, namentlich die Ecole normale supérieure,
worin die höheren Gymnasiallehrer gebildet werden,

haben mehr als alles andere zur Ertödtung des wissen=
schaftlichen Geistes in Frankreich beigetragen. Nur das
förmlich constatirte Wissen, nur die angenehme Form,
nur die praktische Fertigkeit wird hier gelehrt. Nichts
kommt dem Respect gleich, den z. B. ein Schüler oder
Lehrer der Ecole normale vor einem gedruckten Text
hat, dem Schrecken, den ihm eine philologische Conjectur
einjagt — er scheint kaum zu zweifeln, daß Aeschylos
selbst die Druckbogen der „Oresteia" in der Didot'schen
Druckerei corrigirt hat.

Wie sich's im Secundärunterricht nur um die for=
melle Dressur handelt, so im höheren nur um die pro=
fessionelle: dort erwirbt der Jüngling die allgemeinen,
hier die speciellen Kenntnisse; dort erlernt er die Form,
hier das Métier. Das Resultat ist, daß die Staats=
beamten, wie die Männer der sogenannten „liberalen
Carrièren" keinerlei wissenschaftliche Basis haben; daß
man überall treffliche Prakticanten — Ingenieure, Aerzte,
Advocaten ꝛc. — antrifft, kaum noch einen Gelehrten;
alles, was wirklich wissenschaftlich geleistet wird, wird
außerhalb der Université geschaffen. Wäre sie so allmächtig geworden wie Napoleon es wollte, wär' es ihr
gelungen, wie es die „Liberalen" noch jetzt wünschen, alle
andern vom Staat unabhängigen Institutionen zu zer=
stören, so wäre es vollständig geschehen um die franzö=
sische Wissenschaft, und der Nation, die im 16. Jahr=
hundert den ersten Rang in Philologie und Jurispru=
denz, die im 17. in der Metaphysik, im 18. und bis in
das erste Viertel dieses Jahrhunderts in der Mathematik
und Naturwissenschaft das Höchste leistete — der Nation

des Cujacius und Saumaise, des Descartes und Male-
branche, des Laplace und Lavoisier, des Cuvier und
Geoffroy Saint-Hilaire wäre selbst der Begriff der Wissenschaft verloren gegangen. In der That gibt es nur wenige
noch, die begreifen, daß es etwas außer Brodstudium gibt
daß die Wissenschaft sich selbst Zweck sein könne, daß ein
Gelehrter kein Schullehrer ist, der auf die Worte des
Meisters schwört und das Auswendiggelernte auswendig
lernen läßt, daß Kritik kein Verbrechen gegen den
heiligen Geist ist, daß ein Niebuhr oder ein Wolf keine
Tempelschänder sind, daß die Wissenschaft etwas lebendiges, fortschreitendes ist, und daß sie in der That seit
Bossuet und Buffon wirklich einige Fortschritte gemacht
hat. Noch heute existiren glorreiche Ausnahmen in Frankreich; aber es sind kühne Waghälse, die dem Joch der
Université entronnen sind oder sich nie darunter gebeugt
haben; sie hat nicht einen wirklichen Mann der Wissenschaft in siebenzig Jahren hervorgebracht. Wie gern hätte
die Revolution alles menschliche Wissen codificirt und in
manuels gebracht, wenn sie es nur gekonnt; so haben
ihre nach jesuitischem Muster geordneten Programme
und Reglements doch noch Maschen, wo der lebendige
Geist durchzuschlüpfen im Stand ist; noch existiren einige
Asyle, wo sich die freie Wissenschaft hinflüchten und befestigen kann. Nur mit Schrecken kann man daran denken, was aus Frankreich geworden wäre, wenn die
Ecoles normale und polytechnique die einzigen Pflege-
stätten der classischen und mathematischen Wissenschaften
geblieben wären — und das lag im ersten Plane.

Glücklicherweise ließ die brutale Axt der Revolution einige wenige alte Stämme zurück, worin noch genug Leben pulsirte um Leben zu schaffen. Um die Académie française und die Académie des inscriptions et belles lettres gruppirten sich, unter dem Gesammtnamen Institut, drei andere neue Akademien, die von jenen alten schönen Stiftungen Leben und Fruchtbarkeit erhielten. „Das Jahr übt eine heiligende Kraft", und „was grau vor Alter ist", das ehrt der Mensch. Schon dadurch, daß sie in der alt=ehrwürdigen Sorbonne haust, ist der Faculté des lettres von Paris ein gewisses Ansehen geblieben, und von allen französischen Institutionen sind die drei einzigen, welche sich aus dem ancien régime erhalten haben, auch die angesehensten: Franz' I Collége de France, Richelieu's Académie française und die Académie des Inscriptions. So viel wie ihr Alter mag auch ihre Autonomie zu diesem Ansehen beitragen — sind sie doch die einzigen Körperschaften des Landes, die sich durch Cooption ergänzen, die einen Grad von Selbstverwaltung haben. Hier allein herrscht noch wirk= lich wissenschaftliches Leben; die Professoren der Universi- té, wenn sie nicht selbst Mitglieder des Institut sind — und kein Professor der Provinz ist es — sind Schul= meister oder rednerische Feuilletonisten: hier allein sind Gelehrte; und nichts beweist die wissenschaftliche Höhe dieser Anstalten besser als der Tact, mit dem sie im Aus= land ihre Correspondenten, in Paris ihre Mitglieder wählen. Selbst die vielgeschmähte Académie française vollzieht mit der außerordentlichsten Feinsinnigkeit ihr heikles Amt einer Bewahrerin des traditionellen französ=

sischen Geschmacks in Schrift und Rede; sie war nur ihrer
Pflicht getreu, wenn sie einen Gelehrten im deutschen
Style wie Littré ausschloß, einem grand - seigneur im
Style des grand - siècle, wie dem letzten Herzog von
Broglie, einen Sessel bot. Das Collége de France,
gestiftet als Pflegestätte nicht des Unterrichts, sondern
der fortschreitenden Wissenschaft, ist freilich nicht auf
seiner Höhe geblieben; die Oeffentlichkeit, die überall
unverträglich ist mit ernstem Schaffen und Lernen, hat
seinen ursprünglichen Charakter gefälscht, und es ist für
einen Mann, welcher Ehrfurcht hat vor der Geschichte,
ein wahrer Schmerz, einen Laboulaye, der einst so Großes
in der Rechtsgeschichte geleistet, einem Auditorium von
jungen schönen Amerikanerinnen unterhaltende populäre
Vorträge zum Besten geben zu sehen, in den Mauern,
wo einst Budé gelehrt.

Doch ist seit wenigen Jahren dem Collége de
France eine würdige Nachfolgerin erwachsen in der
Ecole des hautes études, der bedeutendsten und hoffentlich folgenreichsten Schöpfung in des vielgescholtenen
Duruy oft sehr heilsamer Thätigkeit. Hier ist die Oeffentlichkeit ausgeschlossen; es bildet sich ein persönliches Verhältniß zwischen Lehrer und Schüler; der Unterricht hat
die Gestalt unserer philologischen und historischen Seminarien, unserer chemischen und physiologischen Labora-
torien. Hier ist Jugend, Leben, Muth, und wenn es
auch ein schlimmes Ding ist, Brodstudium und Wissenschaft so absolut zu trennen, hier einem Lehrer zu sagen:
du lehrst das überlieferte, unbestrittene Wissen; dort
einem andern zu gebieten: du bringst die Wissenschaft

weiter; dem erften: mach nur nützliche, fertige Hand=
werker; dem zweiten: forsche und bringe neue Ent=
deckungen; wenn auch der lebendige Funke des wissen=
schaftlichen Berufes mehr Aussicht hat, auf Brennstoff
zu fallen unter den Hunderten, die nur einem Beruf
nachgehen wollten, als unter den wenigen Einsamen, die
fern von aller Anregung in ihrer Dachstube sitzen; ob=
schon es für die Nation im ganzen immer ein unzube=
rechnendes Unglück bleibt, wenn ihre gebildeten Stände
aller wissenschaftlichen Grundlage entbehren — so ist es
doch eine Wohlthat, die das französische Volk dem zweiten
Kaiserreiche nicht genug danken kann, daß wenigstens
e i n e Lampe entzündet worden, um die sich die wahren
Jünger der Wissenschaft sammeln, von der sie sich können
erleuchten lassen.   Das Collége de France ist seinen
Traditionen untreu geworden; das Institut nimmt nur
Gewordene auf; fast alle Werdenden ergreift die Ma=
schine der Université und der Ecoles spéciales mit
ihrem Räderwerk, drückt ihnen jeden Tropfen Eigen=
heit aus, zwängt sie in ihre stereotypen Formen, und
liefert sie als glatte, gewandte, geistlose Fabrikarbeiter
dem Staat und der Gesellschaft. Wohl Frankreich, wenn
auch nur einige wenige in jene bescheidenen Räume an
der alten Sorbonne flüchten können, wo vielleicht der
Geist eines Henricus Stephanus oder Scaliger wieder
zu erwachen im Begriff ist!

III.

Die Provinz und Paris.

Auf Grund des Familien- und Unterrichtswesens, unter den sittlichen und gesellschaftlichen Zuständen wie wir sie zu schildern versucht haben, hat sich nun seit dem Beginn dieses Jahrhunderts das geistige und politische Leben der Nation entwickelt, das uns in wenigen Zügen zu charakterisiren bleibt. Freilich würden unsere Beobachtungen, selbst wenn sie weniger skizzenhaft niedergelegt wären, nimmer hinreichen, dieses doppelte Leben erschöpfend zu erklären. Dieß zu thun, müßte der Oekonomist, der Geograph und der Statistiker die Resultate ihrer Forschungen über Bodenreichthum, Klima, Küstenausdehnung, über Handel, Industrie und Ackerbau beibringen; müßten der Litterarhistoriker und der politische Geschichtsschreiber die geistige und staatliche Entwickelung der Nation Jahrhunderte hinauf verfolgen, und zeigen, welche Richtungen sie dem „modernen Staat" und der Litteratur unserer Zeit angewiesen hat;*) es

*) Für die politische Geschichte hat Toqueville dies geistreich und erschöpfend gethan. S. L'Ancien Régime et la Révolution.

müßte namentlich der Jurist die Civil= und Criminal=
gesetzgebung des Landes eingehend studiren und ihren
Geist wie ihre Formen vollständig darlegen. Erst dann
könnten die Versuche, das neue Frankreich zu erklären,
einigen Anspruch auf Vollständigkeit machen. In idealem Sinne hat dieß ein genialer Dichter gethan. Obschon Balzac nur in der ersten Hälfte dieses Jahrhun=
derts gelebt und gedichtet, so hat er mit dem Auge des
Sehers, dem das Vergangene und das Zukünftige gegen=
wärtig ist, nicht nur das geheimnißvolle Werden des
neuen Frankreichs geschildert, sondern auch die Gesell=
schaft des zweiten Kaiserreiches mit prophetischer Sicher=
heit gezeichnet. Er, der denkende Dichter, oder, um genauer
zu reden, der dichterische Denker, hat das Wesen der Dinge
erschaut und dargestellt: hätte ihm die Muse zu der Tiefe
der Auffassung und der Klarheit des künstlerischen Blickes
auch noch die Gabe der künstlerischen Form verliehen,
er stünde einzig da neben Shakespeare: denn ihm ist es
gelungen, die verborgen wirkenden Ideen concret vor's
Auge zu bringen, ihm, zu zeigen wie in der modernen Einförmigkeit des französischen Volkes, worin
das Individuum ganz vor der Gattung zurückzutreten
scheint, sich die Individualität doch ihr Recht zu ver=
schaffen weiß. Indeß, neben und unter dem Dichter wie
dem Philosophen, hat auch der Beobachter der zufälligen
Wirklichkeit seine Berechtigung, der die einzelnen Erschei=
nungen sammelt, ihre Vielheit unter allgemeine Rubriken
bringt und so selbst wieder dem Dichter Anregung und
Stoff verschaffen kann. So möge es uns denn auch er=
laubt sein, die Art von Beiträgen zu jenen Erklärungs=

verſuchen zu liefern, welche nur die lebendige Erfahrung
erbringen kann, und welche in den Augen des unbefangen
Urtheilenden gewiß nicht weniger Werth haben als die
Data, Ziffern, Facta und Texte, welche er aus den
Büchern ſchöpfen könnte.

Auf dieſem unſeren Felde nun begegnet uns ein
Phänomen ſo merkwürdiger Art, daß wir es nicht zu
umgehen vermögen — ein Phänomen, ohne deſſen Betrachtung jeder Verſuch, das geiſtige und politiſche Leben
Frankreichs zu würdigen, nothwendig fehlſchlagen müßte:
es begegnet uns der Gegenſatz zwiſchen der Provinz und
Paris.

1.

Zu ſpät bemerkt der Schreiber dieſer Zeilen, welch
einen Verſtoß er gemacht gegen die heiligen Gebote des
Decrets vom Meſſidor, die ein guter Franzoſe gewiß
nicht außer Acht gelaſſen hätte. Er hat gewagt, die
letzten die erſten ſein zu laſſen, er hat vergeſſen, daß der
verehrte Text des Decrets vom Meſſidor, dieſes Lieb-
lingsſtudiums aller franzöſiſchen Würdenträger, daß die
Rangordnung, welche Bonaparte unter den Staatsdienern eingeführt, der Université den letzten Platz an-
gewieſen — nach dem Klerus, nach dem Heer, nach der
Juſtiz, nach der Verwaltung, nach den Finanzen. Was
hätte ein gewiſſer Staatsprocurator dazu geſagt, den ich
einſt den Saal verlaſſen ſah, wo er — proh pudor! —
unter einem Rector ſitzen ſollte? Nun das Unglück ge-

Hillebrand, Frankreich. 2. Aufl.   7

ſchehen iſt, erlaube man mir, das Decret des Meſſidor,
dieſes ſibylliniſche Buch der franzöſiſchen Hauswirthinnen,
ganz beiſeite zu laſſen und nach meiner eigenen para=
doxalen Rangordnung zu verfahren.

Die angeſehenſte Kaſte des europäiſchen China, das
man in Frankreich la province nennt, iſt zweifelsohne
die Magiſtratur. Napoleon verſtand es wunderbar, die
Forderungen der abſtracten Symmetrie mit denen der
concreten Intereſſen, Vorurtheile und Leidenſchaften zu
verbinden. Er ſchuf einige hundert Tribunale, ſieben=
undzwanzig Appellationsgerichte, einen Caſſationshof;
aber er verlegte jene Gerichte zweiter und letzter Inſtanz
— der Caſſationshof iſt bekanntlich keine Inſtanz —
meiſtens an die Orte, an denen ehemals die Parlamente
getagt — nach Bordeaux z. B. und Rouen, Douai und
Dijon ꝛc. Zu Richtern aber beſtellte er, wenn er's
irgend konnte, die Söhne oder Verwandten der alten
Parlamentsräthe, wie er ihnen auch den altehrwürdigen
rothen Talar ließ — eine ſehr wichtige Aeußerlichkeit,
die überall am Platze wäre, in Frankreich aber unerläß=
lich iſt, wenn das ſpottluſtige Volk nicht ſogleich in dem
Richter den Menſchen und Nachbar wieder erkennen ſoll.
Obſchon nun ſeitdem Hunderte von homines novi durch
das parquet (Staatsanwaltſchaft), manchmal auch, frei=
lich ſehr ſelten, durch das barreau (Advocatenbank) in
die Gerichte eingedrungen ſind, ſo hat doch jene Ver=
bindung mit der alten noblesse de robe der franzö=
ſiſchen Juſtiz ein beſonderes prestige bewahrt. Noch
immer recrutiren ſich zum größten Theil die Richter aus
Richterfamilien, und das Ziel ihres Ehrgeizes, dem ſie

oft die zwanzig besten Jahre ihres Lebens in einem Landstädtchen willig opfern, ist meist: an ihrem Geburts= ort ihre Carrière zu beschließen; will doch jeder lieber etwas in Massilia als gar nichts in Rom sein; denn die Eitelkeit hat selbst an dem so stark ausgesprochenen Local= patriotismus der Franzosen ihr gutes Theil. So viel aber gilt der Richter in Massilia, daß seine Würde und sein ärmlicher Gehalt hinreichen, ihn in der Heirathsfrage — dem einzigen stichhaltigen Kriterium aller gesellschaft= lichen Rangverhältnisse — mit den reichsten Erbinnen auf gleichen Fuß zu setzen. Freilich hat das zweite Kaiserreich das Mögliche gethan, jene noch überlebenden Traditionen zu brechen und der Justiz ihren provinziellen Character zu benehmen. Es bediente sich des Staats= anwaltes wie des Präfecten, zu politischen Zwecken, brauchte also ergebne unscrupulöse Creaturen, die es nur unter wurzellosen Ehrgeizigen finden konnte, als welche durch keine Localrücksichten gebunden, durch keine Fa= milienüberlieferungen zurückgehalten waren, und so ist eine Magistratur in der Magistratur entstanden, welche diese wie eine Schmarotzerpflanze zu überwuchern droht.

Man kennt die Organisation der französischen Justiz: es ist diejenige unserer linksrheinischen Lande. Meist geht der Weg zu der magistrature assise, welche un= absetzbar ist, durch die magistrature debout (Staats= anwaltschaft), welche absetzbar ist; nur selten wird ein Richter direct, wie in England, aus dem Advocatenstand oder den Friedensrichtern genommen. Wie schlimme Folgen diese Gewohnheit hat, kann man sich denken: in politischer Beziehung werden dadurch die Gerichtsbeamten

an geschmeidige Unterwürfigkeit gegen die zeitweilige Re=
gierung, in criminalistischer an persönliche Animosität
gegen die Angeklagten gewöhnt; hängt doch ihre Beför=
derung im parquet von der Zahl der Verurtheilungen
ab, die sie von der Jury erlangen. Doch wäre es un=
gerecht, vorauszusetzen, daß diese inquisitorische Verfol=
gungssucht bewußt ist: der Staatsanwalt identificirt sich
überall gern mit dem Staat; auch ist beinahe immer
anzunehmen, daß er nur dann einen Angeschuldigten vor
die Geschwornen kommen läßt, wenn er seiner Schuld
sicher zu sein glaubt. Daher bleibt ihm denn auch diese
Voreingenommenheit, selbst wenn er „sich gesetzt hat“,
d. h. wenn er Richter geworden ist; was die oft skan=
dalöse Parteinahme des Assisenpräsidenten gegen den
Angeklagten hinlänglich erklärt. Die Abhängigkeit von
der Regierung, die polizeiliche Thätigkeit, die diese ihm
auferlegt, vor allem aber der Wunsch nach Beförderung,
machen leider meist aus dem französischen Staatsanwalt
ein blindes Werkzeug des Ministers in politischen
Dingen. Dieß der Grund, warum so viele liberale Po=
litiker das Geschwornengericht in Preßangelegenheiten
und überhaupt in politischen Vergehen verlangen, obgleich
es doch im Grunde nur ein Uebel durch ein anderes er=
setzt: die Jury spricht stets frei, wie die Gerichte immer
verurtheilen. Fiele die Beförderung weg, und würde der
Richter direct aus dem barreau genommen, so könnte
man auch auf eine gerechte politische Rechtsprechung ohne
Geschworne rechnen.

So viel übrigens der französische Richterstand vom
politischen und criminalistischen Standpunkt aus zu wün=

sehen übrig läßt, in der Civiljustiz ist er durchaus vor=
wurfsfrei. Einen redlicheren Richterstand giebt es wohl
nicht leicht in Europa; handelt es sich doch im Privat=
recht meist um Eigenthums= und Civilstands=Fragen,
und man kennt die scrupulöse Achtung der Franzosen
vor diesen Grundpfeilern der Gesellschaft. Wie der Jury,
die so oft Leidenschaftsverbrechen aller Art aus falscher
Sentimentalität oder aus Feigheit vor der öffentlichen
Meinung absolvirt, nie der Muth fehlt Verbrechen gegen
das Eigenthum unerbittlich zu ahnden, so wird der
Richter in Civilangelegenheiten jedem Zuspruch, jeder
Gunst, jeder „Empfehlung" — diesem sonst allmächtigen
Motor der französischen Staatsmaschine — durchaus un=
zugänglich sein. Wie die makellose Unbestechlichkeit des
Richters, so ist auch sein bon-sens lobend hervorzuheben.
Es fehlt freilich dem französischen Richter an aller
wissenschaftlichen Bildung; aber seine judiciaire, d. h.
seine richtige Beurtheilung gegebener Verhältnisse, strei=
tender Charaktere, vorliegender Gesetzestexte, ist meist un=
angreifbar, und glücklicherweise pfuscht ihm wenigstens
kein Geschwornengericht in die Civiljustiz. Gewisse Ur=
theile der Tribunale und Apellationshöfe (jugements
und arrêts), namentlich aber des Cassationshofes (sen-
tences), dessen Entscheidungen eigentlich die Juris=
prudenz feststellen, sind Meisterwerke an Klarheit und
Feinheit. Der Franzose ist ein geborner Jurist: ein Un=
glück für das Land ist nur, daß das Ansehen des Richter-
und Advocatenstandes ihm auch eine so große Rolle im
politischen Leben verschafft, und dadurch juridischen Ideen
viel zu viel Raum im Staatswesen gegeben ist. Nichts

ift vielleicht schlimmer für einen Staat, als wenn die privatrechtliche Anschauung die politische beherrscht. Ein großer Mißstand im französischen Gerichtswesen ist die große Zahl der Gerichte; außer tausend besoldeten Friedensrichtern, siebenundzwanzig Appellationsgerichtshöfe mit je drei Senaten (chambres) von je elf Mitgliedern! Hunderte von Tribunalen mit je fünf Richtern! Ich kenne solche Tribunale, die in einem Jahre nicht zwanzig Processe abzuurtheilen gehabt. Der Hofgerichtsrath sitzt nur dreimal in der Woche während weniger Stunden: in solchem Nichtsthun verrostet natürlich die beste Intelligenz. Welcher tüchtige Advocat aber wird um einen elenden Gehalt von 4000 Frcs. das einträgliche barreau verlassen, um „sich zu setzen"? Bei der Zahl der Eisenbahnen und den völlig veränderten Verhältnissen könnte man bequem die Zahl der Richter auf ein Viertel reduciren, ihre Gehalte aber vervierfachen.*)

Die Justiz gehört gemeiniglich nicht zur „Colonie" einer Provinzialstadt oder doch wenigstens nur zum geringsten Theil. Diese besteht aus den höheren Verwaltungs= und Finanzbeamten, Officieren und Professoren und bildet wiederum mit dem Abel, den Gutsbesitzern, Notaren, Advocaten, Aerzten, reichen Kaufleuten, und ortsangehörigen Justizbeamten der Stadt die „Gesellschaft", worin sie das bewegliche und bewegende Element

---

*) Eine weit weniger radikale Reform schlug noch neulich Baron Jouvenel in der Nationalversammlung unter allgemeinem Murren vor und fügte mit schwermüthiger Resignation hinzu: „Je sais que nous sommes dans un pays où il est plus difficile de supprimer un tribunal que de renverser un trône."

ausmacht. Doch würde man sich sehr täuschen, wenn man glaubte, diese Bewegung sei eine geistige und die Colonie brächte einen idealeren Gehalt in die Provinzial= gesellschaft. Recht im Gegentheil, ist es der Eingeborne, welcher bisweilen noch ein höheres Interesse bewahrt. Der Colonist gehört, wie der Soldat, wie der Priester, einem Allgemeinen an, ist durch Nichts mit den lokalen Interessen verbunden, schwebt wurzellos in der Luft. Ehre und Disciplin geben dem Vaterlande des Soldaten, der Armee, doch immer noch eine feste Grundlage, auf der der einzelne sich vergessen kann und muß. In noch höherem Grade findet dieß auf die Kirche, das eigent= liche Vaterland der Priester, seine Anwendung. Der französische Beamte aber, wie er geworden ist, sieht meist in dem Staate, dem er dient, nichts als eine große Ver= sorgungsanstalt. Ungeduldiger Ehrgeiz, Wunsch nach Beförderung, Streben nach Gehaltszulage oder Bewerben um eine Auszeichnung füllen sein ganzes Leben aus: wie sein Amt ihm stets nur Mittel zum Zweck bleibt, so auch die Wahl seiner Bekannten, der Grad seiner Vertraulichkeit, ja der Gegenstand seiner Unterhaltungen. Alles muß ihm dienen und dient ihm. Zeitlebens bleibt er ein Fremder in der Stadt, in die ihn die Laune des Ministers gesandt, und die er morgen freudig verläßt, wenn eine neue Garnison ihm irgend welche äußere Vortheile in Aussicht stellt. Nur die Elite der Bureau= kratie, d. h. der hohe Beamte der Hauptstadt, pflegt seine Thätigkeit in höherem Sinne aufzufassen.

Das wahre Centrum dieser Colonie, wie der Pro= vinzialgesellschaft überhaupt, ist der oberste Verwaltungs=

beamte der Stadt, der Präfect oder der Unterpräfect. Ueber die Organisation der französischen Verwaltung ist alles gesagt. Zwei treffliche collegiale Obrigkeiten, der Staatsrath in Paris und die Präfecturräthe in der Provinz, versehen auf's beste die wirkliche Verwaltung und Verwaltungsjustiz. Die gewählten Autoritäten — Generalrath, Bezirksrath und Gemeinderath — haben bisher durchaus keine Bedeutung und keinerlei Macht gehabt, obschon die Ehre, im Generalrath zu sitzen, ungemein hoch geschätzt wurde; man kann fast sagen, daß der Generalrath den hohen Adel des Departements constituirte, den Adel im ewigen Sinne, wie er immer und überall, mit oder ohne Titel, existiren wird: reiche gebildete Grundbesitzer von ererbtem Vermögen. Ostensibel, und auf politischem Gebiete auch factisch, ist der Präfect die Hauptperson in der Verwaltung; namentlich aber spielt er gesellschaftlich eine große Rolle. Oft ein talentvoller, ehrgeiziger junger Mann, dem positive Kenntnisse abgehen und eine bescheidene sichere Carrière zu langsam ist, öfter ein herabgekommener Adeliger, der seinen Titel für ein hohes Einkommen hergibt, immer protegirt von einflußreichen Damen, bereit im Dienste des Ministers heute das pro und morgen das contra zu vertheidigen, um ein glänzendes und vornehmes Leben weiter führen zu können, manchmal auch ein Mann von wirklichem Werth, der die Präfectur in der Provinz als Staffel zu einem angesehenen Posten in Paris betrachtet, ist unser Satrap vor allem immer ein werthvolles Instrument der Regierung, um die öffentliche Stimmung in der Provinz zu erforschen und zu gewinnen.

Eine der Hauptattributionen dieser hohen stark be=
soldeten Beamten, die meist von den localen Interessen
von den Ackerbau=, Industrie= und Handelsverhältnissen,
des Departements, das sie verwalten, nur eine sehr un=
klare Vorstellung haben und heute von Lille nach Bor-
beaux, morgen von Nancy nach Rouen geschickt werden,
besteht im Geben von Gesellschaften, Bällen und Diners,
nach denen der sparsame Provinzial sehr lecker ist, und
die er doch nicht gern selbst bestreiten mag. Er ent=
schließt sich wohl, wenn er reich ist und gerade eine
Tochter zu verheirathen hat, einmal in seinem Leben ein
großes Fest zu geben; aber nicht leicht mehr. An öffent=
lichen Bällen nehmen Familien guten Standes nicht
theil. Nächst dem Visitenmachen aber — das zu einem
System erhoben worden, und den Damen, die alle ihre
wöchentlichen Empfangstage haben, statt unserer Kaffee=
gesellschaften dient — sind die Soiréen beinahe die ein=
zige Zerstreuung des armen gelangweilten Provinzialbe=
wohners und seiner Ehehälfte, die sich doch auch einmal
in ihrem Leben amüsiren will und nicht wie das deutsche
Mädchen, vor der Verheirathung ihren legitimen Ver=
gnügenstheil gehabt, während der ersten Jahre ihrer Ehe
aber durch die Kindersorgen in Anspruch genommen
worden. Nun wagt der Franzose an Reisen nicht zu
denken, an der Natur und dem Spaziergang hat er nun
einmal keinen Gefallen, das Theater ist ihm meist zu
theuer; denn seine Frau muß ja Toilette machen um
hinzugehen. Seine Whist= oder l'Hombre=Partie mit
Schwägern, Vettern oder Hausfreunden hat er täglich, und
da sehnt er sich denn doch manchmal nach Abwechslung

und Anregung. Museen und Leihbibliotheken sind selten in der Provinz; und, wo sie bestehen, von der äußersten Armuth: an fremde Zeitungen, Zeitschriften oder Bücher ist in keiner Stadt unter 100,000 Einwohnern auch nur entfernt zu denken. Gelehrte Gesellschaften giebt es zwar überall, auch Clubs; aber die Thätigkeit der ersteren beschränkt sich auf gegenseitige akademische Beräucherung; die anderen sind im Grunde Spielgesellschaften, aus denen jede Unterhaltung verbannt ist. Die zahllosen Vereine aller Art, die in jeder kleinen deutschen Stadt blühen, sind dem französischen Provinzialen durchaus unbekannt. So sind denn natürlich die Abendgesellschaften nächst dem Auf- und Abwandeln oder Fahren auf dem Promenadeplatz der Stadt, die Hauptgelegenheiten für ihn, um sein Bedürfniß der Geselligkeit zu befriedigen. Da ist's · wo, mit viel Behagen, meist auch mit ziemlichem Witz, die Tagesfragen besprochen werden: Theater und Processe, Parlamentsreden und Artikel der Revue*), Heirathen, Decorationen, Beförderungen, Versetzungen, vor allem aber was in der Präfectur vorgeht. „Wird Madame la Préfète noch einen Ball geben oder nicht? Welche neue Toilette wird sie wohl dießmal hervorbringen? Wird der General auch hinkommen? Er soll schlecht mit dem Präfecten stehen;" und was der interessanten Neuigkeiten mehr sind, natürlich mit der gewöhnlichen menschlichen Begleitung von Eitelkeit und Neid, Empfind-

*) Diese meint natürlich die Revue des Deux Mondes, welche la Revue κατ' ἐξοχήν ist. Man weiß, daß es keine Verleger, kaum Buchhändler in der Provinz gibt; an provinzielle Zeitschriften ist natürlich gar nicht zu denken.

lichkeit und Malice, Neugierde und Schadenfreude: tout comme chez nous, mit dem Unterschied jedoch, daß bei uns alle dergleichen Menschlichkeiten sich mehr auf Gegen= stände moralischer Natur, als Freundschaft, Vertrauen, Theilnahme, Talent, bei den Franzosen mehr auf's Aeußere, als Vorrang, Glanz, Titel und Bändchen, werfen. Auch ist die médisance des Franzosen weit mehr auf die Lächerlichkeiten des Nachbarn, als auf seine Sittlichkeit gerichtet. Das ist nun einmal in seiner Natur und wird durch die Erziehung sorgfältigst entwickelt. Wie den Völkern germanischer Race die Lüge als das Schlimmste erscheint, so dem Celten das Lächerliche, und wie der beste Franzose im Stande ist eine gute Handlung, zu der ihn sein erstes Gefühl treibt, zu unterlassen, weil sie lächerlich ist, so rügt er auch vor Allem, bei Fremden oder Bekannten, das Lächerliche. Indeß ist dabei, wie bei seiner Eitelkeit, immer eine gewisse harmlose Gut= müthigkeit, die solche Schwächen wirklich mildert. Frei= lich muß man, um den Franzosen billig zu beurtheilen, ihn zu Hause sehen. Im Auslande ist er bekanntlich nicht wohl gelitten und mit Recht nicht wohl gelitten, während jeder Ausländer, der in Frankreich gewohnt, gerne dahin zurückkehrt. Der Franzose bildet sich zwar naiv genug ein, er sei, selbst in Kriegszeiten und als herzengewinnender Er= oberer, ein willkommener Gast allüberall. Welche Gefühle er in Spanien, Norddeutschland, Italien auf seinen Sieges= zügen gesät, ahnt er nicht oder übersieht er mit Absicht. Seine zwei Nationaluntugenden — la femme et la casse*) —

---

*) Man braucht nur die Spuren der zwecklosen Zerstörungs= wuth, welche sich in den Religionskriegen, dem Pfälzer Kriege,

scheinen ihm so natürlich, daß er nicht begreift, wie man sie ihm so hoch anrechnen mag: ce sont péchés véniels in seinen Augen, die töbtlichste Verletzung für die Betroffenen. Aber auch im Frieden ist der Franzose daheim liebens= würdiger als in der Fremde. Zu Hause wird eben des Franzosen gränzenlose individuelle Eitelkeit durch die seiner Landsleute im Schache gehalten; im Auslande läßt sie sich freien Lauf, weil sie die Abwesenheit oder den geringen Grad dieser Untugend bei den Nichtfranzosen ganz naiv als ein stillschweigendes Eingeständniß der Inferiorität derselben annimmt. Zu Hause wird aber auch die maßlose Nationaleitelkeit nicht so störend als in der Fremde, wo sich der Franzose namentlich den Spaniern und Italienern, bislang auch den Deutschen gegenüber, als so gewaltig überlegen gerirt und nie des Klagens satt wird. Denn es ist eine Bemerkung, die sich Jedem aufdrängen muß, daß, während der Engländer, der Italiener, der Deutsche, der Russe das Ausland, in dem er lebt, liebgewinnt, der Franzose selbst nach zwan= zigjährigem Aufenthalte unter einem Volke, noch immer nicht über dessen Sitten, Character und geistige Stumpf= heit zu jammern müde wird. Doch zurück zu unserm Provinzialmandarinenthum.

---

der Revolution und noch jüngst in der Communezeit so grell zeigte, mit den so wohlerhaltenen Resten des ebenfalls durch Revolutionen und Religionskriege heimgesuchten Altenglands zu vergleichen um von diesem eigenthümlichen Kitzel sich eine Vorstellung zu machen. Junge Leute, die sich gerne belustigen, haben selten eine Rechnung im Wirthshause, auf der nicht die casse als stehender Posten figurirte.

Nächst dem Präfecten oder Unterpräfecten ist der Receveur général die Hauptperson der Departements= hauptstadt — wenn er da ist. Meist ein reicher Finanzier, der die hohe Caution aus eigenen Mitteln zahlen kann, oder der protégé eines solchen Finanzier, gibt er oft nur seinen Namen her, veranstaltet einige glänzende Bälle in der Provinz, und lebt im übrigen ruhig fort in Paris mit seiner muntern Gesellschaft. Noch immer sieht er frappant dem alten fermier général ähnlich, von dem Voltaire so schöne Räubergeschichten zu erzählen wußte, obschon seine Functionen, wie man weiß, ver= schieden sind. Das ganze System wurde eigentlich von Napoleon als expédient in einer schwierigen Finanzlage gegründet, als er, um augenblickliche Vorschüsse zu er= langen, dem Staat große Opfer auferlegen mußte; er dachte nicht daran, es als definitiv zu betrachten. Aber 1814 kam, und es blieb. Die Namen sind vor wenigen Jahren geändert worden: der staatlich bestellte Speculant mit dem Steuercapital heißt jetzt trésorier général; doch ist er noch genau derselbe, der er im Jahre 1803 war. Diese einträglichen Posten, oft von 100—200,000 Franken jährlich, werden nur durch Gunst, Einfluß der hohen Finanzwelt oder Verwendung sehr vornehmer und mäch= tiger Damen vergeben. Ebenso ist es mit dem receveur particulier — jetzt payeur genannt — der in der Be= zirkshauptstadt dieselbe Rolle spielt, wie der receveur général im chef-lieu de département. Man schätzt ihn durchschnittlich auf 15—20,000 Franken jährlichen Einkommens.

Das unbesoldete Ehrenamt eines Maire wird ge=

wöhnlich von der Regierung einem angesehenen, conser=
vativ gesinnten Rentner übertragen, bleibt aber oft jahre=
lang unbesetzt in den mittlern und größern Städten; so
schwierig ist die Wahl, so ungern nimmt ein unab=
hängiger Mann sie an. Läßt sich am Ende doch jemand
dazu bestimmen, so ist's gemeiniglich nur, um nach einem
oder zwei Jahren äußerst undankbarer Thätigkeit das
rothe Bändchen zu bekommen, der Lebenstraum jedes
Franzosen, das er dann, wie bekannt, sogar auf der
Straße, auf der Jagd, ja sogar am Schlafrocke und am
Badecostüm trägt. Länger als ein oder zwei Jahre hält
es natürlich niemand leicht aus, der Gegenstand der
Kritik aller seiner Mitbürger und der gehorsame Diener
des Präfecten zu sein, alle von der Regierung aufge=
zwungenen mißliebigen Maßregeln auf seine Schultern
zu nehmen und dabei doch den Staatsautoritäten gegen=
über in untergeordneter Stellung zu sein. Es tritt als=
dann wieder das gewohnte Interim ein, während dessen
die Adjuncten die laufenden Geschäfte versehen. Auf
dem Dorf ist der maire gewöhnlich der Gutsherr, d. h.
da die moderne Gesetzgebung den seigneur du village
nicht mehr anerkennt, der bedeutendste Grundbesitzer von
Bildung, vorausgesetzt daß er conservativ ist, selbst wenn
er kein warmer Anhänger der gerade herrschenden Dy=
nastie sein sollte. Die ohnmächtigen Municipalräthe
werden meist unter den wohlhabenderen Bürgersleuten
gewählt.

Keiner von allen jenen hohen Beamten hat ein
Examen irgendeiner Art zu bestehen; für die meisten der=
selben genügt die licence en droit, für viele sogar die

maturitas. Nicht so der ingénieur en chef des Departe=
ments und der ingénieur ordinaire des Bezirks, welche
hohes Ansehen genießen. Da sie zu den ersten Schülern
der école polytechnique gehört haben müssen, die école
polytechnique aber die bewundertste Anstalt des Landes
ist, so kann man sich denken, daß man den glücklichen
Ingenieur für die Quintessenz des Talents, der Bildung
und des Verdienstes hält. Er ist in der That das
reinste und vollständigste Product der Art von Verstandes=
bildung, welche die Revolution geträumt, wie der agrégé
des lettres, der aus der Normalschule kommt, das re-
alisirte Ideal der von ihr angestrebten Geschmacksbildung
ist. Da er zudem noch durch seine Sporteln ein bedeu=
tendes Einkommen hat, so vergißt man ihm, wenn er
zufällig nicht von guter Familie sein sollte, gerne seine
niedere Herkunft und er steht ebenbürtig neben dem be=
schäftigten Arzte, Anwalt oder Notar.

Eine Frankreich ganz eigenthümliche Classe der Ge=
sellschaft ist die der kleinen Rentiers. Unendlich viel
junge Leute aus dem Kleinhandel gehen nach Paris,
manchmal auch nach einer der andern fünf oder sechs
Großstädte des Landes und erarbeiten sich da langsam
ihr bescheidnes kleines Vermögen, wie der Engländer sein
unbescheidnes rasch in den Colonieen erwirbt. Aber selbst
Paris ist ein Ort der Verbannung für Viele. Die all=
gemeine Regel ist, daß ein Franzose dieses Standes sich
mit fünfzig Jahren vom Geschäfte zurückzieht, wie der
Beamte und Militär gleich nach Ablauf seiner dreißig
Jahre Dienstzeit den Abschied begehrt, und seine Vater=
stadt wieder aufsucht, wo er dann, je nach seinem Aus=

gangspunkte mit 10,000, 5000 oder 3000 Franken be=
scheiden, aber comfortabel lebt, sich ein Häuschen kauft,
wo möglich Municipalrath, oder, ist er ein zurückgezogner
Militär, Nationalgardenoffizier, ist er ein pensionirter
Professor, Mitglied der Akademie wird, und danach
trachtet, seine Töchter an irgend einen jungen Beamten
zu verheirathen. Frankreich's Wohlstand, beiläufig sei's
gesagt, beruht auf der Allgemeinheit dieses Lebensplanes:
d. h. auf Sparsamkeit, wie der englische auf Ausdehnung
der Bedürfnisse beruht, welche doppelte Arbeit und dop=
pelte Production erheischt. Wer im französischen Mittel=
stande eine andre Methode befolgt, gilt für einen Ver=
schwender oder für einen unzuverlässigen Speculanten.

Natürlich gestalten sich alle diese Verhältnisse ganz
anders in den großen Seehäfen und Manufacturstädten.
Hier ist der Beamte, selbst der höchste, wenig angesehen
und lebt abseiten von der Kaufmannsgesellschaft, mit
der er wegen der Beschränktheit seiner Mittel nicht con=
curriren kann. Denn selbst ein Präfect mit 50,000
Franken Gehalt, was ist er gegen einen reichen Kauf=
herrn von Bordeaux oder Marseille? Das Leben dieser
Städte nun gleicht außerordentlich dem von Liverpool und
Manchester, Hamburg und Cöln: viel Prunksucht, viel
materieller Genuß, namentlich Tafelfreuden, Alles mit
etwas mehr Geschmack und Schick als bei uns; wenig
intime Geselligkeit, aber viel Staat. Hier sind es nun die
alten Firmen, die naturgemäß das Patriciat, die Aristokratie
bilden, wie überall und immer, in Florenz und Venedig, in
Lübeck und Augsburg. Im Allgemeinen ist indeß der
höhere Kaufmannsstand in Frankreich bei Weitem gebil=

deter, als im heutigen Deutschland und England, frei=
lich auch viel weniger zahlreich. — In den großen Manu=
facturstädten, wie Lyon, Rouen und Lille, sind dieser
alten Familien natürlich nur wenige, da, zumal in letz=
terer Stadt, die Industrie erst seit wenigen Jahrzehnten
ihren großen Aufschwung genommen. Hier sind die Fa=
milien, meist von selbsterworbenem Wohlstand, sehr aus=
gedehnt und genügen sich selber in geselliger Beziehung
beinahe ganz: doch ist diese verwandtschaftliche Geselligkeit
eine herzliche. Diese etwas rohen, aber achtbaren, meist
sehr frommen Kreise erinnern in mancher Hinsicht, wie's
denn nicht gut anders sein kann, an die Bewohner von
Städten, wie Crefeld und Chemnitz, Sheffield oder
Birmingham.

2.

Auf die angegebenen Kategorien, zu denen man noch
die wohlhabenden Kaufleute en gros rechnen muß, be=
schränkt sich die Gesellschaft in den kleinen und mittleren
Städten der Provinz. Die niederen Beamten aller Bu=
reaux (Präfectur und Einnehmerei, Mairie und öffent=
liche Arbeiten) sogar solche, die bei uns eine wissenschaft=
liche Bildung haben müßten, sind Tagelöhner, ohne
classische und juristische Bildung, und werden als solche
betrachtet. Sie gehören nicht zur „Gesellschaft", sind
nicht Honoratioren, wie man das bei uns zu nennen
pflegt. Ebenso wenig die Polizeibeamten, selbst die
höchsten (commissaires). Die revolutionäre Tradition

betrachtet eben diefen nützlichsten, aufopferndsten aller Stände nicht als einen Beschützer und Wächter der öffentlichen Sicherheit, sondern als den geschworenen Feind des Bürgers und als professionellen Auffpürer. Wie viel auch manche Regierungen dazu beigetragen haben mögen, diefes Vorurtheil groß zu ziehen, im großen Ganzen ist es durchaus unberechtigt. — Wie schon früher auseinander gesetzt, ist auch der Gymnasial= lehrer von der Gesellschaft einer Provinzialstadt ausge= schlossen.

Merkwürdigerweise gehört auch das Offiziercorps als solches nicht eigentlich zur Gesellschaft wie in Deutsch= land. An ein Verschmelzen der bürgerlichen und mili= tärischen Elemente durch die Ehe ist schon wegen der häufigen Garnisonswechsel nicht zu denken, selbst wenn das herrschende Vorurtheil des Bürgerstandes gegen die Armée dieser Verbindung nicht im Wege stünde. Auch hierin läßt sich der gesunde Instinct des französischen Volkes nicht irre führen. Wie die Regierung fortwäh= rend gezwungen ist, die Absurdität revolutionärer Ge= setze durch den Mißbrauch zu corrigiren — man denke nur an den schweigend beseitigten concours bei so vielen Ernennungen — so macht die Gesellschaft stillschweigend und thatsächlich ihre Rechte geltend, wenn eine theore= tifirende Gesetzgebung dieselben außer Acht gelassen oder mit Füßen getreten, um einer abstracten Conception von Gerechtigkeit zu schmeicheln. Der vielbewunderte Gründer der amerikanischen Republik — er wäre auch wohl we= niger bewundert in Frankreich, wüßte man nur recht, welch eingefleischter Aristokrat er im Grunde war —

Washington gäb dem Kriegsminister als erste Regel: „Nehmt immer nur gentlemen zu Offizieren." Das demokratische Frankreich kann solche Ungerechtigkeit, wäre sie auch in der Natur des Menschen und den Gesetzen aller Gesellschaft begründet, nimmermehr gutheißen. Muß ja doch jeder Soldat den Marschallstab in seiner Patron= tasche tragen. Diesem Princip zu liebe wird also der größte Theil der Offiziere aus den Reihen der Unter= offiziere genommen. Ihr Ansehen bei den Truppen ist ein sehr problematisches; und wären die höheren Offiziere vom Major aufwärts nicht alle Leute aus höheren Ge= sellschafts= und Bildungskreisen, so wäre es schlimm um die Disciplin bestellt. Der Soldat mag den Offizier fürchten, der die Macht hat ihn zu strafen; er vertraut nur dem, der ihm durch seine Superiorität imponirt. Schon in der Militärschule spricht der werdende Offizier von seinem künftigen Cameraden, der jetzt als adjudant in der Schule functionirt, mit Ausdrücken hochmüthiger Verachtung. Ungebildet und unbekannt mit den gesell= schaftlichen Formen, wünscht der aus Reih' und Glied avancirte Offizier gar nicht in die Gesellschaft seiner Gar= nisonsstadt zu kommen; fühlt er sich doch viel wohler in seinem Kaffeehause bei Absynth, Pfeife und Piquet. Der Offizier, welcher sich zurückzieht, um zu studiren, wird als Pedant, derjenige, der in die Gesellschaft zu bringen sucht, als dameret von den Cameraden verlacht, beide als keine „rechten Kerle" angesehen. Ja es ist vorge= kommen, daß von oben herab die „theoretischen, abstracten Studien" der Offiziere, als gefährlich für die Disciplin, entmuthigt wurden. Unnöthige Vorsicht! Der franzö=

8*

sische Offizier ist nur zu froh, wenn er die Studien mit der Schule hinter sich lassen kann: des Avancements ist er ja sicher, sei's durch Gunst, sei's durch Anciennetät.

Denn es ist ein merkwürdiger Zug, daß, während in dem friedlich gesinnten Deutschland der Militärdienst als eine Ehre angesehen ist, er in dem kriegerischen Frankreich als eine Last und ein untergeordnetes Métier betrachtet wird. Die hartnäckige Aufrechterhaltung des Stellvertretersystems, welches die Ausschließung der Gebildeten mit sich brachte, hat der Armee ihren Lanzknechtscharakter nie ganz benehmen können. Natürlich kann das herrschende Garnisonssystem die Kluft zwischen Heer und Bürgerthum nur noch erweitern. Frankreich, das seit vier Jahrhunderten geeinte, wagt noch immer nicht das Provinzialsystem einzuführen. Ein corps d'armée de Picardie oder de Normandie scheint ihm die belle unité française zu gefährden, während ein Hannöverisches oder Sächsisches Armeecorps unserer jungen Einheit so ganz ungefährlich dünkt. Dadurch aber, daß der Offizier und der Soldat einer Provinz angehören, behalten sie doch immer noch eine gewisse Fühlung mit der bürgerlichen Gesellschaft, die natürlich ganz wegfällt, wenn ein Regiment willkürlich aus Gascognern und Bretagnern, Burgundern und Provençalen zusammengesetzt ist; wenn Offizier und Soldat alle sechs Monate die Garnison wechseln und nie ihrer Vaterstadt oder ihrem Dorfe nahe kommen können. Ihnen wird bei dem langen Dienst — sieben Jahre — die Kaserne zur Heimath wie Wallensteins Soldaten das Lager. Wer einer Aushebung beigewohnt hat, weiß wie das

Volk von dem Kriegsdienst denkt; wer mit Offizie=
ren gelebt, weiß wie die Gesellschaft ihn ansieht. Für
sie sind eigentlich nur diejenigen Offiziere bescheidener
Herkunft salonfähig, welche den „gelehrten Waffengat=
tungen" (armes savantes) angehören. Auch setzt sich,
wie gesagt, das natürliche Gesetz gar schnell an die
Stelle des unnatürlichen. Bei uns z. B. pflegen alle
Offiziere eines Regiments, vom Oberst bis zum Unter=
lieutenant, zusammenzuspeisen; ja der Fähnbrich und der
Freiwillige nehmen an der Tafel theil; gehören sie doch
zu derselben Gesellschaft, zu demselben Bildungskreise,
ob sie nun adelig seien oder nicht. In Frankreich hat
man, um die hierarchischen Distancen aufrecht zu halten,
die Maßregel getroffen, daß für jeden Grad eine Tafel
besteht; da ist ein Lieutenantstisch, ein Capitänstisch ꝛc.
Was ist die Folge? Kaum ist abgegessen, kaum der
Kaffee genommen, so schleicht der Lieutenant Marquis
de Trois=Etoiles von seinen Cameraden weg, wirft sich
in Civil, und wenige Minuten darauf begegnet er in
Gesellschaft oder im Club dem Major, dem Oberst, dem
General, die wie er zur guten Gesellschaft gehören. Wie
würde sich ein vom Sergeanten zum Lieutenant avan=
cirter Vierziger im Jockey=Club ausnehmen? Und man
mache sich keine Illusionen über eine mögliche Reform;
nie wird ein französisches Parlament es wagen die
demokratische Offiziersbeförderung abzuschaffen. Nie wird
das Stellvertretungssystem, wenn es auch jetzt de jure
nicht mehr existirt, de facto aufhören zu existiren. Ein=
fluß, Verwendung, Gunst entscheiden am Ende über
alles im demokratischen Staat, und es müßte mit son=

derbaren Dingen zugehen, sollte nicht jeder Advocaten-
und Richterssohn irgend einen guten Grund zur Exemp-
tion auftreiben, der es dem Gönner oder der Gönnerin
möglich machte, höhern Orts mit Erfolg zu interveniren.

Uebrigens ist das kürzlich veröffentlichte Programm
für die Freiwilligenexamina nicht dazu angethan auch
dem allerunwissendsten Bürgersohn die Vergünstigung
des einjährigen Dienstes abzuschneiden. Schon rechnet
man auf ein jährliches Contingent von 15,000 Einjährigen und aller Wahrscheinlichkeit nach wird es sich
auf 20,000 belaufen. Diese, wahrscheinlich wie in Italien
zu eigenen Regimentern gebildet, werden natürlich im
Vaterlande der demokratischen Gleichheit eine ganz andere Rolle spielen als in der preußischen Junkerarmee.
Auch kann man ja schlimmsten Falles aus der ersten
Kategorie in die zweite versetzt werden, dann dient man
vollends nur sechs Monate und braucht nicht einmal
jene elementare Prüfung zu bestehen. Das nennt man
„allgemeine Dienstpflicht" in den Ländern wo
     il est avec le ciel des accommodemens,
die wir Pedanten und Barbaren nicht kennen.

Ein eigenes Capitel wäre über den Klerus zu
schreiben, dessen Einfluß so groß in Frankreich ist, der
durch die Frauen aller Stände so bedeutend einwirkt auf
Staat und Gesellschaft. Doch ist der Klerus seiner Natur und Bildung nach mehr Kosmopolit als irgend ein
anderer Stand; und ich wüßte vom französischen Klerus
eben nicht viel anderes zu sagen als vom deutschen: er
wird in denselben Classen recrutirt, erhält dieselbe Erziehung, war tolerant in den zwanziger und dreißiger

Jahren, ist nun intolerant unter der Anleitung der Gesellschaft Jesu; er hat dieselbe mit Hochmuth wechselnde Demuth, welche die Priester aller Religionen und Nationen charakterisirt; nur ist er in Frankreich vielleicht correcter, unbescholtener in seinem sittlichen Wandel, als in irgend einem andern Lande. Er hält sich ferner von der Gesellschaft und ihren Zerstreuungen. Seine Berührung mit den Männern ist selten, und er wird, wenn er nicht gerade Canonicus oder Bischof ist, ziemlich cavalièrement von ihnen behandelt. Um so größer ist sein Einfluß auf die Frauen und durch sie auf die Kindererziehung. Auf dem Lande ist sein Ansehen noch geringer als in der Stadt. Der Bauer ist im allgemeinen conservativ und geht mit dem Pfarrer, aber nicht von ihm, sondern von dem Präfecten oder dem Gutsherrn erhält er seine Parole. Bei diesem speist monsieur le curé noch allfreitäglich am Ende des Tisches, wie in den guten alten Zeiten, und es ist des Gutsherrn religiöse Gesinnung, welche dem Pfarrer Ansehen verschafft, nicht des Pfarrers geistliche Autorität, die das Ansehen des Gutsherrn mit prestige umgibt. Daß aber im hohen Klerus, in den Seminarien, in den Klöstern Männer ersten Ranges an Charakter, Geist und Bildung wirken, wird niemand leugnen wollen, der ihrer Wirksamkeit zu folgen die Gelegenheit gehabt. Frankreich ist noch immer das Land der Bossuet und Fénelon, Massillon und Bourdaloue; aus der französischen Geistlichkeit sind Lamennais und Lacordaire hervorgegangen, und Msgr. Dupanloup wie Abbé Gratry werden nicht leicht in einem andern Land ihres gleichen finden. Mit

wunderbarem Geschick hat sich namentlich die Gesellschaft
Jesu, welche in Frankreich ihr Hauptlager hat, die Re=
sultate der exacten Wissenschaften und der Naturforschung
anzueignen gewußt, genau wie sie einst die Errungen=
schaften des Humanismus, anstatt sie zu bekämpfen, sich
zu eigen gemacht, den Geist der Prüfung aus diesem,
wie jetzt den Geist der Forschung aus jenen verbannend
und so das gefährliche Werkzeug unschädlich machend.
Beinahe überall machen die geistlichen Schulen den
Staatsgymnasien eine wirksame Concurrenz und, da sie
von der Elite der Geistlichkeit geleitet werden, bei den
Staatsprüfungen größere Erfolge erzielen, dabei den Ruf
haben, eine bessere „Erziehung" (éducation) zu geben,
so gewinnen sie täglich mehr Grund. Freilich beginnen
die alten Traditionen sich in dem Maße zu verwischen,
als der Romanismus im Klerus die Oberhand gewinnt.
Der Geist der Mäßigung, der während der ersten Jahr=
zehnte des Concordats, als die Kirche Frankreichs noch
eine Staatsanstalt war, die französische Geistlichkeit aus=
zeichnete, hat wie überall, der Exaltation Platz gemacht.
Der französische Bischof und Pfarrer von 1840 betrach=
tete sich noch immer ein wenig, wie Napoleon ihn be=
trachtet haben wollte, als einen Staatsdiener, dem der
Cultus oblag, nicht als einen Kämpfer für Rom und
die Oberherrschaft der Kirche. Das ist Alles ganz anders
geworden, seit die Klöster, und mit ihnen die Miliz des
heiligen Stuhles, wieder erstanden sind. Frankreichs
Klerus hat den Gallicanismus, seine alte Unabhängigkeit
von Rom aufgegeben — aber nur weil er selbst Rom
und die Kirche beherrscht, weil, man kann es ohne Ueber=

treibung sagen, Frankreich heute Rom und die Kirche selber ist. Doch hat der Klerus nie versucht am Concordat zu rütteln, gegen die Ernennung der Bischöfe durch den Staat, die Civilehe, die Civilstandsregister ꝛc. zu agitiren. Er hat den „modernen Staat" angenommen, weil er einst ihn und durch ihn die Welt zu beherrschen gedenkt. Und sind denn in der That die Infallibilität der Revolution und die Autorität der Kirche, sind die Conception und die Hierarchie des „modernen Staates" so sehr verschieden von der Conception und der Hierarchie der katholischen Kirche?*)

Bei der geringen Anzahl von Protestanten und Israeliten in Frankreich ist es von wenig Interesse, die Diener der beiden andern „vom Staate anerkannten und bezahlten Culte" näher zu betrachten. Sie haben wenig oder keinen Einfluß auf den Staat und die Gesellschaft des modernen Frankreichs; während auch in ihrem Wesen und Treiben die Nachwirkung der Revolution nicht zu verkennen ist. Auch hier ist die Religion ein politisches Interesse geworden: alle politisch Conservativen sind in der That streng orthodox, alle Republikaner gehören den freieren Richtungen an; und wie Herr Guizot, so nimmt auch der Großrabbiner Partei für die weltliche Macht,

---

*) Ein merkwürdiges Phänomen, dessen Räthsel ich nie entziffern konnte, überlasse ich Scharfsinnigeren zur Betrachtung. Das leichtlebige, verständige, nüchterne, redselige Frankreich ist das Land, wo der strengste aller monastischen Orden, die schweigende ascetische Trappe, gegründet worden; sie, die in keinem andern Lande sich je hat erhalten können, hat in Frankreich noch heute verschiedene Stätten, deren furchtbarer Ernst schneidend absticht gegen das weltliche Treiben ringsumher.

weil die „Solidarität der conservativen Intereſſen“ es
erheiſcht. Auch hier, wie in der Moral, wie in der
Wiſſenſchaft, wie in der Kunſt handelt es ſich in Frank=
reich ja nicht um die Befriedigung eines inneren Dran=
ges, ſondern um Fragen der Nützlichkeit, Zweckmäßigkeit,
Convenienz und Partei. Die Religion iſt eben auch in
den Dienſt des Intereſſes, oder offen zu reden, des
Egoismus genommen worden, wie alle anderen großen
Schöpfungen vergangener Jahrhunderte, aus denen der
Geiſt längſt gewichen, der ſie einſt beſeelt und die nur
noch wie geſpenſtiſche Gerippe herrlicher Prachtbauten
in die moderne Welt hineinragen, bald als Stütze, bald
als Obdach dienend für die tauſendfachen weltlichen Ge=
werbe eines entgötterten Zeitalters.

3.

Die Parabel vom Perſerſchah, welcher Auszüge aus
ſeiner reichen Bibliothek anfertigen, dann die Auszüge
wieder ausziehen ließ, und ſo fort, bis er endlich in einem
Bande die ganze Weisheit der Weiſen in Händen zu
halten glaubte — ſie ſcheint für die wunderbare Stadt
geſchrieben zu ſein, die in ihren Mauern alles höhere
Leben Frankreichs einſchließt. Für die meiſten Fremden
exiſtirt dieſes Paris in Wirklichkeit nicht, für ſie iſt das
große Capharnaum nur ein verhundertfachtes Homburg
oder Baden, eine große Vergnügensfabrik, und, je nach
ihrem Temperament oder ihren Grundſätzen, berauſchen

sie sich auf die roheste Weise in den Producten dieser Fabrik, oder aber fühlen sie sich tugendhaft angeekelt bei dem Anblick all der unheimlichen Feuer und schmutzigen Räderwerke, die sie in Bewegung setzen. Dem ist nicht so für die seltenen Fremden, die der politischen, künstlerischen oder litterarischen Welt angehören, und denen es gelingt — was noch viel seltener der Fall ist — in's wahre Paris einzudringen. Sie fühlen, oder fühlten wenigstens bisher, daß sie da wirklich am „sausenden Webstuhl der Zeit" standen, und zusahen wie ein gut Stück an „der Gottheit lebendigem Kleid" hier gewirkt wurde. Was sie anfangs freilich mehr frappirt, ist: bei jedem Schritt und Tritt auf jene weit verzweigte alles umfassende Organisation zu stoßen, von der ich früher gesprochen, und die keinen andern Zweck hat als die kitzlichste der menschlichen Schwachheiten, die Eitelkeit, zu kitzeln. Bald aber entdecken sie auch wie eine Distillerie aller geistigen — spirituellen und spirituosen — Kräfte einer liebenswürdigen, reichbegabten und thätigen Nation, deren gute und schlimme Eigenschaften zehn Jahrhunderte einer bewegten Geschichte entwickelt und auf die Oberfläche getrieben haben. Solche Fremde allein können sich rühmen das „schöne Ungeheuer" zu kennen, welches Ruhm und Ruin des ganzen Landes ist, Muster eines feinen Gesellschaftslebens und verzehrender Krebsschaden, der die Nation verhindert sich als freies Gemeinwesen zu constituiren.

Man hat tausendmal wiederholt, daß Paris Frankreich ist; aber das Wort will nicht buchstäblich genommen sein, wenn man anders diesen merkwürdigen Mikrofosmus richtig verstehen, wenn man begreifen will, was ihn von London und Berlin, von Wien und Rom unterscheidet. Paris zieht nicht allein unaufhörlich an sich, concentrirt und verbraucht das beste, was das ganze Land producirt; es unterwirft es noch einmal einem zweiten Raffinementsproceß, welcher, um die reinste Essenz zu erlangen, die Pflanze selbst vertrocknet. Paris lebt nur von dem neuen Blut, das ihm aus der Provinz zuströmt; sein eigenes Blut hat das Fieber zu arm ge=macht, als daß es noch produciren könnte. Der wahre Pariser, der Pariser, der den Fremden bezaubert und den Landsmann mit Bewunderung erfüllt, ist nicht ge=boren zwischen der barrière du Trône und dem arc de l'Etoile, es ist der Provinzial, der in der Blüthe der Jugend, getrieben von seinem unbewußten Beruf, seinem Talent und seinem Muth, in die Hauptstadt ge=zogen und sich dort der großen Pariser Schule unter=worfen hat. Von jeher war Paris, wie London, das Centrum des geistigen und des politischen Lebens; aber es absorbirte dasselbe nicht. Ein Montaigne und ein Montesquieu konnten noch fern von Paris leben, denken und schreiben; die Parlamente hatten noch Macht und Ansehen, und selbst ein Intendant wie Turgot, hatte genug Freiheit der Bewegung, um in seiner Provinz umfassende Reformen durchzuführen. Alles das wäre absolut unmöglich heutzutage. Seit die Napoleonischen Institutionen ganz Frankreich zu einer großen Civil=caserne gemacht, ist die Provinz allen unabhängigen Geistern und Charakteren geradezu unerträglich geworden. Die ungeheure Maschine erdrückt alles, dessen sie habhaft werden kann, und wehe dem wirklich Bedeutenden, der sich von ihr erfassen läßt. Sein bester Lebenssaft wird ihm ausgedrückt, und es dauert nicht lange, so wandelt auch er eine Larve unter Larven.

Gar viele freilich wissen zu entschlüpfen. Sie wissen selbst nicht, welcher Geist sie treibt, nur eines sind sie sich bewußt: sie wollen nicht ihr Bestes, ihre Individualität, aufgeben, dem Moloch opfern, und so entfliehen sie in das gemeinsame Asyl, den Freihof aller derjenigen, die dem Chinesenthum der Provinz entronnen. Es sind die Besten und die Schlimmsten der Nation; der Abenteurer, der Schwindler, der Verbrecher, aber auch das Genie, das sich keiner Formel, der Charakter, der sich keiner Vormundschaft unterwerfen will, kommen hier zusammen. Der letzte Rest von geistiger Unabhängigkeit und von Unternehmungsgeist hat sich dahin geflüchtet. Im Guten wie im Bösen läßt Paris die Provinz weit hinter sich „in wesenlosem Scheine." Da die Wanderlust des Germanen nicht in des Franzosen Charakter liegt. und die Auswanderungslust noch weniger, so wird ihm Paris nicht allein sein Italien und seine Schweiz, sondern auch sein Amerika. Paris ist die Bildungsschule für die Talente, welche zu gut sind für die vorhergesehene Dressur des Staates; es ist das geistige Freudenhaus, wo der Epikureer intellectueller Bildung, der in der Provinz verschmachtet, seine feinsten Genußbedürfnisse befriedigt; es ist der far West, wo alles, was mit Muth, Energie und Talent allein eine Stellung zu erkämpfen hat, sein Glück versucht.

So erklärt sich auch die relative Vorurtheilslosigkeit

des Parisers — die relative, sage ich, denn über seinen Schatten springt niemand, und selbst der beste Pariser bleibt bis zu einem gewissen Grad Franzose in seinem Autoritätsglauben und seiner Furcht sich auszuzeichnen — doch ist er kühn in seinen Ansichten, excentrisch in seinem Thun, wenn er zusammengehalten wird mit dem Provinzialen. Freilich hängt damit auch wieder die dem Pariser meist anklebende Unwissenheit der Realitäten zusammen, wie sie sich in der Presse, dem Theater, dem Roman so grell zeigt. Er lebt außerhalb der provinziellen Routine, in seinen individuellen Anschauungen oder in den die Hauptstadt beherrschenden Idealen — wir würden sagen, Abstractionen — und so entgeht ihm leicht die Wirklichkeit.

Sonderbar contrastirt die Buntscheckigkeit dieser Pariser Gesellschaft mit der trostlosen Monotonie der Provinz. Alles, was sich nun einmal im lebendigen Organismus einer Nation nicht in Rubriken subsumiren läßt, findet der Fremde da vereinigt: da es keinen Verleger, keine Zeitung, wenigstens keine einflußreiche, keinen Kunstmarkt, kein politisches Leben irgend einer Art in der Provinz gibt, so können Künstler und Gelehrte, Journalisten und Litteraten, Politiker und gebildete Genüßler (jouisseurs) buchstäblich nur in Paris leben. Auch der reiche Adelige zieht sich immer mehr nach englischer Sitte auf sein Schloß zurück, und kommt, anstatt wie ehedem seinen ganzen Winter in der naheliegenden Provinzialstadt zuzubringen, im Frühjahr auf wenige Monate nach Paris. Er gibt der Hauptstadt jenes cachet äußerlicher Eleganz, das sie so sehr vor allen andern Capitalen

Europa's auszeichnet. Und der äußeren Eleganz ent=
spricht die innere, wenn das Wort Eleganz nicht gar zu
sehr im Widerspruch mit dem Adjectiv stehen sollte. Der
französische hohe Adel, der älteste Europa's, der sich aber
fortwährend durch den einfließenden Reichthum der hohen
Finanz und die Zulassung der ersten Würdenträger des
Staates geistig und geldlich flott erhält, hat eine gewisse
Freiheit des Tons behalten, die von der Prüderie der
Provinz nicht geduldet werden würde. In der That, wer
Frankreich von seiner besten Seite kennen lernen will, thut
wohl den wohlhabenden Adel auf dem Lande kennen zu
lernen. Da hat sich die vie de château in großem Style
mit ihrer gesunden Thätigkeit und ihren gesunden Freu=
den, mit ihrer herzlichen Gastfreiheit und heitren Gesellig=
keit immer mehr entwickelt, seit der legitimistische Adel
(1830) und später auch der orleanistische (1852) so gut
wie ausgeschlossen von der großen Politik, nur noch an
Municipal= und Departementalverwaltung Theil nehmen
konnte, und andererseits die Städte das ausschließliche
Feld für die Kämpfe der Radikalen und der jeweiligen
Regierung geworden sind. Wer weiß, ob nicht von
diesem, gemeiniglich sehr durchgebildeten, und wenn auch
im Allgemeinen royalistisch, doch sehr liberal gesinnten
Theil der Nation, der sich seit dreißig Jahren wieder
practisch im selfgovernment zu üben begonnen hat,
am Ende noch die innere Wiederherstellung Frankreichs
ausgehen wird? Freilich sind die Tage fern, wo der
französische Adel an der Spitze der fortschrittlichen Be=
wegung stand und sich für die Ideale des 18. Jahr=
hunderts begeisterte; aber an Geschäftserfahrung, an

Pflichtgefühl, an geistiger Bildung, an Patriotismus, an Feinheit der Sitte, freilich auch an Leichtfertigkeit der Sitten, geht er noch immer wie zu Zeiten Choiseuls der ganzen Nation voran. Männer wie Broglie (der Vater) und Tocqueville, wie Luynes und Charette, würden jeder Aristokratie zur Zierde gereichen. Trefflichst hat sich dieser Adel noch vor wenig Jahren im Kriege bewährt, als er, das Vaterland über die Partei stellend, wie Ein Mann in den Kampf zog, obschon dieser von einer ihm feindlich gesinnten, sittlich wenig achtbaren, politisch unfähigen Faction geleitet wurde, welche sich durch eine Ueberrumpelung schnödester Sorte des Staatsruders bemächtigt hatte. Keine andere Partei, keine andere Gesellschaftsklasse in Frankreich würde einer gleichen Selbstverläugnung fähig gewesen sein.

Neben dem Adel, oft auch im Schoße des Adels, bildet die Deputation eine bedeutende und angesehene Fraction von tout Paris. Außer den großen Städten, die gewöhnlich Journalisten und Advocaten traurigster Notorietät in die Kammer schicken, wird der Deputirte meist unter den gebildetsten und wohlhabendsten Grundbesitzern gewählt: er bildet in dem gesetzgebenden Körper wie in der Pariser Gesellschaft das Element des gesunden Menschenverstandes und das Bindeglied mit der Realität der Provinz. Er macht weniger von sich reden als der zungenfertige Advocat der Linken, leistet aber in jeder Beziehung mehr; sein Urtheil ist gemeiniglich gesund und vorurtheilsfrei. Unabhängig durch Vermögen und Stellung, ist er meist auch unabhängig als Charakter; natürlich ist er in der Regel conservativ und als solcher von

der Linken als Reactionär verdächtigt und von den ge=
horsamen Dienern „der öffentlichen Meinung" als der
gehorsame Diener der jeweiligen Regierung dargestellt.
Auch er verbringt die Hälfte des Jahres in Paris.

Man weiß, daß alle großen Finanzunternehmungen
des Reiches in Paris ihren Hauptsitz haben: daher die
Vertretung der Geldmacht durch ihre intelligentesten
Köpfe neben der Vertretung des Grundbesitzes durch
seine gebildetsten Leute. Nicht nur alle Versicherungs=
Anstalten, Banken, Eisenbahn=Gesellschaften u. s. w. haben
ihre Centralbureaux in Paris — alle ehrgeizigen, ge=
winnsüchtigen, oft ungewissenhaften, immer erfindungs=
reichen, gewandten und unternehmenden Speculanten
ziehen sich dahin, und bringen das Geld in fieberhafte
Bewegung, wie die Litteraten und Journalisten die Ge=
danken in schwindelnde Schwingung versetzen. Man
vergesse nicht den hohen und höchsten Beamten: soviel
auch die Gunst, die allmächtige, überall eingreifen mag
— diese Gunst ist nicht unintelligent. Wenn es auch
dem Stärksten und Gewandtesten unmöglich wäre, die
Leiter zu erklimmen, ohne daß andere ihm hinaufhülfen,
so helfen eben die andern doch nur Starken und Ge=
wandten hinauf. Die Spitzen der Verwaltung und der
Justiz sind nie Mittelmäßigkeiten. Die leitenden Be=
amten Frankreichs, die in Paris ihren Sitz haben, sind
ohne Ausnahme eminente Intelligenzen.

Ist es nöthig vom Maler und Bildhauer, vom
Dichter und Journalisten, vom Schriftsteller und Ge=
lehrten, vom Advocaten und Arzt, vom Kaufmann und
Industriellen zu sprechen? Wer hat nicht Balzacs Ro=

mane gelesen, in denen mit prophetischem Geist die ganze
zweite Hälfte des Jahrhunderts vorausgeschildert wor=
den? Welche Tragödien und welche Possen birgt nicht
die ungeheure Stadt in ihrem Schoße! Wie viele unter=
liegen, wie wenige halten sich überm Wasser, von diesen
wenigen wie wenige erreichen das Ufer! Welche Illu=
sionen, welche Träume des Ehrgeizes liegen nicht in der
großen Netropole begraben! Und welche Rekruten, zahl=
los, verzweifelt, verbittert, rachedürstend, liefert das Un=
geheuer nicht dem Verbrechen und der Emeute! Aber
die wenigen, die sich starken Armes, festen Blickes, un=
beugsamen Herzens durchgearbeitet, welche, die vorge=
schriebene sichere Laufbahn der Staatsschule und des
Staatsdienstes verschmähend, sich selbst ihre Existenz in
täglichem, ja stündlichem Kampf erobert — sie gehören,
selbst wenn sie das blinde Glück mehr als verdient ge=
fördert hätte, zu den Besten der Nation.

Auch die Liebenswürdigkeit und Grazie des Pariser
Arbeiters, so lange man sich nicht mit ihm auf Politik
einläßt, trägt unendlich viel dazu bei, das Leben in
Paris angenehm zu machen. Der behende Witz, die
Anstelligkeit, die Hülfsbereitheit, der Geschmack, die Höf=
lichkeit, die schöne Sprache, die Lebhaftigkeit, die Redlich=
keit des Pariser Handwerkers finden wohl nirgends ihres
Gleichen und bilden einen, und nicht den mindesten,
jener unmerklichen, beinahe unwiderstehlichen Reize der
einzigen Stadt, namentlich wie sie noch vor dreißig
Jahren war, ehe noch der durch die großen Bauten ver=
anlaßte Zudrang der roheren ländlichen Proletarier und
der Zufluß des fremden Elementes in die wohlhabenden

Claſſen ihren eigenthümlichen Charakter ſo ſehr verwiſcht
hatten. Wenn aber ſelbſt der ärmſte Bettler eine Art von
Noſtalgie für dieſe Atmoſphäre empfand, wie viel beſſer
läßt ſich das Heimweh eines Heine, eines Schlabrendorf
erklären, ſobald ſie der anziehenden, mit allen Reizen
einer alten Cultur, mit allen Denkmalen einer großen
Geſchichte geſchmückten Zauberin nur auf Wochen den
Rücken wenden mußten.

Zu allen dieſen direct producirenden thätigen Be-
ſtandtheilen von Paris rechne man nun die contem-
plativen, die genießenden, die nur indirect producirenden:
den Sonderling, der es müde geworden ſich in der Provinz angaſſen zu laſſen; den Skeptiker, der gern in der
erſten Reihe des Parquets ſitzt, um das Schauſpiel der
menſchlichen Thorheit und Weisheit anzuſehen; den Kunſt-
ſinnigen und den Feinſchmecker geiſtiger Unterhaltung,
der es vorzieht, direct auf dem großen Markt ſeine Einkäufe zu machen; den Diplomaten, der die Exiſtenz anderer Intereſſen als die des franzöſiſchen Staatsmannes
fortwährend in Erinnerung bringt; den Fremden überhaupt, ſo unbedeutend er auch ſein möge — leitet er
doch immer in den Kreis von einheimiſchen Ideen, An-
ſchauungen und Gewohnheiten, der, ſo weit er ſei, ſich
immer erſchöpft, ein neues Bächlein, das die Strömung
belebt und erfriſcht.

Dies die Hauptelemente, aus denen die Pariſer
„Geſellſchaft“ beſteht, die gewiſſe Provinzialen ſo unge-
ſchickt nachzuahmen ſuchen. Wer nicht in den Kreiſen
der Provinz gelebt, wo man die Leichtigkeit und Vor-
urtheilsloſigkeit der Pariſer Sitten zu äſſen ſucht; wer

nicht Provinzial = Akademien, Provinzial = Jockey = Clubs,
Provinzial=Lorettenwesen, Provinzial=Journalismus kennt
— macht sich nur schwer eine Idee von der Rohheit
und Plumpheit, deren selbst ein leichter Franzose fähig
sein kann, wenn ihm die Natur Talent und Kühnheit
versagt hat; wer sie aber kennt, wird schon eine Erho=
lung finden in den correcten, langweiligen, aber anstän=
digen und ehrenhaften Kreisen der gewöhnlichen Provin=
zialen; mehr noch natürlich, wenn er in die Pariser
„Gesellschaft“ selbst dringen kann. Freilich wird es einem
Deutschen schwerer fallen als irgendeinem andern Euro=
päer, sich von dieser eine Vorstellung zu machen, wenn
er nicht vollständig darin gelebt hat. London, Rom,
Florenz, wenn sie auch gerade nicht das exquisite gesell=
schaftliche Leben haben, welches das Privilegium von
Paris ist, besitzen wenigstens eine Gesellschaft, d. h. ein
Ganzes von Conventionen und Vorurtheilen, die den
Codex einer Nation in der Nation ausmachen. Der
Deutsche hat nicht nur nicht die Virtuosität des Fran=
zosen, diese nur zu wirklichen Schranken zu verbergen
oder doch mit Blumen = Guirlanden zu umgeben — er
kennt sie gar nicht. Goethe sagte von Deutschland: es
habe keine Komödie, weil es keine Gesellschaft habe, und
selten ist ein wahreres Wort gesagt worden. Die Herr=
schaft der Mittelklassen, die übertriebene Decentralisation,
der Mangel an materiellem Wohlstand, die Abwesenheit
des Formensinns, die Furcht vor der Lüge — alles hat
dazu beigetragen, ins deutsche Leben ein gewisses Sich=
gehenlassen einzuführen, welches verbietet, sich den ge=
ringsten Zwang aufzuerlegen, sowie eine gewisse Rauh=

heit, die für Offenheit gilt. Aus Furcht, affectirt zu erscheinen, wagt der Deutsche selbst nicht, seine Ideen,
deren Reichthum Frau v. Staël so auffiel, in Relief zu
bringen; dieser Mangel an Inscenesetzung aber läßt sie
im Zustande von rohen Diamanten, und nur die ge-
schliffenen Steine glänzen. Kein Land hat mehr Individualitäten als Deutschland, und da sie sich nicht in
die Uniform der Mode stecken, treten sie noch mehr hervor; weil sie aber zu gar keiner gegenseitigen Concession
bereit sind, endigt es gewöhnlich damit, daß sie auf einander prallen oder sich vermeiden. Dabei der Ernst des
Deutschen, der nicht, wie der Pariser, über die Fragen
hinzugleiten versteht, und der, wenn er nicht insistirt und
ergründet, ungewissenhaft zu sein und sich der „Oberflächlichkeit" schuldig zu machen glaubt. Die Furcht,
andern etwas Liebenswürdiges zu sagen und so seine
eigene Würde durch eine schnöde Schmeichelei zu compromittiren, eine Wahrhaftigkeit, die nicht mit sich reden
läßt, die Abwesenheit von Vorurtheilen und Convenienzen,
der Mangel großer, und gemeinschaftlicher Traditionen
— alles das macht, daß Deutschland, daß Berlin keine
Gesellschaft besitzt, wie die, welche den happy few unter
dem Namen von tout Paris bekannt ist. Da sich aber
nun zu diesen geselligen Annehmlichkeiten der Freiheit
und des Witzes, der Anmuth und der Höflichkeit, die
materiellen Annehmlichkeiten eines sanften Klima's und
exquisiter Lagerstätten, trefflicher Küche und edlen Weines
gesellt, so ist's einem Deutschen eben nicht zu verargen,
daß er sich in dieser Atmosphäre wohl fühlt, nachdem
er vaterländischem Kalbsbraten und saurem Rheinweine,

schmalen Betten und rauhem Nordwinde, indiscreter Theilnahme und schwerfälligem Ernste glücklich entronnen ist. Auf die Dauer wird's ihm aber doch zu schwül, selbst in dieser so künstlich und so künstlerisch producirten Luft, in welche das reinigende und erfrischende Element der Wahrheit, das kein Germane gerne misset, nimmer eindringt und er empfindet eine wahre Sehnsucht nach göttlicher Grobheit und dampfendem Sauerkraut.

Auch existirt neben diesem tout Paris noch ein anderes Paris, das an Geist und Charakter eben so weit unter der Provinz steht, als das hier analysirte über ihr steht, und dieses zweite Paris ist leider das bei weitem zahlreichste. Paris hat seine Provinz in seinen eigenen Mauern, und welche Provinz! Alle die Vorurtheile und Engherzigkeiten der Departements, mit all der Aufgeblasenheit und der moralischen Corruption, die sich unter den Auserwählten des Talents und der Thatkraft zur Noth entschuldigen lassen. Ja, man kann sagen: das Ideal, der Prototypus, die platonische Idee des Provinzialen, ist der Provinziale von Paris, Mr. Prudhomme. Seine Zahl ist Legion. Alles, was nicht zu den „Nomaden" gehört, wie Baron Haußmann die eingewanderte Bevölkerung nannte, gehört zu dieser hauptstädtischen Provinz. Paris ist steril wie alle großen Hauptstädte. Nur mit Mühe dürfte man einen bedeutenden Schriftsteller, Dichter, Künstler, Staatsmann aufzählen können, der in Paris geboren — und doch zählt Paris ein Zwanzigstel der Bevölkerung des Landes. Der Vater hat alle seine Kraft im Kampf um die Existenz ausgegeben — er hinterläßt einen Sohn ohne Kraft und Saft.

Die Eitelkeit, ein Pariser zu sein, d. h. einer der ersten in der ersten Nation der Welt, braucht ihm nicht anerzogen zu werden: er schlürft sie ein mit der Luft, die er athmet. Suffisance, Blasirtheit, Altklugheit, Gefallen an hohlem Wortwitz, Kitzel des Epiderms, Bedürfniß künstlicher Aufregung, Unruhe ohne wahre Leidenschaft, Spötteln und Besserwissen, Frondiren und Oppositionmachen und dabei blinde Unterwerfung unter die ephemerste Autorität, sind seine charakteristischen Merkmale: geistige Sterilität und moralische Feigheit deren natürliche Folgen. In einem Wort: alle Vorurtheile und Kleinlichkeiten der Provinz, ohne die Gesundheit, den einfachen Verstand, die Sittlichkeit der Provinz. Da nun aber doch die eigentlichen Pariser, d. h. die jung eingewanderten Provinzialen, die Ueberlegenen sind, sich als solche fühlen und auch als solche gefühlt werden, läßt sich die Masse der Eingeborenen von ihnen, ohne es zu wollen und zu wissen, blindlings leiten. Schon Rabelais nannte die Franzosen eine race moutonnière; aber welcher Franzose käme darin dem gebornen Pariser gleich, den nur Dante's pecorelle in dieser Gelehrigkeit erreichen:

„E ciò che fa la prima e l'altre fanno.“

Ja, es kommt zuweilen das merkwürdige und gefährliche Phänomen vor, daß dieser consensus denen selbst über den Kopf wächst, die dem Pariser bourgeois seine Ansichten verfertigt haben, und sich nun, nachdem sie lange selbst darüber hinaus gekommen, jener längst abgethanen ranzigen Anschauungsweise bei Strafe der Unpopularität unterwerfen müssen. Und welcher Franzose wüßte die zu ertragen? In jeder Revolution der vulcanischen Hauptstadt gibt es Gelegenheit, dieses Walten der Nemesis auf der That zu ertappen. Das Blut, das die „öffentliche Meinung" vergossen, die Kriege, die sie entzündet, der Wohlstand, den sie zerstört, die Dynastien, die sie gestürzt — haben ganz Paris, ja ganz Frankreich mit Trümmern, Schmutz und Unkraut bedeckt, und ein Wunder ist es nur, daß überhaupt auf einem solchen Boden noch irgendwelche Früchte gedeihen können.

IV.

Geistiges Leben.

Es dürfte dem Geschichtsphilosophen schwer werden einen interessanteren Gegenstand für seine Betrachtungen und einen dankbareren Vorwurf für seine Darstellungen zu finden als die parallele Entwickelung der politischen und litterarischen Ideale der Franzosen in den letzten drei oder vier Jahrhunderten. Die stets wachsende Herrschaft des Allgemeinen über das Besondere, des Abstracten über das Concrete, der Schablone über das Individuum, läßt sich Schritt für Schritt verfolgen, bis zum endlichen entschiedenen Siege des Rationalismus über Intuition, Instinct und Phantasie. Die Geistes = und Charakter= Anlagen, wie sie sich in der Litteratur des 15. Jahrhunderts offenbaren, sind natürlich im wesentlichen dieselben geblieben; auch strömen sie weiter in den beiden Geschmacksrichtungen, der enthusiastisch=rhetorischen und der skeptisch=nüchternen, welche sie von Anfang an ergriffen; aber der Strom wird immer seichter und einförmiger, und schleicht endlich, beinahe vollständig canalisirt, in gerader Linie zwischen flachen nackten Ufern dahin. Frei=

lich kommen noch immer, ja häufiger noch als vordem, vulcanische Stöße und Ausbrüche, wodurch der über= wundene nicht vernichtete, Instinct sein unheimlich fort= wirkendes Leben kund gibt, die Erde gewaltsam aufreißt, Felsentrümmer und siedende Lava in des ruhige Bett schleudert, dessen eklen Schlamm aufregt, den Strom staut, ihn in eine andere Richtung zu lenken droht; aber bald besiegt durch die Wucht der Masse, läßt er diese wieder breiter und bleierner als je über sich dahin schwemmen.

Wer sollte nicht schon in François Villon den Keim entdecken, der sich in Béranger zur Blüthe entwickelt? Aber das Unbewußte und Naive ist hier zum Gewollten und Systematischen geworden. Nur die Nation, in welcher Genies wie Rabelais und Lafontaine, Talente wie Pi= ron und Parny die Zote ex professo zu behandeln sich herbeiließen, konnte in unserem Jahrhundert einen Théo= phile Gautier und einen Baudelaire hervorbringen. Wer erkännte nicht in Sainte=Beuve - die Züge der großen Ahnen Montaigne und Bayle? Wem könnte die Fa= milienähnlichkeit zwischen Corneille und Victor Hugo entgehen? Wer wollte leugnen daß selbst in einem Papierverderber wie Edmond About ein Aederchen Vol= taire'schen Witzes rinnt? Aber wie abgeschwächt, wie verarmt, wie veräußerlicht ist das alles! Das Werk der Entmannung aber, langsam vorbereitet durch die alte Monarchie, ist vollzogen worden durch die große Revo= lution, wenn schon die Folgen sich naturgemäß erst nach einem halben Jahrhundert in ihrer ganzen Ausdehnung zeigen. Die Generation, welche von 1825 bis 1840 Frankreich mit einer beneidenswerthen Litteratur be=

schenkte, ein reizender Nachsommer des 18. Jahrhunderts,
war noch kein recht eigentliches Product der neuen Ge=
sellschaft und des neuen Staates: diese producirten ihren
Homunculus erst nach den fünfziger Jahren. Aber schon
jenes glänzende Geschlecht der Guizot und Thiers, Cousin
und Villemain, Lamartine und Hugo, Thierry und Mignet,
George Sand und Balzac, ja selbst Musset und Mérimée
— im Grunde variirten sie doch nur mit Talent, einzelne
sogar mit Genialität, überkommene Gedanken: nicht e i n e
neue bahnbrechende Idee, wie etwa Herders oder Kants,
Bacons oder Locke's, Montesquieu's oder Voltaire's,
setzten sie in Umlauf. Und es wäre ungerecht diese von
ihnen zu verlangen: waren sie doch Dichter, Künstler,
Erzähler, nicht Denker, Erfinder, Männer der Wissen=
schaft. Die Leitung der geistigen Bewegung Europa's
aber ist stets in der Hand Dieser, nicht Jener gewesen;
und nur zufällig traf zuweilen die Blüthe der Kunst
und die kühnste Thätigkeit des Gedankens bei einem Volke
in demselben Zeitpunkte zusammen. Uebrigens war bei
der reichbegabten Dichter= und Künstlerschaar der zwan=
ziger und dreißiger Jahre, wenn nicht im Wesen, wenig=
stens in der Form noch eine gewisse Originalität, eine,
wenn ich mich so ausdrücken darf, stylistische Phantasie
geblieben, die heute, nach dem definitiven Durchdringen
der rationalistischen Weltanschauung, der fast mathe=
matischen Ausdrucksweise des modischen höheren Lust=
spiels, der platten Farblosigkeit des Revue=Styls oder
der nachlässigen Schmiererei der neuesten Roman= und
Zeitungsprosa Platz gemacht. Es ist eben mit der Lit=
teratur wie mit dem öffentlichen Leben Frankreich's: die

großen Eigenschaften des französischen Geistes, wie des französischen Charakters, sind, wenn auch nicht neutralisirt, so doch vollständig in Schatten gestellt, den Schatten ängstlich suchend, seit das leere Geschwätz und die geschäftige Nichtsthuerei eitler faiseurs sich so breit in den hellen Vordergrund gedrängt haben. Jene ausgezeichneten Eigenschaften leben indeß wohl noch unbemerkt, aber kräftig fort in der Thätigkeit der höheren Bureaukratie und in dem Betriebe der exacten Wissenschaften, während in der Litteratur, wie in der Politik, beinahe jede Spur davon verschwunden ist. Selbst in dieser Entartung lassen sich indeß noch die beiden Geschmacksrichtungen, auf die ich oben angespielt, deutlich nachweisen. Der Enthusiasmus ist zum Wortrausch geworden; der Skepticismus ist in Blasirtheit ausgeartet; aber formell lebt die declamatorische Tradition Bossuets und Corneille's, Buffons und Rousseau's, Cousins und Hugo's noch in Jules Favre's Beredsamkeit, wie in Laprade's Versen. Die feine und geschmackvolle, schlichte und klare, zuweilen beinahe nüchterne Weise eines Fénelon, eines Voltaire, eines Mérimée hat in Prévost-Paradol und John Lemoinne nicht ganz unwürdige Nacheiferer; aber freilich der durch seine Schmucklosigkeit und Einfachheit bezaubernde Vers eines Racine oder Musset existirt so gut wie nicht für die jetzige Generation von Reimklinglern — Epigonen der Epigonen *). Was nun gar die

*) Die Dichterschule des zweiten Kaiserreichs von Baudelaire bis auf Coppée steht ganz unter dem Einflusse Théophile Gauthiers, der selber wieder ein Nachgeborner des großen Geschlechts von 1830 war.

wirklich Sprachgewaltigen, die plastisch Schöpferischen,
in gebundner, wie ungebundner Rede, was die Mon=
taigne und Rabelais, die Pascal und Régnier, die La=
fontaine und Molière anlangt, so sind sie spurlos ver=
schwunden zugleich mit der schöpferischen Kraft der
Nation überhaupt. Für das Talent mag noch eine Art
von Spielraum gelassen sein in dem correct beschnittenen
Garten des französischen Lebens, wie er sich nach den
Entwürfen des großen politischen Lenôtre gestaltet hat;
das Genie kann und wird nicht so leicht wieder darin
aufkommen.

1.

Eine gemachte Litteratur, wie die französische der
fünfundzwanzig letzten Jahre, in Rubriken zu theilen,
wird ja wohl kein Vergehen sein, und so möge es er=
laubt sein darin drei Hauptgruppen zu unterscheiden: die
der unterhaltenden, die der langweiligen, die der bedeu=
tenden Litteratur. In allen werden wir die früher be=
obachteten geistigen Eigenschaften der Franzosen, insbe=
sondere die Intelligenz, ihre Charakter=Anlagen, namentlich
die Lust am Schein, endlich die gesellschaftlichen Ver=
hältnisse, vornehmlich die Pariser, wiederfinden.

Die leichte Litteratur ist ein Product der französischen
Nation, um welches wir Deutsche sie nicht genug beneiden
können. Man denke an die Hunderte, ja Tausende von

amüsanten Vaudevilles und Intriguenstücken, Romanen und Novellen, denen wir durchaus nichts Gleiches an die Seite zu stellen haben. Ein deutscher Schriftsteller hält sich für entehrt wenn er seine Leser „unterhalten" soll: er glaubt sich dadurch zur Rolle eines Hofnarren des Publicums erniedrigt, und die Prätention jedes halbwegs erfinderischen Geistes auch seinen „Wilhelm Meister" zu liefern, erstickt das bißchen Gestaltungskraft, das überhaupt in unserer Natur liegt. Wir haben nun einmal kein schöpferisches Genie, unsere künstlerische Begabung liegt nach der musikalisch-lyrischen, nicht nach der plastisch-dramatischen Seite hin. Die wenigen aber, deren Talent ausreichte um einfach und anspruchslos à la française oder à l'anglaise zu unterhalten, sind so hochmüthig behandelt worden von unsern allmächtigen Kritikern, daß niemand mehr ihrem Beispiel folgen mag; mit welcher Verachtung sprechen nicht unsere Litterarhistoriker von einem Kotzebue, einem Zschokke, einem Willibald Alexis oder einem Spindler!

Wenn die Leichtigkeit der Rede und der Schrift, der immer sprudelnde Witz, der anmuthige Leichtsinn, das Bedürfniß zu unterhalten und unterhalten zu werden, die den Franzosen angeboren sind, sich mit ästhetischer Anspruchslosigkeit vereinigen, so entsteht ein Product, das freilich „schnell und spurlos" vorübergeht, wie „des Mimen Kunst, die wunderbare", aber, wie diese, seinen Zweck vollständig erreicht hat, wenn es Tausenden nur Einen Tag der Zerstreuung und Erheiterung gebracht. Wer wird je die paar Stunden bereuen, die er vor einem Scribe'schen Intriguenstück zugebracht, oder in denen er

einen hiſtoriſchen Roman Alexandre Dumas' geleſen?
Es iſt raſch hingeworfene Couliſſenmalerei; aber welches
Leben, welche Mannichfaltigkeit, welche gründliche Heiter=
keit! Auch Kraft iſt meiſt darin, und bei einem Dumas
wenigſtens iſt man verſucht zu glauben, daß er mit
Concentration, Sorgfalt, Ernſt — d. h. freilich, wenn
er nicht Alexandre Dumas geweſen — das Höchſte hätte
erreichen können.

Aber ſelbſt ſo wie ſie iſt, hat dieſe leichte anſpruchs=
loſe Schriftſtellerei und Kunſt der Franzoſen, eben durch
ihre Leichtigkeit und Grazie, viel mehr künſtleriſchen
Werth als die der Deutſchen und Engländer, wie auch
ihre bedeutenden Leiſtungen auf dieſen Gebieten den un=
ſeren an Tiefe nachſtehen können, ſie an Formenſchön=
heit aber gewiß übertreffen: man vergleiche einen Soulié
und Paul de Kock mit unſern Auguſt Lafontaine und
Zſchokke, der bildenden Künſtler nicht zu gedenken.

Auch in dieſer Unterhaltungsliteratur ſteht freilich
die jetzige Generation ebenſoſehr wie in der bedeutenden
gegen die vorhergehende Generation zurück: einen Monté=
pin, einen Ponſon du Terrail, einen Gaboriau dürfen
wir keinem Frédéric Souliè, keinem Dumas Vater,
keinem Méry; einen Labiche, einen Lambert Thibouſt,
ſelbſt einen Sardou keinem Méleſville oder Scribe ver=
gleichen; aber ſie haben doch alle noch Eigenſchaften, die
wir umſonſt im deutſchen Roman und auf der deutſchen
Bühne ſuchen: Humor, ſpannendes Intereſſe und flüſſige
natürliche Diction.

Ein Genre dieſer Literatur, das ganz unſerm Jahr=
hundert angehört, das Genre des Greuelhaften, iſt viel=

leicht am tiefsten gesunken. Die indessen immer noch
fortdauernde Existenz, ja Zunahme desselben erklärt sich
aber ebenfalls zum größten Theil aus den seit der Re=
volution herrschend gewordenen Ansichten und Lebens=
gewohnheiten, aus den seitdem angewandten und durch=
geführten Principien und aus der gesellschaftlichen Lage
der Schriftsteller. Der Schreckensroman wie das Schreckens=
melodrama wenden sich nicht allein an die ungebildete
und corrumpirte Masse der Hauptstadt, die feinerer und
edlerer Kunstgenüsse unfähig ist und deren abgespannte
Nerven stürmisch aufgeregt sein wollen; sie sind auch
von jungen Abenteurern oder in der hauptstädtischen
bohème graugewordenen outlaws verfertigt. Beinahe
alle belletristischen Schriftsteller Frankreichs — wenig=
stens diejenigen, die noch etwas Eigenheit, Talent und
Kraft in ihren Werken an den Tag legen — sind des
déclassés, d. h. sie gehören nicht der geordneten bürger=
lichen Gesellschaft von Paris, geschweige denn der Pro=
vinz an. Wie sollten sie zahme Familienromane schrei=
ben, wie brave deutsche Ehemänner oder ewig jung=
fräuliche englische Blaustrümpfe, die oft ihre Provinzial=
stadt nicht verlassen haben? Die Phantastik im deutschen
Sinne hat die Natur dem Franzosen versagt, und die
ihm angeborene Phantasie, eine äußerst lebendige Kopf=
phantasie, hat die Erziehung systematisch zu ertödten ge=
sucht, während die Gesellschaft sich bestrebt das Leben
so vorhergesehen und geregelt als möglich zu machen.
Entweder gelingt es ihnen, dann erfolgt eben die ge=
wünschte und angestrebte Sterilität; oder es gelingt

ihnen nicht, dann provociren sie eine Reaction gefähr=
lichster Art. Dies ist bei unbändigen Naturen, bei be=
gabten Geistern, bei haltlosen Charakteren und genuß=
süchtigen Temperamenten leicht der Fall. Die Einbil=
dungskraft sucht dann ihre eigenen Wege, corrumpirt
sich, wirft sich auf's Gräuelhafte oder Unzüchtige, gibt
sich darin vollen ungezügelten Lauf; die gesunde dichte=
rische Phantasie, die sich hätte entwickeln können, macht
einem krankhaften Deliriren, das freie individuelle Leben,
das die Natur angestrebt hatte, einer ungebundenen,
wüst willkürlichen Existenz Platz. Je greulicher aber
die Elucubrationen einer so erregten Phantasie, desto
mehr Anklang finden sie theils bei der rohen leiden=
schaftlichen Menge, theils bei den Gelangweilten und
Leeren der Mittelclasse. Ist aber der Absatz der Waare
bedeutend, so füllt auch der Fabrikant rasch seine Taschen,
um sie eben so rasch wieder zu leeren, und der junge
Autor geht immer weiter auf dem einträglichen Wege,
der ihn zu immer tiefern Abgründen führt. Sein Leben
ist fortan getheilt zwischen der Orgie und der fieberhaf=
ten Production: er sieht nur Courtisanen oder littera=
rische und künstlerische Zigeuner, wie er selbst; wenn's
besser geht, Journalisten, die sich noch nicht zu einer ge=
wissen Regelmäßigkeit des Lebens aufgerafft, oder Schau=
spieler und Schauspielerinnen, die es in Frankreich eben
noch nicht, wie bei uns, zu einer geachteten bürgerlichen
Existenz haben bringen können; im besten Fall eine Ge=
sellschaft, die nur der Hauptstadt eigen, und die weder
den correcten Kreisen der bourgeoisie, noch dem officiel=

len Laster angehört: mit einem Worte den demi-monde.*)
Die bürgerliche Ehe und das Familienleben, geordnete
Verhältnisse in einem Worte, sind ihm unbekannt: er
schildert die Welt, wie sie ihm in der blauen Punch=
flamme und dem Tabakrauch des Estaminets oder aber
am Spieltisch und an der glänzenden Soupertafel der
Halbwelt erscheint; er steht außerhalb der Gesellschaft,
und nach seinen Schilderungen das Pariser oder gar
das französische Leben im allgemeinen zu beurtheilen,
wäre unbillig und bewiese wenig Scharfblick. Die ge=
sittete Gesellschaft aber, welche unter der Monotonie der
Wirklichkeit leidet, genießt diese Greuel= und Kitzellitte=
ratur wie würzige Speisen und schäumenden Champagner.
Ist ihr daraus im Ernst ein Verbrechen zu machen?
Und thun wir Deutschen, die wir nicht die Entschuldi=
gung eines traurigen Staatslebens, einer eintönigen Ge=
sellschaft, einer alles Individuelle ertödtenden Erziehung
haben, die wir auf allen Gebieten Freiheit der Bewe=
gung und Entwicklung genießen — thun wir nicht das=
selbe? Oder wie käme es, daß diese französische Litte=
ratur des Ehebruchs, Loretten= und Verbrecherthums so
bekannt in Deutschland ist, daß unsere Leihbibliotheken
mit Uebersetzungen aus dem Französischen überfüllt und
daß Jacques Offenbach's unzüchtige Parodien, sowie

*) Der demi-monde ist durchaus nicht mit der Loretten=
Wirthschaft zu verwechseln, wie man es in Deutschland zu thun
pflegt. Er bildet einen etwas „wurmstichigen" Theil der Gesell=
schaft, den die correcteren Kreise zu vermeiden suchen, dem aber
nichts bestimmtes vorgeworfen werden könnte, das eine förmliche
Ausschließung autorisirte.

B. Sardou's geistreiche, aber gewiß nicht allzumoralische Parisiana auf allen unsern Bühnen zu finden sind?

Und da wir der geist= und geschmacklosen Unfläthig= keiten Erwähnung gethan, welche in den letzten zwanzig Jahren alles Schöne und Hohe beschmutzt haben, wäh= rend sie früher doch wenigstens ihren reservirten Platz hatten, dem man ausweichen konnte, so sei auch jener Art leichter Unterhaltungslitteratur mit einem Worte ge= dacht, welche den Franzosen eigenthümlich ist, und die sie unter hundert Namen, als gaudriole, grivoiserie und — höchst bezeichnend! — als gauloiserie cultiviren. Auch sie hat ungemein gelitten unter der cynischen Rohheit einerseits, der heuchlerischen Wohlanständigkeit andererseits, welche seit den letzten dreißig bis vierzig Jahren die gesellschaftlichen Sitten Frankreichs so wesent= lich modificirt haben. Sie ist plumper, obscöner gewor= den als sie es im vorigen Jahrhundert war, wie denn auch die Unterhaltung der Männer unter sich, selbst der gebildetsten, auf derlei Gegenständen heutzutage mit einem rabelaisischen Behagen und einer nackten Schamlosigkeit verweilt, die dem feinen Franzosen der Mérimée'schen Schule, dem Meister in der Gazedrapirung, ganz fremd waren.

2.

Eine ehedem in Frankreich ganz unbekannte Waare, die correcte langweilige Litteratur, ist entschieden als ein Product der modernen Zustände zu betrachten; es ist die

10*

wahre Litteratur der Impotenz. Sie macht sich im Thea=
ter und im Roman, in der Geschichte und der Kritik,
der Philosophie und der Poesie breit; sie ist die tägliche
Nahrung der Mittelmäßigkeit, der Stolz der Mittel=
mäßigkeit, das Erzeugniß der Mittelmäßigkeit; und da
diese überall die ungeheure Mehrheit der Gebildeten ist,
so erklärt sich die ephemere Popularität dieser Art Litte=
ratur sehr wohl. Nach wenigen Jahren kommt das
Urtheil der Wenigen doch wieder zu seinem Recht; die
fashionablen Tennyson und Feuillet versinken wieder in
ihr nichts, und hell am Firmament strahlen wieder die
Byron und die Musset, deren Glanz der Neid des geisti=
gen tiers état für Augenblicke hat umnebeln können.
Nirgends aber ist diese Litteratur mit mehr Erfolg und
allgemeiner als in Frankreich unter dem zweiten Kaiser=
reich cultivirt worden, was sich zur Genüge erklärt,
wenn man bedenkt, daß die geistige Mittelmäßigkeit
keines Volkes geschickter ist, sich mit einem täuschenden
Schleier zu umgeben, als die der Nation, welche stets
das estre dem paroître geopfert hat. Wären nomina
nicht odiosa, so wäre hier ein Heer von Unberufenen
zu nennen, welche Frankreich mit todtgebornen Kindern
beschenkt.

Die Autoren dieser anständigen Werke sind ent=
weder Professoren, die in der Provinz leben, und doch
auch gern in einer Pariser Zeitung genannt sein möch=
ten, oder aber tugendhafte Familienväter, die in der
Hauptstadt wohnen, und deren Stellung es mit sich
bringt, daß sie alle drei Jahre ein Buch in die Welt
schicken müssen. Bald sind's sittliche Dramen oder Ge=

dichte, wo Grammatik, Prosodie und Moral gleich ge=
wissenhaft respectirt sind; oder anständige Romane, welche
die Gesellschaft höchst spießbürgerlich gegen die genialen
Angriffe einer George Sand oder eines Balzac verthei=
digen; öfter noch Geschichtswerke oder litterarhistorische
Studien, worin einem Niebuhr und Augustin Thierry,
einem Lessing oder Sainte=Beuve gezeigt wird, was „ge=
sunde Traditionen" und „reiner Geschmack" sind, und
allen gefährlichen Neuerungen mit sittlicher Entrüstung
entgegengetreten wird. Zuweilen auch sind's methodische
Revue=Artikel, nach Chrienart componirt, worin irgend
ein artiges Skandälchen geheimer Hof= oder Dichterge=
schichten aufgetischt wird, damit der tugendhafte Herr
Verfasser daran ein Thema für seine Moralpredigt finde.

Da sagt sich ein Herr, der gern in das Institut
kommen, oder seinen Namen in den Journalen lesen,
oder ein rothes Bändchen im Knopfloch, oder ein bewun=
derndes Compliment in der Abendgesellschaft erwischen
möchte: „Ich muß doch wieder einmal ein Buch schrei=
ben; wo finde ich gleich einen Gegenstand? Halt, da ist
was. Wie, wenn ich ein Werk schriebe über Sannazar
oder über Roswitha? Das ist gewiß noch nicht geschrie=
ben worden. Oder, besser noch, über Bossuet oder Pas=
cal, betrachtet als Kritiker! Oder, jetzt hab ich's, über
Labourdonnaye's indische Expedition: das soll was wer=
den wie Macaulay's Lord Clive oder Warren Hastings."
Gesagt, gethan. Fremde Sprachen kennt der Herr zwar
nicht; auch weiß er von der Umgebung, dem Vor und
Nach seines Gegenstandes nichts. Aber wozu sind denn
Conversationslexika und Kataloge da? Wozu Uebersetzun=

gen? Schnell suchen wir, was etwa darüber geschrieben
worden im Auslande, lassen wir's uns übersetzen oder
excerpiren; lesen wir auch eine Quelle oder die andere;
es wird schon gehen. Und richtig, nach zwei Jahren
erscheint ein anständiger, gesitteter Octavband; correct
geschrieben, correct gedruckt und namentlich correct gedacht.
Die Composition läßt nichts zu wünschen; nach einem
kleinen unfehlbaren Recept sind die Porträte, die allge=
meinen Betrachtungen, die dramatischen Erzählungen
angebracht: ein höchst vorwurfsfreies Buch ist producirt;
der wohlhabende Bürger kauft es, läßt's binden und
stellt's in seine Bibliothek; der Herr Verfasser aber be=
kommt, wenn er ein Professor ist, einen Preis vom In=
stitut; ist er ein unabhängiger Rentner, der auch nicht
die geringste Entschuldigung hat, ohne Noth die Drucker=
pressen haben seufzen zu lassen, so kann ihm das Kreuz
der Ehrenlegion auf die Dauer nicht entgehen. Ganz
ebenso verfährt der Fabrikant moralischer Theaterstücke
und Romane. Gewöhnlich arbeitet er sehr langsam,
denn die Muse hat ihm nicht gelächelt; und obschon sein
procédé leicht zu erlernen ist, so muß er doch lange
suchen, ehe er den Inhalt zusammengestoppelt hat. Er=
scheint nun alle vier Jahre ein solches Werk eines „ge=
wissenhaften" Dichters, so ist der Jubel groß im Lande
der Philister. Die ganze löbliche Nation empfindet
Vaterfreuden: erkennt sie doch ihre eigenen Züge wieder
in den tugendsamen Helden und Heldinnen, die sich
hübsch convenabel verheirathen, nachdem sie fünf Acte
lang oder durch fünfzig Kapitel ihre convenablen Skru=
pel in convenablen Versen oder convenabler Prosa

auseinandergeſetzt haben. Daß aber das ſittſame Werk
an ſeine Adreſſe gelange, d. h. daß ein geſtrenges Phi=
liſterium auch erfahre, welche neue Freude ihm geworden
iſt, dafür ſorgen die Freunde des Herrn Verfaſſers. In
der That, kaum iſt das Erzeugniß glücklich im Druck,
ſo beginnt die réclame ſchon. Gegen einen allenfallſigen
Gegendienſt läßt ſich jedes Mitglied der großen littera=
riſchen Freimaurerei bereit finden, das neue Buch —
natürlich ohne es vorher zu leſen — anzupreiſen: und
die Sitte iſt ſo in's ſchriftſtelleriſche Leben eingedrungen,
daß ſelbſt der würdevollſte Autor es ganz natürlich und
nicht im Geringſten demüthigend findet, alle Bekannten,
brieflich und mündlich, mit ſeiner Bettelei um eine Re=
cenſion anzugehen. Sollte aber ſich ja ein Mann fin=
den, der zu ſtolz wäre, ſich dazu herabzulaſſen, ſo kann
er ſicher ſein, daß ſein Werk, ſei's auch das Verdienſt=
lichſte, in Stillſchweigen begraben wird. Der arme Re=
cenſent hat ſeine Hände voll zu thun, wenn er nur alle
ſeine Freunde bedienen ſoll; wie mag er Zeit finden,
Werke zu leſen und zu beſprechen, deren Verfaſſer ihm
unbekannt ſind? Unparteiiſche Berichte aber oder ein=
fach anſpruchsloſe Inhaltsangaben von neuen Büchern,
wie in deutſchen Blättern, ſind durchaus unbekannt; alles
Recenſiren beruht ausnahmslos auf Kameraderie; alle
Schriftſteller, wenigſtens alle mittelmäßigen, bilden eine
unſichtbare Verſicherungs=Aſſociation und das gegenſeitige
Intereſſe aller Theilhaber iſt ſelbſt ſtärker als religiöſe
oder politiſche Parteiung.

Jene Schule nun der Mittelmäßigkeit — der Name
der Anhänger iſt Legion — tauft ſich gern ſelbſt wohl=

gefällig mit dem Namen der école du bon sens: es ist
aber nicht der alte gute französische bon sens à la Mon=
taigne und Molière, der rücksichtslos zürnend zwischen
alberne Convenienzen und lächerliche Eitelkeiten durch=
fuhr; es ist der bon sens der Routine, die alles Be=
stehende schön und vortrefflich findet, niemanden vor den
Kopf stößt, kein Vorurtheil verletzt, jede eigene Ansicht
für geschmacklos, jede unabhängige Handlung für unan=
ständig . hält. Dem immer etwas abstracten und abso=
luten französischen Geist ist es eben gelungen im „mo=
dernen Staat" seine Logik durchzusetzen, das rationa=
listische Ideal ist verwirklicht, folglich ist alles unüber=
trefflich. Daß diese Verwirklichung, wie die gerühmte
Gleichheit, Gerechtigkeit, Freiheit, nur in der Form, nicht
im Wesen besteht, ist einerlei; um die Wahrheit hat sich
ja der Franzose in seiner besten Zeit wenig gekümmert
— wie sollte er, auf dem Punkt, auf dem er jetzt steht,
sich viel Sorge darum machen, ob der ganze „moderne
Staat" eine Lüge ist, oder nicht? Genug, die französi=
schen Staatseinrichtungen, die französische Gesellschaft,
der französische Geschmack haben ihren Ausgangspunkt
in abstract unanfechtbaren Principien: ergo sind fran=
zösische Staatseinrichtungen, Gesellschaft und Geschmack
ebenfalls unanfechtbar: Aha,

Tu non credesti ch'io loico fossi,

mag der gefährlichste aller Teufel, der Verstandeshoch=
muthsteufel, mit seinem Dante'schen Collegen ausrufen.*)

---

*) Um ein Beispiel anzuführen, wie sehr der französische
Geist selbst in den Besten sich vom Schein, vom Sophismus, vom
glänzenden phrasenhaften Raisonnement verdutzen läßt, mag,

Glücklicherweise erzeugt Frankreich, wenn auch in weit geringerem Maß als vor vierzig bis fünfzig Jahren, noch immer eine wirklich nicht unbedeutende Litteratur, welche den wählerischen Appetit der ästhetischen Feinschmecker, wie den gesunden Heißhunger des unverdorbenen Gaumens gleicherweise befriedigen kann. Freilich einen Historiker ersten Ranges, wie Augustin Thierry, einen feinfühligen Biographen wie Sainte-Beuve, einen Künstler wie Mérimée, einen Redner wie George Sand, einen Dichter wie Musset, einen Beobachter wie Balzac, hat unsere Generation nicht aufzuweisen; aber sie hat in Renan und Taine, in Montégut und Sarcey, in Prévost-Parabol und J. J. Weiß, in Flaubert und Augier, doch noch immer achtunggebietende Nachfolger.

Was aber die Kritik anbelangt, so ist es nicht zu verwundern, daß sie auftritt nachdem der letzte Funke der schöpferischen Kraft in der Nation erloschen ist; weit auffallender ist das Phänomen der deutschen Entwicklungsgeschichte, in welcher die Kritik der originalen Dichtkunst vorausging. Wir schreiben hier keine Litteraturgeschichte, aber vergessen darf's auch in einer Skizze des

außer dem Erfolg von V. Hugo's Misérables, die ganz auf einer sophistischen Lüge beruhen, eine ausnahmslos bewunderte Stelle seiner „Année terrible" citirt werden. Der Brandstifter der Commune, dem vorgeworfen wird, die Bibliothek des Louvre verbrannt zu haben, antwortet dans un vers bien amené: Was wollt ihr? Je ne sais pas lire. Nun ist kein Franzose, der nicht wüßte, daß alle Pariser Revolutionäre, Communards und Socialisten ohne Ausnahme nur allzu gut lesen können: meist sogar gerade durch schlechte Lectüre! verdorbene Subjecte sind. N'importe: das Wort ist schlagend, macht Effect; ob's wahr ist oder eine Lüge, das soll nichts verschlagen.

geistigen Lebens der Nation nicht werden, daß die fran=
zösische Kritik eigentlich erst in diesem Jahrhundert ent=
standen ist, daß sie, von Villemain begründet, durch
Sainte=Beuve zur Vollendung gebracht worden, von ihm
ihren speciellen Charakter, den psychologisch=biographischen,
erhalten hat; daß endlich die letzten zwanzig Jahre die
feinsten und bedeutendsten Erzeugnisse dieses in Frank=
reich noch so jungen Litteraturzweiges haben entstehen
sehen. Montégut's Tiefe, Renan's Feinsinnigkeit und
unübertroffene Kunst, Taine's kühne Systematik und
reiche Palette, Sarcey's Offenherzigkeit und Vorurtheils=
losigkeit, Paul de Saint=Victor's Wortplastik, Scherer's
Wissen und Streben nach Objectivität, sind neue und
höchst bedeutende Erscheinungen des geistigen Lebens —
Erscheinungen, die man in Deutschland nicht genug stu=
diren kann. Wir hatten ein Recht auf die formelle
Kritik eines Bouhours und Laharpe mit der verdienten
Verachtung und dem gerechten Stolz einer Cultur herab=
zusehen, die einen Lessing unter ihren Gründern zählte,
die mit Schiller's philosophischer Kritik, mit Hegel's
Aesthetik, mit Schlegel's Kunst der Anempfindung und
Aneignung, mit Gervinus' litterarischer Gelehrsamkeit,
endlich mit H. Hettner's meisterhafter Ideengeschichte
genährt worden; aber wir dürfen deshalb nicht über=
sehen, daß weder unsere Litteratur noch die englische oder
italienische irgend etwas aufzuweisen haben, das sich im
entferntesten mit den psychologisch=litterarischen Studien
eines Sainte=Beuve vergleichen kann.

Noch ein anderer Vorzug der modernen französischen
Kritiker, wie überhaupt der ganzen französischen Littera=

tur, Belletristik wie Wissenschaft, vor der deutschen sollte
mehr gewürdigt werden als er es ist: die französische
Litteratur, das ganze geistige Leben Frankreichs hat einen
freieren, weltmännischeren Anstrich als unsere Litteratur
und unser geistiges Leben, welche seit dreihundert Jahren
beinahe ganz auf den Universitäten, das heißt in der
Schule und der Kleinstadt concentrirt waren. Außer
Lessing, Goethe und Schopenhauer kennt unsere Littera=
turgeschichte kaum einen Schriftsteller, der nicht Hof=
meister oder Professor gewesen, und selbst diese sind am
Lehrstuhl vorübergestreift. Unsere Cultur ist aus den
Hörsälen und Bibliotheken hervorgegangen, die englische
und französische aus dem Barreau und der Politik: beide
haben davon einen gewissen großartigen Zug behalten,
der unserer Litteratur abgeht, welche die Stubenluft, die
Enge des Schulzimmers, die Geschmacklosigkeit und Pe=
danterie des Katheders, die Spuren des fortwährenden
Kampfes zwischen höchstem Idealismus und elendester
Wirklichkeit noch immer nicht ganz überwinden noch
verleugnen kann. Seit Montaigne und Montesquieu
bis auf den Herzog de Broglie und den Grafen d'Haus=
sonville haben die höchsten und freiesten Stände Frank=
reichs wie die Englands es sich zur Ehre gerechnet thätig
einzugreifen in die intellectuelle Production ihres Vater=
landes; in Deutschland wurde seit dem Verfall des wohl=
habenden Bürgerthums und des unabhängigen Adels,
das heißt seit drei Jahrhunderten, die geistige Thätigkeit
den Pastoren und Professoren überlassen. Sie mag da=
bei an Tiefe und Ernst gewonnen haben, gewiß nicht
an Geschmack noch an Weite der Weltanschauung. Selbst

in dem großen Verfall des litterarischen Lebens in Frank=
reich, den wir seit dreißig Jahren´erleben, ist ihm doch
immer jener Vorzug eines offenen Blicks, freier Allure
und großer Traditionen geblieben.

Das Hauptverdienst der noch einigermaßen bedeu=
tenden Litteratur Frankreichs, die sich noch im allge=
meinen geistigen Verfall erhalten hat, liegt indeß an=
derswo. Der Franzose hat sich immer in der Geschick=
lichkeit (habileté, cleverness) ausgezeichnet: ja sie er=
reicht bei ihm einen so hohen Grad, daß sie so nahe als
möglich an das Genie gränzt. Keine Nation kann sich
deshalb mit ihr vergleichen, wenn sich's um Producte
des Talents handelt: einen Dante, einen Shakespeare,
einen Goethe hat Frankreich zu seinen besten Zeiten
nicht producirt; aber in der geschickten Mache ist es
immer der unbestrittene Meister geblieben, und dies, wie
alles Obengesagte, geht auf die Künste wie auf die
Litteratur; man vergleiche die Modemalerei der Fran=
zosen in den letzten fünfzig Jahren mit der unsrigen
oder der italienischen: wo ist der deutsche Künstler, der
sich mit Ary Scheffer messen könnte im sentimentalen
„Ausdruck,‟ mit H. Vernet in der furia, mit Paul De=
laroche im Theatralischen, mit Meissonier in Feinheit,
mit Gérome im Effect, mit Regnauld im Farbenglanz?
Der wirklich Großen: Delacroix's, Ricard's und De=
camp's, gar nicht zu gedenken, wie wir auch die wirklich
großen deutschen Meister hier außer Acht lassen. Jedem
Leser werden sich beim Nachdenken analoge Beispiele in
der Musik, der Sculptur, der Architektur aufdrängen:
Sobald es sich eben darum handelt, gewisse Wirkungen

durch geschickte Anwendung von procédés zu erlangen, werden die Franzosen immer die ersten sein. Während aber in den dreißiger Jahren sich noch ein Rest von Individualität und von idealem Sinn in diesen Erzeugnissen des Talents und der Intelligenz kundgab, so ist in unseren Tagen, d. h. seit 1840 etwa, alles rein mechanische Receptirkunst geworden, die freilich bis zur Vollendung gebracht ist. Es genügt, daß ein Künstler im Salon Glück gehabt hat mit einem neuen Genre, um im nächsten Jahr gleich vollendeten Arbeiten desselben Genres zu Dutzenden zu begegnen. *)

Freilich wird der wahre Kenner wie der unbefangene Beschauer sich nicht täuschen lassen: sie werden den Mangel an Originalität und Idealität sogleich herausfühlen. So geschickt und geschmackvoll auch die Nachahmung sein mag, sie werden etwas immer daran vermissen: den Glauben und die Spontaneität. Die Kunst ist in Frankreich ein Metier geworden: niemand malt und schreibt mehr aus innerem Bedürfniß, sondern um Geld zu machen oder sich eine Stellung zu erobern; folglich schmeichelt jeder dem Publikum und seinen Launen. Schon Goethe sagte, als mit Mérimée und Hugo ein neues goldenes Zeitalter für die französische Litteratur tagen zu wollen schien: „Die Franzosen haben Verstand und Geist, aber kein Fundament und keine Pietät . . . . Sie verleugnen ihren allgemeinen Charakter auch

---

*) So gings mit Cabanel's Venus, Moreau's Sphinx, Gérome's Cäsar, Hamon's Liebesgöttern, Heilbuth's römischen Scenen rc. Der nächste Salon brachte sogleich zwanzig ähnliche Gemälde und beinahe alle erträglich.

in ihrem Styl nicht. Sie sind gesellige Naturen, und vergessen als solche nie das Publicum, zu dem sie reden; sie bemühen sich klar zu sein, um ihre Leser zu über= zeugen, und anmuthig, um ihnen zu gefallen." Seit= dem aber sind die Dinge weiter gegangen: es kommt den Franzosen unserer Tage gar nicht mehr darauf an zu überzeugen, denn sie haben keine Ueberzeugungen mehr, und es genügt ihnen nicht „anmuthig" zu sein, um zu gefallen, da sie alles sind, was das Publicum will daß sie seien: witzig, obscön, ausgelassen, tragisch, entsetzlich, alles, nur nicht geschmacklos, wenigstens die Besseren unter ihnen nicht. Aber jedem Werke, so voll= endet es technisch sein mag, so bühnengerecht, so an= ziehend geschrieben, so geistreich, so scharfsinnig, fühlt man doch immer an: es ist nicht der Durst nach Wahr= heit, nicht das unwiderstehliche Bedürfniß sich auszu= sprechen, nicht ein ernstes uneigennütziges Streben, das man in der mittelmäßigsten wissenschaftlichen Abhandlung, dem unbedeutendsten lyrischen Gedicht, dem unbeholfensten und geschmacklosesten deutschen Gemälde herausspürt; es ist der Wunsch zu gefallen und dadurch die Mittel zu erlangen die persönliche Eitelkeit oder Genußsucht zu be= friedigen. Je weiter wir aber gehen, desto greller tritt in der französischen Litteratur zu Tage, wie wenig die Intelligenz und die Technik zu leisten vermögen, wenn sie allein arbeiten: eine französische Poesie, Geschicht= schreibung, Wissenschaft und Philosophie, d. h. alles, was auf Intuition oder Transcendentalismus beruht, existirt absolut nicht mehr; nur der Roman, das Theater und die Kritik haben diese allgemeine Versiegung des franzöſiſchen Geiſtes noch überlebt; aber Roman und Theater, ſo wie ſie die zwei bedeutendſten Repräſentanten der beiden Arten unter dem zweiten Kaiſerreich behandelt haben, gehören kaum noch zur ſchönen Litteratur; Guſtav Flaubert's Roman und Al. Dumas' fils-Komödien ſind eigentlich nur in Erzählungs= oder Dialogenform geklei= dete Analyſen: ſie gehören in's Gebiet der Naturgeſchichte, nicht der Kunſt, wenn auch Flaubert's erſter Roman zu= weilen an Balzac erinnert, deſſen philoſophiſche Tiefe und poëtiſche Auffaſſung ihm freilich abgehen.

Gerade deshalb aber dürfte eine kurze Betrachtung eines dieſer Genres äußerſt lehrreich für den Beobachter franzöſiſcher Sitten ſein. Da nun aber der moraliſche Standpunkt und die Fabrikationsmethode immer dieſelben ſind, und nur mit mehr oder weniger Gewandtheit, Ta= lent, Kunſtſinn und Geſchmack eingenommen und ge= handhabt werden, ſo dürfen wir hier wohl unſere Drei= theilung, die ſich doch hauptſächlich auf den verſchiedenen Grad der Vollendung in der Ausführung bezog, fallen laſſen und amüſante, langweilige und bedeutende Erzeug= niſſe der letzten dreißig Jahre gleicher Weiſe in unſere Betrachtung ziehen.

3.

„Für das Theater zu ſchreiben iſt ein Metier, das man kennen ſoll, und will ein Talent, das man beſitzen muß.“ (Goethe.) Wer aber beſäße mehr theatraliſches Talent als der Franzoſe? und wo kennt man das Metier beſſer als in Paris?

In keiner Epoche und in keinem Lande hat die Receptirkunst eine größere Vollendung erreicht, als in Frankreich unter'm zweiten Kaiserreiche in der Specialität des
höheren Lustspieles, d. h. in dem dieser Epoche eigenthümlichen Genre. In der classischen Tragödie wie im
Intriguenstücke, im Melodrama wie im Vaudeville war
die Periode von 1815—1850 beiweitem origineller, als
die Zeit von 1850—1870. Namentlich war das Intriguenstück unter Alexander Dumas' genialer Hand und
Scribe's nie ermüdender Leichtigkeit zu einer seltenen
Vollendung gelangt. Nach dem Katzenjammer von 1850
ward es der reuigen Nation nur zu genial und zu leicht.
Die National-Erziehung, wie sie der große Napoleon
und die „Liberalen" gewollt, begann erst um die Zeit
der Februar-Revolution ihre vollen Früchte zu tragen:
Alles, was nur von ferne etwas Genialisches, Indivi-
duelles, Unabhängiges, Phantastisches ahnen ließ, war
dem „gebildeten" Publicum nach und nach ein Greuel
geworden. Wie es eine politique honnête et modérée,
eine detto Philosophie und eine detto Geschichtschreibung
haben wollte, so auch ein Theater, wo nichts über die
Grenzen des Wahrscheinlichen und Anständigen, Correcten hinausgehe. Auf der anderen Seite war man tugendhaft geworden, und da man bei aller Tugend doch noch
immer einer kleinen Schwäche für das Laster sich nicht
entschlagen konnte, so producirten die Lieferanten „les
fournisseurs de S. M. le Public", die gewünschte
Waare, bestehend aus lasterhafter Tugend und tugend-
haftem Laster, ganz in den Grenzen des alltäglichen
Lebens, und der alltäglichsten, plattesten Anschauung,

frei von aller Phantasie und mit gelegentlicher Erörte=
rung socialer — nicht socialistischer — Fragen.

Schon Diderot hatte in seinem „Père de famille"
und seinem „Fils naturel" die Bahn gewiesen; Greuze's
Gemälde lieferten die Illustrationen dazu: Beide tragen
aber doch noch den idealistischen Zug des Jahrhunderts,
trotz aller falschen Phrasen und affectirten Attituden.
Casimir Delavigne glaubte die Molière'sche Komödie
wieder zu erwecken, als er seine „Ecole des vieillards"
schrieb — er erweckte nur die bürgerliche Komödie und
ihre Prosa. An die schöpferische Genialität des Dichters,
der Arnolphe und Alceste geschaffen, konnte er natürlich
nicht heran; aber auch gegen die gewandte Mache eines
Alexander Dumas fils sticht sein Fabrikat ab wie ge=
meiner Ausschuß. Der Erste, der auch hierin das end=
giltige Muster lieferte, war jener liebenswürdige Tausend=
künstler Herr Scribe. „Une chaîne" ist die erste und
noch immer eine der besten hautes comédies des Jahr=
hunderts. Sie hat den Lieblingsgegenstand des moder=
nen französischen Theaters, den Zwiespalt zwischen Liebe
und Ehe, zum Thema. Balzac's „Mercadet", dem un=
sterblichen „Turcaret" des Lesage nachgebildet, war der
erste Versuch, den anderen bevorzugten Vorwurf der
modischen Stücke, den Kampf des Parvenus gegen die
festgesetzten Mächte, dramatisch zu behandeln.

Wenn eminent gescheidte Schriftsteller, denen die
Natur noch überdies die Gabe der leichten Unterhaltung
verliehen, sich's vornehmen, populäre Gegenstände und
Fragen auf's angenehmste zu besprechen, so wird's ihnen
meist besser gelingen, als wirklich genialen Dichtern. Der

Kunstgriffe und des Handwerkes werden sie bald Meister, und nicht umsonst sind sie Franzosen, wenn es gilt, den Leim und die Nähte zu verbergen. Man nehme alle die Hunderte von Komödien, welche in den letzten zwanzig Jahren über die Bühne gegangen: man wird überall dieselbe Construction finden, dieselben Personnagen, die= selben Gegenstände, dieselben Anschauungen, dieselbe Sprache;* der einzige Unterschied liegt in dem größeren Geschicke, mit welchem das Recept ausgeführt worden. Das Kochbuch bleibt immer dasselbe, nur sind die Köche mehr oder weniger gewandt; geniale Köpfe aber, die sich über Carème hinaussetzen, werden nicht geduldet. Nun weiß ein Jeder: on naît rôtisseur, mais on devient cuisinier; und mit dem rôtisseur, mit dem Genie will man nur an ganz ausnahmsweisen Feiertagen etwas zu thun haben. Blättern wir ein wenig im Kochbuch, wenn's den Leser nicht verdrießt, und lassen wir das arme todtgehetzte Gleichniß schnaufen, nach Hamlet's vortrefflichem, nie genug befolgtem Rathe.

Der Gegenstand der modernen Komödie ist immer dem wirklichen Leben und der Gegenwart entnommen. Entweder ist's der Gegensatz zwischen der neuen Gesell= schaft und der alten, oder zwischen der Leidenschaft und den socialen Gesetzen; oft werden beide miteinander verbunden und ineinander verwoben. Daß diese Gegen= sätze durchaus nicht neu sind, wollen sich die Autoren und das Publikum gar nicht einreden lassen: alles das datirt in ihren Augen von der französischen Revolution, dieser neuen Aera der Menschheit, welche, wenn man den Franzosen glauben sollte, auch die Menschennatur, wie die geschichtlichen und gesellschaftlichen Gesetze vollständig umgestaltet hat. Der Repräsentant der neuen Gesellschaft ist entweder ein Ingenieur, der sich durch seine Arbeit aufgeschwungen und — o Glorie der Glorien! — aus der Ecole polytechnique als „Erster" hervorgegangen, oder aber er ist ein Maler, der wegen seiner Bilder im letzten Salon decorirt worden ist. Natürlich emancipiren sich manche Autoren so weit, daß sie dem Ingenieur einen Advocaten oder Offizier, charakteristischer Weise nie einen Professor oder Arzt, dem Maler einen Bildhauer oder Dichter substituiren. Der Vertreter der alten Gesellschaft oder der Vorurtheile ist entweder ein Marquis, für den die ganze moderne Geschichte nicht existirt und der Zehnten und Frohndienst wiederherstellen möchte — ein Typus, der nirgends mehr anzutreffen ist in der Wirklichkeit — oder ein reichgewordener Bürger, dem alle Künstler Zigeuner sind und der nichts träumt, als das rothe Bändchen für sich, einen Adelstitel für die Tochter — ein Typus, dem man wiederum auf jedem Schritt und Tritt begegnet. Insoweit ist die neue Komödie nur der Ausdruck des nationalen Charakters, der Gesellschaft und der Sitten. Die Hauptpräoccupation der Franzosen ist ja immer, in eine höhere Gesellschaftssphäre hinaufzubringen, und daß dem Helden dies gelinge, daß er diese höchste Belohnung erlange, ist eben die naive factische Widerlegung des ganzen demokratischen Raisonnements, mit dem diese Art Stücke ausgefüllt zu sein pflegen.

Wie von jeher im französischen Theater, spielt die Tirade auch im neuen Lustspiele eine große Rolle. Das

11*

pour und contre wird in glatter Prosa plaidirt, gerade wie Corneille's Auguste und Cinna es in prunkenden Versen thun. Die Sprache ist immer scharf, witzig, fließend, aber farblos und nüchtern, der Dialog, wenn ihn die Tirade zum Worte kommen läßt, natürlich, lebendig, geistreich, voll all der französischen, nie alternden Anmuth, die Europa nun schon seit drei Jahrhunderten nicht müde wird, zu bewundern. Die Construction (charpente) ist womöglich noch schablonenhafter, aber auch noch künstlicher, als die Zeichnung der Charaktere. Eben da Alles vorgeschrieben ist, motivirter Ein- und Ausgang, Concentration des Interesses im vierten Acte, Duell, Versteckenspielen, Ueberraschung, Umkehr 2c., gerade wie ehedem Traum, Wiedererkennung, Erzählung des confident u. s. w., so gehört ein ganz ungemeiner Aufwand von Kunst dazu, doch neu und erfinderisch zu scheinen, die Spannung aufrecht zu erhalten, durch das Interesse der Intrigue die Abgedroschenheit des Themas und die Monotonie der Tiraden zu beleben. Natürlich greifen Alle, selbst die besten Autoren, endlich zur Bekehrung, zur totalen Charakter-Aenderung, was auch wieder für die französische Weltanschauung unendlich bezeichnend ist. Ein „Macbeth", ein „Hamlet" ändern sich nie; für einen Shakspeare ist des Helden Handeln sein Charakter, für einen Schiller sind

Des Menschen Thaten und Gedanken
Nicht wie des Meeres blind bewegte Wellen . . .
Sie sind nothwendig, wie des Baumes Frucht,
Sie kann der Zufall gaukelnd nicht verwandeln;
Hab' ich des Menschen Kern erst untersucht,
So weiß ich auch sein Wollen und sein Handeln.

Nicht so .in den Augen des Franzosen, dem die Willens=
freiheit ein unanfechtbares Dogma ist; ihm scheint's
ein Leichtes, daß der Held seines Dramas Wandel und
Wesen im Nu ändert für immerdar und plötzlich aus
einem Spieler und Weiberjäger der ordentlichste Haus=
vater und treueste Ehegatte wird.

Am deutlichsten tritt dies hervor in der zweiten
Kategorie der neuen Komödie, derjenigen, in welcher die
Ehefrage abgehandelt wird. Ein Mann liebt, er verbindet
sich mit der Geliebten in freier Einigung, bis endlich
der Wunsch, einen eigenen Herd zu gründen, Vater=
freuden zu genießen, eine gesellschaftliche Stellung einzunehmen, kurz, es zu machen wie andere Leute, ihn der
Geliebten entfremdet und zu einer Vernunft=Ehe mit
irgend einem bürgerlichen Gänschen führt. Auch hier
gibts natürlich Variationen die Fülle: immer aber „sieget
das Gute“, wie es der Aeschyleische Chor will; das
„Gute“ aber bedeutet: die sociale Convenienz. Im
Grunde wird die wahre Neigung immer den weltlichen
Vortheilen eines guten „établissements“ geopfert; das
heißt dann Moral und Pflicht. Personen: eine unglück=
liche, leidenschaftlich Liebende von mittlerem Alter oder
eine herzlose Coquette in denselben Jahren (vor der
französischen Moral gelten Beide gleich: M. de Camors
verachtet seine Geliebte, die sich ihm allein in blinder
Leidenschaft ergeben, ganz ebenso wie die Courtisane, die
sich ihm und Anderen für Geld verkauft); weiter ein
junger Graf, der des Romanes überdrüssig ist und nach
Hausfrieden lechzt; ein Ehemann, der tragisch wird —
die modernen Franzosen finden den komischen Hahnrei

der griechischen Komödie, Boccaccio's, Shakspeare's, La=
fontaine's, Molière's und Musset's verbraucht und haben
den weinerlichen erfunden, eine äußerst unglückliche und
höchst ermüdende Erfindung — endlich und vor Allem:
Desgenais. Der arme Musset hat das Verbrechen zu
verantworten, diesen Typus in seinen „Confessions d'un
enfant du siècle" geschaffen zu haben. Er ist ein alter
Roué, aber ein Galanthomme, der Moral predigt. Welch
eine Moral aus solchem Munde kommen kann, ist leicht
zu denken. Der Moralist hat das Leben durchgekostet
— Spiel, Weiber und Zechen — und hat am Ende, zu
spät für sich selbst, entdeckt, es wäre doch besser gewesen,
er wäre dem getretenen Wege gefolgt und hätte sich bei=
zeiten mit einem kleinen Pensionats=Producte verheirathet.
Dem jungen Freunde nun will er um jeden Preis seine
Erfahrung zugute kommen lassen; er muß sobald als
möglich vom abschüssigen Wege entfernt und auf die ge=
bahnte Straße gebracht werden, ehe es auch für ihn zu
spät ist. Natürlich ist dabei nie von dem, was recht und
schön ist, die Rede, sondern nur von dem, was nützlich
ist und im wohlverstandenen Interesse liegt.

Da der Verfasser in Paris lebt und in der sittlich
wenigst scrupulösen Gesellschaft von Paris, so schildert
er uns Sitten und Verhältnisse der nicht gerade acht=
barsten Pariser Gesellschaft, und man thäte, wie schon
oben bemerkt, Frankreich sehr Unrecht, wollte man daraus
Rückschlüsse auf die allgemeinen Zustände machen. Da
der Verfasser andererseits aber in seiner Jugend, sei es
in der Familie oder in der Schule, sei es in der Pro=
vinz oder in Paris, die sittliche Weltanschauung seiner

Nation erworben und sich ganz mit ihr durchdrungen hat, so darf man seine Moral wohl als die des modernen Frankreichs hinstellen. Die neue Komödie stellt, in Einem Worte, ungesunde, ganz ausnahmsweise Verhältnisse dar und betrachtet sie unter dem Lichte der allgemein giltigen Grundsätze, daher die doppelte Faulheit dieser ganzen Litteratur und ihre doppelte Lüge. Da ihr aber meist nicht allein Gesundheit und Wahrheit fehlen, da auch beinahe immer Phantasie, Poesie und Heiterkeit daraus verbannt sind, so ist eine Waare entstanden, die durchaus unfähig ist, die Mode zu überdauern. Von dem höheren Lustspiele des zweiten Kaiserreichs wird nicht einmal so viel übrig bleiben nach zwanzig Jahren, als heute nach zwei Jahrhunderten von den Romanen d'Urfé's und Mlle. de Scudéri's.*)

*) Natürlich sprechen wir hier nur von der großen Mehrzahl: es ist wahrscheinlich, daß einige wenige Stücke, wie der Marquis de la Seiglière oder der Gendre de M. Poirier sich neben Marivaux's Fausses Confidences oder Jeux de l'amour et du hasard auf der Bühne erhalten werden, eben weil sie sich am weitesten vom modischen Typus entfernen, dem französischen Intriguenstück, wie es Scribe und Alexander Dumas, Vater, zur Vollendung gebracht, am nächsten kommen. Die eigentlichen Typen des höheren Lustspiels, die wir im Texte zu charakterisiren gesucht, selbst die gelungensten, wie Ponsard's L'honneur et l'argent, Alexander Dumas fils' Demi-monde, sind jetzt schon veraltet.

Politisches Leben.

Daß Frankreich der Selbstregierung im englischen Sinn unfähig ist, daß es seine großen Geistesgaben und Charaktertugenden nur unter der absoluten Monarchie ganz zu entfalten vermag, darf man wohl heute, nach so vielen fruchtlosen Experimenten, als ausgemacht annehmen. Wir nennen aber absolute Monarchie die persönliche Regierung eines Mannes, ob derselbe gekrönt sei oder nicht, ob er ein Parvenu oder der Nachkomme von zwanzig Königen sei. Dem im Parteikampf Begriffenen, durch die Hitze des Streites Verblendeten mag es erlaubt sein, einen wesentlichen Unterschied zwischen dem Regiment Richelieu's und Guizot's, Napoleon's III. und Thiers', Robespierre's und Gambetta's zu finden; der außerhalb stehende Zuschauer kann die Verschiedenheit nur in der Weise erkennen, in welcher die absolute Gewalt gehandhabt wird, durchaus nicht in der Natur dieser Gewalt selbst. Warum aber die französische Nation ihr Größtes gerade in der absoluten Monarchie leistet, während die englische es im aristokratischen Parlamentarismus, die italienische im unabhängigen Municipalismus, die deutsche in der bureaukratischen Regierungsform geleiftet, das ift eine Frage, die, wie alle Fragen der Art, eine doppelte Erklärungsweise zuläßt, die hiftorische und die pfychologifche, aber nur durch eine Verbindung beider Erklärungsweifen einigermaßen befriedigend gelöft werden könnte.

Hier wird eine folche Löfung nicht einmal verfucht. Europa, und vornehmlich Deutfchland, kennen das politifche Leben Frankreichs nur fehr unvollkommen, weil fie Parteinamen und Einrichtungen eine Wichtigkeit beilegen, welche denfelben durchaus nicht zukömmt. Es foll deshalb hier nur das Eine verfucht werden: jenes politifche Leben darzuftellen wie es wirklich ift, nicht wie es fcheint. Gelingt es uns das Was wahrheitsgetreu zu fchildern, fo überlaffen wir gerne den Gefchichtsphilofophen dem Warum nachzuforfchen. Das Wohin ift ja wohl für Niemanden mehr eine Frage ohne Antwort.

I.

Das Ideal und seine Verwirklichung.

1.

Das tiefe Eindringen der römischen Verwaltung und Gesetzgebung, das frühe Bündniß des Bürgerthums mit der Krone gegen den Adel germanischen Ursprungs, die mehrmals wiederholte Vernichtung der sich immer wieder neubildenden Aristokratie, die Unterdrückung des Protestantismus, die immer straffere Centralisation waren ebensoviele Etappen auf dem Wege, der zur absoluten Monarchie führt, und mit Recht mochte Mad. de Staël sagen: „C'est la liberté qui est ancienne, et le despotisme qui est moderne." Die Revolution änderte an dieser Entwicklung nichts, außer daß sie an die Stelle der traditionellen Form der Legitimität die demokratische Form des Cäsarismus setzte. Welche von beiden die bessere sei, ist nicht an uns zu entscheiden. Viele meinen, daß es leichter wäre, die traditionelle Form in liberale Bahnen zu lenken; andere sind überzeugt, daß die demokratische Form sich eher mit der Freiheit vertragen ließe, jedenfalls den Fortschritt auf nichtpolitischem Gebiete mehr begünstige; uns genügt es, zu constatiren, daß die

Revolution für immer diejenigen Gefühle in der französischen Nation ertödtet hat, auf welchen die traditionelle Autorität beruht und die wir unter dem Namen
des Loyalismus zusammenzufassen gewohnt sind. Vor
dem nüchternen Verstand, der seit 1789 die Herrschaft
führt, existiren solche Dinge, als persönliche Treue, freiwillige Anerkennung der Geburtsvortheile, Solidarität
zwischen Dynastie und Nation durchaus nicht. Sie
wieder zu erwecken oder neu zu schaffen haben sich drei
Dynastien erfolglos bemüht. Die erbliche Monarchie
mag noch ein fünftes Mal in Frankreich wiederhergestellt
werden; aber auch diese Verbindung eines Monarchen
mit der Nation wird eine Vernunftehe sein, wie alle
vorhergehenden dieses bewegten Jahrhunderts. Auch
neue Constitutionen werden erlassen werden; sie dürften
weniger utopistisch ausfallen als die von 1791 und 1793,
weniger schablonenhaft als die von 1814 und 1830,
weniger widersinnig als die vom Jahre III und 1848,
weniger complicirt als die vom Jahre VIII und von
1852. Machwerke werden es immer bleiben; und man
macht weder eine Verfassung, noch ein Königthum, wie
man weder eine Poesie, noch eine Religion macht.

Fern sei es uns, dem politischen Rationalismus alle
Berechtigung abzusprechen; danken wir ihm doch die
größten und besten Errungenschaften des modernen
Staatslebens; aber er muß sich auf sein Feld zu bescheiden wissen, wenn er wohlthätig wirken soll, und
dieses Feld ist das der Negation, der Kritik, der Reform.
Wo er Neues gründen will, ist er steril, schafft er Karten-
häuser, die der erste Luftzug umstürzt. Interessen, Leiden-

schaften, Gewohnheiten, die allein dauerhafte Schöpfungen hervorbringen und ihnen Leben erhalten, würden am Ende alles überwachsen wie in einem ungesunden Urwalde, wo das wuchernde Unkraut die besten Keime erstickt, die schmarotzende Schlingpflanze die kräftigsten Stämme erdrückt, wären nicht die allgemeinen Ideen, die vielgeschmähten Abstractionen, welche, wie der beschneidende Gärtner, aufräumen in dem üppigen Wust und Licht und Wärme eindringen lassen in das verpestete Dickicht. Der französische Irrthum war und ist nur: zu glauben, daß der Gärtner ohne Samen oder Ableger, ja selbst mit dem einen und dem andern, im Stande sei, von heut auf morgen einen stattlichen Baum heranzuziehen, der einem ganzen Volk Schatten leihen könne. Das schlimmste aber ist, daß in Frankreich jene einst so wohlthätigen Ideen sich ihrerseits wieder zu persönlichen Interessen verfestigt oder zu Leidenschaften verflüchtigt haben, oder aber als unheimliche Gespenster in der Luft schwirren, daß sie ihre Wirkung noch fortsetzen, nachdem dieselbe längst aufgehört, nothwendig und wohlthätig zu sein, daß sie sich, anstatt die Charakterfehler der Nation zu corrigiren, mit diesen verbündet und dieselben auf solche Weise gefährlich gestärkt haben.

Die Gesellschaft ist eben ein Organismus, der weiter wächst, ohne sich viel zu kümmern um die Formen, in die man ihn zwängen will, wie der zur Pyramide oder zum Obelisken beschnittene Baum in die Höhe und Breite fortwächst, als hätte der Gärtner nie sein Messer an ihn gelegt, um ihm eine bestimmte Gestalt vorzuzeichnen. Da nun aber die constituirenden wie die legislativen Ge-

walten Frankreichs dies nie zugeben wollen, da die Ge=
ſetzgebung, anſtatt ſich dem Nationalcharakter anzuſchmie=
gen, den Sitten anzubequemen, die Prätention hat den
erſteren zu ignoriren, die letzteren zu modificiren, d. h.
mit anderen Worten, das concrete Leben abſtracten Ideen
zu unterwerfen, ſo geſchieht das ſehr Natürliche: die
concreten Intereſſen, Leidenſchaften und Gewohnheiten
öffnen ſich Hinterthüren, indem ſie das Geſetz auslegen
oder umgehen: das Geſetz wird zur Lüge; oder aber ſie
ſtoßen ſo hart gegen das Geſetz an, daß ſie's über den
Haufen werfen und in Trümmer ſchlagen. Jede neue
Partei aber, die bei ſolcher Gelegenheit an's Ruder
kömmt, will dieſen Uebelſtand abſtellen, indeſſen nie da=
durch, daß ſie die Verfaſſung und das Geſetz der orga=
niſchen Wirklichkeit anpaßt, ſondern indem ſie die Wirk=
lichkeit, die ewig unregelmäßige, irrationelle, unbequeme,
zur Ruhe verweiſt, das abſtract Gerechte, Gute, Sym=
metriſche wieder zur Geltung und zur Herrſchaft zu
bringen ſucht, zugleich aber die Wiederkehr jener gewalt=
ſamen Erſchütterungen für immer unmöglich zu machen
unternimmt. Dieſen idealen Zuſtand des Friedens, der
Ordnung und der Freiheit aber herzuſtellen, verlangt ſie
erſt eine Vorbereitungszeit, während welcher ſie die Frei=
heit der anderen Parteien beſchränken dürfe, natürlich
ohne Nutzen für ſich — denn die Gegner finden doch
immer Mittel und Wege, zu ſchreiben, zu ſagen und zu
thun was ſie wollen — zum großen Vortheile dieſer
Gegner ſogar, die jene Beſchränkung zum nur allzu
plauſiblen Vorwand ihrer Beſchwerden gegen die be=
ſtehende Regierung und ihrer Oppoſition gegen dieſelbe

machen. Alle französischen Staatsmänner sind Pacifica=
toren, welche die „Aera der Revolution" schließen wollen,
alle sind Idealisten, die ein Reich der Gerechtigkeit,
Brüderlichkeit und Wohlfahrt errichten zu können glau=
ben; wie denn die ganze denkende Nation in Frankreich
in diesem Sinne idealistisch ist.

Das Ideal mag uns armselig und vulgär scheinen:
die Anschauungsweise, von der es ausgeht, platt und
seicht: ein Ideal ist's aber doch immer. Polignac, Guizot,
Napoleon III., Gambetta, sie kommen alle mit einem
„Principe", das sie anwenden wollen, mit einer neuen
Heilmethode, die dem kranken Staatskörper ein für alle=
mal die Gesundheit wieder geben soll. Der Krankheits=
stoff aber ist in die Säfte gedrungen; er scheint für
Augenblicke vernichtet, doch plötzlich bricht er gewaltsam
aus in einem bösen Geschwür: der idealistische Arzt fällt
natürlich in Ungnade, und man sieht sich nach einem
andern um, der sich anheischig mache, mit einem neuen
Recept alles in die Reihe zu bringen. Wie nüchtern=
praktisch, wie positiv=empirisch ist dagegen der romanische
und der germanische Staatsmann, ein Cäsar, ein Lorenzo,
ein Cavour; oder ein Wilhelm III., ein Washington, ein
Bismarck! Er glaubt gewiß nicht, die Weltgeschichte höre
mit ihm auf und das Millennium beginne. Er setzt sich
kein genau bestimmtes Ziel vor, das er unter jeder Be=
dingung erreichen müsse, er stellt kein abstractes Ideal
von Gleichheit und Gerechtigkeit, von Fortschritt und
Volksbeglückung auf, das er verwirklichen wolle; er voll=
bringt an jedem Tage des Tages Aufgabe, schützt und
fördert die Interessen der Einzelnen wie des Landes,

räumt auf, wo er Unrath), beffert, wo er Schaden fieht,
ohne abzuwarten, bis er das Ganze fyftematifch refor=
miren könne; ergreift die Gelegenheit, die fich bietet,
feinem Lande Nutzen, fich felbft Ehre zuzuwenden, ohne
ungeduldig die Gelegenheit ertrotzen zu wollen; und da
er das Ideal unbewußt, unausgefprochen, nicht als eine
Verftandesconception, fondern als Gefühl, Ahnung,
Pfticht in fich trägt, fo fchafft er das Gute und verwirk=
licht das Schöne mit jener Macht, die eben nur die un=
bewußt wirkenden Kräfte befitzen. Doch muß er's über
fich ergehen laffen, daß die rationaliftifche Idealität ihn
verdammt, als einen pofitiven, fchwunglofen Praktiker
und Realiften.

Daß aber die beften unter den Franzofen rationa=
liftifche Idealiften à la Rouffeau find (wenn fie nicht
geiftreiche Skeptiker à la Montaigne werden), daran
kann kein Zweifel fein; ja die ganze Nation war es, fo
lange fie noch in der naiven Periode ihres modernen
politifchen Lebens war, d. h. bis gegen 1840. Daß aber
ihr Ideal ein fo hohles, fo oberflächliches war, das
machte es fo gefährlich, fo faßlich für die Mittelmäßig=
keit, die überall die Mehrheit ift, fo zugänglich für die
Halbgebildeten, die in unferem Jahrhundert fich mehr
als je in den Vordergrund drängen. Wie einfach ift in
der That diefes Ideal von der Gleichheit aller Bürger,
von dem Laienthum des Staats, von der vorforglichen
Ordnung aller Lebensverhältniffe, von der Herrfchaft der
gezählten Mehrheit, von der Verbreitung diefer paradie=
fifchen Zuftände der Einförmigkeit über die Welt unter
der Aegide des auserwählten Volkes, dem die neue Bot=

schaft verkündet worden unter dem Krachen der einstür=
zenden alten Welt — wie einfach neben unserm germa=
nischen Ideal, complex wie alles Organische, schwer ver=
ständlich für die Verständigen, nur der Speculation, der
Intuition oder der Einfalt zugänglich, welche die „ge=
heime Harmonie" ahnen, aber ohne Reiz für die An=
beter der offenbaren Harmonie.

Ist's zu verwundern, wenn jenes rationalistische
Ideal, das der Mittelmäßigkeit die wohlfeile Befriedigung
der Eitelkeit gewährt es verstanden zu haben, das in
der anmuthigen französischen Form geprebigt worden,
das so wenige Pflichten auferlegt und so viele Rechte
einräumt, sich so schnell über Europa verbreitet hat, daß
namentlich Völker, welche schon die Naivetät der Jugend
verloren, ohne noch die Tiefe der modernen Bildung sich
ganz angeeignet zu haben, davon ergriffen worden? Hat
ja doch unsere Nation, die einen Kant und Goethe hinter
sich hatte, sich davon verführen lassen, und wer weiß,
ob das Virus ganz aus unserm Blute herausgeworfen
ist. Ein französischer Freund wünschte mir zwar einst
Glück dazu, daß wir Deutschen mit der Impfung von
1830 und dem leichten Vaccinationsfieber von 1848
davon gekommen und uns nun als unansteckbar be=
trachten könnten: aber nicht alle theilen die Meinung
dieses Beobachters. Schon hören wir die besten und
klarstsehenden unserer Nachbarn das

Graecia victa ferum cepit victorem

anstimmen, und wir wollen nur hoffen, daß die Prophe=
zeiung sich als eine falsche erweisen werde, daß der

Sieger dießmal doppelt gesiegt habe, erst über den äußeren
Feind, dann über den inneren, daß es ihm klar gewor=
den warum er gesiegt, daß er in der größten Lehrstunde
gelernt wie bisher fortzufahren, gleich seinem großen
Weisen: „das Erforschliche zu erforschen, sich vor dem
Unerforschlichen zu beugen." Möchte das deutsche Volk
am Beispiele Frankreichs gelernt haben die Grenzen
des Verstandes nicht zu vergessen; ihn, den Leiter und
Erleuchter der schöpferischen Kräfte, nicht für diese selbst
zu halten und als eine Gottheit zu verehren, sich der
Gefühle nicht zu schämen, die es nicht gleich erklären
kann, vor allem aber die Individualität in Ehren zu
halten, und ihr, sei sie nun genialisch groß oder beschei=
den beschränkt, freien Spielraum zu gewähren. Ist doch
„die Idee der persönlichen Freiheit" nach der Franzosen
eigenem Geständniß eine germanische, aus der freilich,
wie Goethe sagt: „viel treffliches, aber auch viel absurdes
hervorgeht." Letzteres haben wir in dreihundert Jahren
der Staatlosigkeit endlich einsehen gelernt, und werden's
wohl sobald nicht vergessen; hüten wir uns nur, das
Kind mit dem Bade auszuschütten und, da wir an der
Neugründung des deutschen und am Ausbau des mo=
dernen Staates sind, suchen wir ihn so einzurichten, daß
er die Interessen der Gesammtheit wahre ohne denen
des Individuums zu nahe zu treten, daß er den Natio=
nalgeist fördere, ohne die Freiheit des Einzelnen zu be=
einträchtigen. Der germanische Staat jenseit des Canals,
so lange er sich selbst treu war, d. h. während zweier
Jahrhunderte — grande aevi spatium, wenn es sich
um die Dauer einer freien Regierung handelt — Eng=

land hat uns ja bewiesen, daß dieses Ideal von deut=
schem Gemeinwesen kein Utopien, daß es erreichbar ist,
und daß es — wenn erreicht — der Menschheit schönste
Blüthe entfaltet: Mannesmuth und Manneskraft, Vaterlandsliebe, Pflichtgefühl, Macht und Ordnung, geistige
und materielle Thätigkeit, fortschreitende Entwicklung und
Achtung vor dem Ueberkommenen, Religiosität und Frei=
heit des Gedankens, Poesie und Wissenschaft, Reichthum
und Tüchtigkeit.

Wie ganz anders das französische Ideal, so wie es
in der Revolution zum Ausdruck gekommen, und das es
so recht darauf angelegt zu haben scheint, den Untugen=
den des celtischen Volkscharakters Vorschub zu leisten,
ihnen zu schmeicheln, sie groß zu ziehen und obendrein
noch zu beschönigen. Der niedere Instinct des Neides,
der tief in der Natur des Celten wurzelt, ist als Gleich=
heit idealisirt worden, das Ideal der Freiheit ist zum
Deckmantel für individuelle Willkür geworden. Die
Menschenrechte sind so oft und so laut geltend gemacht
worden, daß man der Menschenpflichten ganz vergessen
hat. Welche Rechnung findet die Eitelkeit nicht beim
Princip der Volkssouveränetät, und wie gern versteckt
sich die moralische Feigheit hinter die Verantwortlichkeit
des Staatsoberhauptes? Schon daß überhaupt das
Gesetz ein gewisses Ideal von Gerechtigkeit darstellt, be=
friedigt die Lust am schönen Schein; es ist eben eine
Unwahrheit mehr, es ist die generalisirte Unwahrheit,
wie sie dem für die Wahrheit so ganz gleichgültigen
Celten ganz besonders zusagt. Das Recht zur Insur=
rection nun gar, welches factisch unumstößlich feststeht

seit achtzig Jahren, und die Auflehnung gegen die Obrig=
keit als eine Großthat sanctionirt, rechtfertigt nicht nur
jeden Wuthausbruch, dessen das leidenschaftliche Volk
periodisch bedarf; es hat auch den letzten Rest von Ehr=
furcht, der noch in der Nation leben mochte, als ein ver=
altetes Vorurtheil in die Rumpelkammer gebannt, wo
Treue, Gehorsam, Pflicht, Bewunderung als ebensoviele
Rococo=Möbel mit den Etiketten Servilismus, Würde=
losigkeit, Einfalt und Naivetät im Staube modern.

Nur natürlich ist es, daß bei der Herrschaft dieser
Anschauungsweise und solcher, so schön drapirter, Leiden=
schaften die freudige Anerkennung großer oder auch nur
bedeutender Individualitäten dem schnödesten Bemäkeln
jeder persönlichen Ueberlegenheit Platz gemacht. Die
todte Autorität eines Datums wie 1789 wird heilig ge=
sprochen, damit die lebendige Autorität bedeutender Men=
schen verkannt und bespöttelt werden dürfe: thut ja die
erste Niemandes Eigenliebe etwas zu leid, während die
zweite einer Mittelmäßigkeit voll Selbstgefühl recht un=
bequem werden kann. Auch eine schöne a priori aus=
geflügelte Institution gilt für unschädlicher, ja für frucht=
barer, als lebendige Menschen: man traut ihr mehr
als der mächtig wirkenden Individualität, die von vorn=
herein als ein geborner Feind der Gesammtheit gilt. Da
nun aber doch die Maschine nur durch Individuen ge=
lenkt werden kann, so gibt man sie lieber in die Hände
eines Mittelmäßigen, dessen Superiorität wenigstens nicht
genirt. Einem Turgot oder einem Mirabeau sieht man
auf die Finger, daß er ja keinen Mißbrauch treibe mit
der ihm anvertrauten Gewalt; einen Robespierre läßt

man gewähren. Hat man's aber eine kurze Spanne
Zeit mit der Mittelmäßigkeit versucht, und einen Barras,
Cavaignac oder Gambetta das Ruder mit beispielloser
Unfähigkeit führen lassen, so entdeckt man, daß die Ge=
sellschaft doch nicht ihre Rechnung dabei findet, dankt
die Herren ab, und läßt sich vom Selbsterhaltungstrieb
in die Arme irgend eines Gewaltigen treiben, der dann
selbstherrisch die Maschine leitet wie ihm gefällt, und
Niemanden neben sich aufkommen läßt.

Wohlfeiler und besser hätte man's haben können,
wenn man von vornherein die milde Herrschaft der
geistigen und sittlichen Superiorität hätte anerkennen
wollen, welche gern andern den freien Spielraum zu
gönnen pflegt, den sie für sich selbst in Anspruch nimmt.
Freilich hätte man dann auch auf die Genugthuung
verzichtet, jener „Gleichheit in der Knechtschaft" zu ge=
nießen, die der rechte Franzose des neunzehnten Jahr=
hunderts immer der Ungleichheit in der Freiheit vor=
ziehen wird. Auch gehen die Sachen eine Zeitlang recht
gut. Der Herrscher wählt gewöhnlich gute brauchbare
Instrumente, umgibt sie mit gut geschulten gewissenhaften
Arbeitern, stellt tüchtige Commis an die Spitze der Mi=
nisterien, ruft treffliche Fachmänner in die wirklich thä=
tigen Behörden, wie Staatsrath, Rechnungsrath, Cassa=
tionshof, bis hinunter zum Präfecturrath: alles Leute,
welche die Mittelmäßigen, die in Revolutionszeiten
ephemer zur Gewalt gelangen, als „gesinnungslos"
eliminiren, um sie durch „gesinnungsvolle" Parteimänner
zu ersetzen, die vom Geschäftsgang und überhaupt vom
wirklich Reellen im Staat keine Ahnung haben. Unter

einem solchen wohlgeordneten und nicht unfähigen Re=
giment findet sich nun das nervöse, Ruhe bedürftige
Volk, das so ungestüm aufgeregt worden durch die
Emeute, Jahre lang wohl, bis es auch sie wieder müde
wird: denn es ist nun einmal das Unglück, aber auch
die Ehre Frankreichs, daß es unfähig ist, die Freiheit zu
ertragen und sich doch nicht entschließen kann, auf die
Dauer der Freiheit zu entrathen.

2.

Auch eine andere Schwäche des französischen Na=
tionalcharakters findet ihre Rechnung bei einer „starken
Regierung". Es ist so bequem, sie gewähren zu lassen,
alle Vortheile, die sie bringt, zu genießen, das Verdienst
daran sich selbst zu vindiciren, zugleich aber doch jeder
Verantwortung für ihre Fehler enthoben zu sein, ja sich
schon im voraus gegen jede Anklage verwahrt zu haben.
Das Frondiren der Pariser gegen jede Regierung ohne
Ausnahme ist im Grunde nichts anderes. Es befriedigt
zugleich das Bedürfniß gegen den Stachel zu lecken, sich
durch chansons, Zeitungsartikel oder akademische Reden
an dem Herrn zu rächen, beweist, daß man keine dupe
ist, kann aber namentlich als eine anticipirte Protestation
gegen alle Acte der Regierung gelten, die etwa nicht
gelingen sollten, und erlaubt, daß man sich später, wenn
eben die Dinge schlecht ausgehen, die Hände in Un=

schuld wasche. Ist doch die Regierung eine durch Gewalt aufgezwungene: dieß das große Wort, mit dem alle
Schuld von der Nation ab und auf den Usurpator gewälzt wird, mag nun dieser Usurpator, wie am 18. Brumaire und 2. December, sich durch das regelmäßige Heer
des Landes, oder, wie am 24. Februar und 4. September,
durch das unregelmäßige Heer der Emeute, oder aber, wie
in den Jahren 1814 und 1815, durch die Heere des
Landesfeindes der Regierung bemächtigt haben. Daß
keine Regierung sich auf die Dauer halten könne, wenn
sie nicht von der Nation gehalten wird, daß jede Nation im Grunde die Regierung hat, die sie haben will,
diese unliebsame Wahrheit will der Franzose nun einmal nicht einsehen, so beredt sie auch gerade die französische Geschichte der letzten achtzig Jahre auf jeder
Seite lehrt. Konnten sich doch die zwei einzigen Regierungen, die sich gegen den Willen der Nation und durch
Ueberrumpelung des Hôtel de Ville der höchsten Gewalt
bemächtigt — die Regierungen vom 24. Februar 1848
und 4. September 1870 — nur wenige Monate halten:
bei der ersten Gelegenheit, wo die Nation in voller
Freiheit ihren Willen zu erkennen geben konnte — am
10. December 1848, im Februar 1871 — stürzte sie sie
um, und setzte eine regelmäßige conservative Regierung
unter der persönlichen Leitung eines Mannes ein. Hat
das Volk diese Freiheit der Bewegung nicht, d. h. kann
es seinen Willen nicht in der Form der Wahl zu erkennen geben, so läßt es die Gewalt gewähren, wie im
December 1851 und im Mai 1871, und regelt die illegale
Procedur nachträglich durch Plebiscit oder Kammer-

beschluß; immer aber besteht die persönliche Regierung in Frankreich kraft des Volkswillens.

Das ist's aber gerade, was der Franzose durchaus nicht zugeben will. Es ist ihm so viel bequemer sich jeder Verantwortlichkeit zu entschlagen, alle Mißerfolge einem Sündenbock aufzubürden, alle Erfolge aber sich selbst zuzuschreiben; es ist seiner mechanischen Weltan= schauung so viel angemessener überall mechanische Ursachen an die Stelle der organischen zu setzen: der Tyrann aber, der sich der Regierung eines Landes gegen dessen Willen bemächtigt, und es dann, immer gegen seinen Willen, in's Unglück bringt, ist eine mechanische Ursache. Von ihr bis zu den berühmten petites causes et grands effets, die dem französischen Geschichtsforscher so theuer sind, ist nur ein Schritt.*) Daß eine innere Nothwen= digkeit die Kette der Thatsachen bestimmt, daß diese innere Nothwendigkeit im Volkscharakter selber liegt, das will dem modernen Franzosen nicht in den Kopf; er nennt es Fatalismus, und meint Wunder was für die Freiheit des Willens bewiesen zu haben, wenn er die Verantwort= lichkeit der geschichtlichen Ereignisse, wohlverstanden der unglücklichen, von sich ab und auf andere gewälzt hat. Gibt es ein aufrichtiges Gefühl in Frankreich heute, so

---

*) Man denke nur an Thiers' si. Auf jeder Seite seines großen Werkes wird die Geschichte reconstruirt, wie sie sich etwa gestellt haben würde, wenn dies oder das nicht geschehen wäre. Nur von einem Zufall hing es ab, daß Frankreich bei Trafalgar und Waterloo geschlagen ward, nur von irgend einer Unter= lassungs= oder Begehungssünde des Kaisers, wenn das erste Kai= serreich sich nicht hat halten können.

ist es gewiß der Haß der Elite der Nation gegen die Familie Bonaparte, ich sage der Elite der Nation, denn die Masse der Gebildeten oder Halbgebildeten wirft Napoleon III. im Grunde nichts vor als nicht gesiegt zu haben; aber selbst diesem Hasse der Besten liegt doch eigentlich eine ganz falsche Anschauung zu Grunde. Sie klagen beide Napoleon an: die Nation corrumpirt und zum Absolutismus erzogen zu haben, als ob eine Nation sich corrumpiren oder einen Charakter anerziehen lasse wenn sie nicht die Hand dazu reicht. Welchem Engländer ist es je eingefallen Cromwell oder Karl II. anzuklagen, daß sie die englische Nation zum Absolutismus erzogen oder corrumpirt hätten!

Mit den französischen Nationaleigenschaften, wie sie sich seit der Revolution immer mehr entwickelt haben — dem demokratischen Neid, der Furcht vor Verantwortlichkeit und der mechanischen Weltanschauung — verbündet sich bald gegen jede Regierung eine allgemein menschliche Schwäche, welche nicht wie bei andern Nationen durch ruhige Ueberlegung und Anhänglichkeit an das Alte bis zu einem gewissen Grade neutralisirt wird Vergangene Uebel und Gefahren vergessen wir schnell; gegenwärtige sind uns unerträglich. An den Genuß der ersten und wichtigsten Güter, wie Sicherheit und leibliches Wohlergehen, gewöhnt sich der Mensch; ein mangelndes Gut aber erscheint ihm allein wünschenswerth. Da nun aber keine Regierung der Welt vollkommen, keine ganz schlecht ist, so vergleicht man gern die gegenwärtigen vereinzelten Mißstände mit den vergangenen einzelnen Vortheilen und wünscht sich lebhaft jenen erften Zuftand zurück. So kommt's, daß der Franzofe, wenn er eine Zeitlang die Güter genoffen, die ihm ein Gefellfchaftsretter wieder gegeben, gleichgültig gegen die= felben wird, und auf die Reden der Kritifer und Fron= deurs zu hören beginnt, die ihm da tagtäglich die Fehler der beftehenden Regierung — und welche Regierung beginge keine Fehler? — anatomifch auseinanderlegen.

Er fängt an zu bedauern, daß er auf feine Freiheit verzichtet, um ein wenig Ruhe zu haben, fragt fich ob es denn gar nicht möglich fei beides zufammen zu genießen: Freiheit und Ordnung. Da find nun die politifchen Quackfalber gleich bei der Hand, und jeder rühmt fein Recept als eine Panacee. Daß es in feiner eigenen Hand liegt beides zu vereinigen, wenn er nur von den ihm gegebenen Rechten den gehörigen männlichen Gebrauch machen will, das fagt ihm keiner, und fich felbft es zu fagen, dazu fehlt ihm der Muth der Wahrheit. Das Recept aber, das man ihm bietet, ift immer irgendeine gegebene Inftitution, recht logifch deducirt und logifch unanfechtbar; wer aber die Logik für fich hat, der hat immer gewonnen Spiel in dem Lande der raisonneurs: bald ift's die Republik, bald die conftitutionelle, bald die demofratifche Monarchie; heute das allgemeine Stimm= recht, morgen la balance des pouvoirs, übermorgen das Zweifammerfyftem. Seit einigen Jahren ift die décentralisation die univerfelle Modemedicin. Als ob man die Decentralifation decretiren könne! Als ob man heute aus Bourges ein München, aus Tours ein Heidel= berg, aus Lyon ein Leipzig machen könne! Als ob es zu wünfchen wäre, daß eine Nation mit ihrer ganzen

Geschichte und Vergangenheit bräche und, nachdem sie sechs Jahrhunderte immer in einer Richtung vorwärts gegangen, nun auf einmal „Kehrt euch" machen und in einem Tage den ganzen Rückweg zurücklegen könnte und — sollte! Was aber an wünschenswerther und wirklich praktischer Decentralisation zu thun ist, das kann keine Regierung bestimmen, das hängt nur von den Bürgern selber ab. Es ist immer die alte Geschichte von dem Faulpelz, der da klagt: hier und heute kann ich nicht arbeiten, gebt mir erst ein comfortables Zimmer, einen bequemen Sessel, die nöthigen Bücher, und vom ersten nächsten Monats ab fange ich zu arbeiten an. Hic Rhodus, hic salta. Wollten die Franzosen nur, ihre Gemeinde=, Bezirks= und Departementalräthe könnten schon mit verwalten und mitreden, und ich wollte die Regierung sehen, die es wagte einen Generalrath von angesehenen Leuten zu schließen, weil er seine Befugnisse überschritten.

Freilich, wenn die Mehrheit der revolutionären Wähler einer Großstadt einen Gemeinderath aus Dema= gogen zusammensetzt, die weder den Besitz, noch die Er= fahrung, noch die Interessen und Ansichten der Gebil= deten vertreten, dann kann eine Regierung, welche die besitzende und gebildete Nation hinter sich zu haben weiß, schon einen Act der Willkür wagen; nicht so mit dem von diesem Theile der Nation gewählten General= rath.*) Man habe nur den Muth das Kind bei seinem

---

*) Die im Winter 1872 von den Conservativen der Na= tionalversammlung gegen den Willen der Linken durchgesetzte Er=

Namen zu nennen: nicht die Gesetze sind schuld an der Unfreiheit Frankreichs, sondern diejenigen, welche die Gesetze nicht zu handhaben wissen:

Le leggi son, ma chi pon mano ad esse?

Ja, diese Gesetze sind oft gar nicht schlecht: treffliche Reformen bringen sehr häufig durch: aber sie produciren meist gar nichts, weil sie todte Buchstaben bleiben. Was ist eine Einrichtung, eine Anstalt ohne den geeigneten Menschen, der ihr Leben gibt? Wo ist eine schönere Institution als das Geschwornengericht? Und wer wird leugnen wollen, daß es auf dem Continent, in Italien z. B., das mannichfaltigste Unheil gestiftet? Es ist schön und gut Gallerien, Museen, Malerschulen zu gründen; aber man muß nicht erwarten, daß sie Raphael's und Correggio's hervorbringen, wenn das Zeug dazu nicht in den Schülern und Lehrern ist. Es genügt nicht zwanzig Lehrstühle des Sanskrit zu decretiren, man muß auch zwanzig Gelehrte aufzutreiben wissen, die Sanskrit lehren können. Alles Geld, alle Gesetze, alle Stellen führen zu nichts, so lange der rechte Mann nicht an die rechte Stelle gesetzt wird. Das ist aber eben beinahe nie der Fall in Frankreich: kommen die Republikaner an

weiterung der Befugnisse der Generalräthe ist ein trefflicher Schritt zur einzig praktisch erreichbaren Decentralisation, der der Verwaltung. Ob sie aber die Macht der Centralregierung und ihrer Repräsentanten, der Präfecten, lähmen oder mindern wird, hängt wieder einzig und allein von dem Gebrauch ab, den die Wähler und Gewählten von der neuen Erweiterung ihrer Befugnisse machen werden.

die Regierung, so nehmen sie nur auf die politische Ge=
sinnung des zu Ernennenden Rücksicht. Lebt man unter
einer sogenannten constitutionellen Monarchie, so werden
die Schützlinge der Deputirten ernannt, deren Stimmen
der Minister braucht. Ist die Regierung absolut, so hat
zwar der Favoritismus engere Grenzen als bei der par=
lamentarischen Vielköpfigkeit, aber das Verdienst wird
doch meist der Ergebenheit untergeordnet; im besten Fall
werden die guten Stellen als Belohnungen für Ver=
dienste gegeben. Es ist zwar nicht mehr ganz so wie
zur Zeit Figaro's, der sagen konnte: „On pense à moi
pour une place, mais par malheur j'y étais propre:
il fallait un calculateur, ce fut un danseur qui
l'obtint." Doch kommt es noch täglich vor, daß ein
Mann, der zwanzig Jahre ein gewissenhafter Schulmeister
gewesen, zur Belohnung zum Professor der Philosophie
ernannt wird, oder daß ein Herr zum Obergerichtsrathe
befördert wird, weil er treffliche Arbeiten über Archäolo=
gie geliefert hat.

Wo aber zufällig und ausnahmsweise der rechte
Mann an den rechten Platz kommt, da leistet er in
Frankreich ebensoviel, ja mehr als anderswo; und dafür
bietet, alles überlegt und verglichen, eine absolute Re=
gierung noch die meiste Aussicht. Wer weiß nicht was
Heinrich IV., Richelieu, selbst Ludwig XIV. in seiner
guten Zeit, vor allen aber Napoleon, der unerreichte
Meister in der Kunst „jede Kraft an die Stelle zu setzen,
wo sie in ihrer eigentlichen Sphäre erschien" — was sie
mit denselben Franzosen zuwege gebracht, die noch kurz
zuvor, der ihnen nothwendigen Leitung entbehrend, sich

in den Religionskriegen, den Wirren der Fronde und
den Straßenkämpfen der Revolution, gegenseitig aufge=
rieben hatten? Das Creiren neuer Stellen oder Obrig=
keiten ändert jedenfalls gar nichts an dem Stand der
Dinge. Wer es versteht von dem was ist den rechten
Gebrauch zu machen, hat nicht nöthig auf neue Einrich=
tungen zu warten. Erwartet aber eine Nation nur von
diesen ihr Heil, so ist es natürlich, daß bald eine bittere
Enttäuschung folgt, wenn die neue Institution nicht
hält, was man von ihr erwartete; im besten Falle
wird's auf sie geworfen, noch häufiger aber auf den
Mann, welcher, der öffentlichen Meinung nachgebend, sie
hergestellt hatte: und dieß wiederholt sich in allen Zwei=
gen des öffentlichen Lebens. Was aber im Einzelnen
schon verderblich wirkt, wird vollends zur Calamität,
wenn es sich um die das ganze Land umfassende In=
stitution, wenn es sich um die Verfassung handelt. Die
Nation wird irre an sich selbst und an ihren Idealen:
sie weiß daß nicht alles recht ist, und kann sich doch
davon keine Rechenschaft ablegen; kurz, sie zeigt sich, um
den Ausdruck eines witzigen Engländers zu citiren, als
„eine Nation, die nicht weiß was sie will, und nicht zu=
frieden ist bis sie's hat."

Nein, noch einmal, es sind nicht die politischen In=
stitutionen, welche Frankreich hindern sich selbst zu re=
gieren: es ist die Bequemlichkeit, die Indifferenz, die
Furcht aller Guten sich zu compromittiren, ja nur sich
vorzudrängen (se mettre en avant), oder gar sich schlecht
zu stellen mit einflußreichen Regierungsbeamten, irgend=
eine Verantwortlichkeit auf sich zu laden; sie allein sind

Urſache daß die Franzoſen keine Selbſtverwaltung haben,
und hundert neue Geſetze und Einrichtungen werden
daran nichts ändern. Daß aber der Franzoſe des bürger=
lichen Muthes ermangelt, kann den gewiß nicht befrem=
den, der unſeren Schilderungen nur einige Aufmerkſam=
keit geſchenkt hat. Wo ſollte er den Bürgermuth gelernt
haben, wenn ihm von Haus aus alle Wege geebnet wer=
den, wenn er ſich weder Stellung noch Auskommen zu
erobern braucht, wenn ihm das Sich=Unterſcheiden, das
Andersmachen, das Aufſehenerregen als das größte Ver=
gehen von Kind auf dargeſtellt, wenn ihm von Eltern
und Lehrern eingeſchärft worden: der Anfang aller Weis=
heit ſei, ſich nie mit etwas zu befaſſen, „das ihn nichts
angehe,“ ſich nie zu compromittiren, nie eine Verant=
wortlichkeit zu übernehmen, wenn ihm nie ein anderes
ſittliches Ideal, als das der Familie, in welcher der Vater
alle Pflichten gegen die Kinder hat, nie ein anderes
politiſches Ideal als das der Menſchenrechte und eines
wohlgeordneten Staates, der für alle denkt, ſorgt und
handelt, als bewunderungswerth hingeſtellt worden iſt?

Gewiß iſt nichts dagegen einzuwenden, daß der
Bürger ſich in normalen Zeiten nicht um Politik be=
kümmere, und das heutzutage vielfach in Umlauf geſetzte
Paradoxon von der Tugend des Gemeinſinnes als der
erſten aller Tugenden beruht im Grund nur auf einem
Sophismus. Aber wenn der Bürger in gewöhnlichen
Zeitläuften und ſo lange er mit den Regierenden zufrie=
den iſt, nichts beſſeres thun kann als ſeinen Geſchäften
nachgehen, ſeine Kranken pflegen, ſeiner Clienten In=
tereſſen wahren, ſeine Schüler lehren, ſeine Kunden be=

friedigen und das schwere Geschäft des Regierens denen
überlassen, die es sich zur Lebensaufgabe gemacht, so
ändert sich die Sache doch gewaltig in Augenblicken der
Krisis, wenn Gefahr vorhanden ist, daß unfähige und
gewissenlose Hände sich des Steuers bemächtigen. Solche
Augenblicke aber sind hundertmal eingetreten seit achtzig
Jahren, und gerade in solchen Augenblicken hat dem
französischen Bürger der Muth gefehlt selbst einzugreifen,
sich selbst zu schützen, dem Eindringling die Thüre zu
weisen. Jede Nation hat ihre Gambetta und Rochefort,
aber bis jetzt hat noch keine sie an der Regierung ge=
duldet, und Sardou hat buchstäblich die Wahrheit aus=
gesprochen, als er seinen Rabagas sagen läßt, daß Frank=
reich das einzige Land der Welt sei, wo Leute seines
Schlages durchdringen könnten. Wie kann der Franzose
noch über Vergewaltigung klagen, wenn es bei ihm
stand durch seine bloße Theilnahme an der Wahl, durch
einfache Gebrauchmachung seiner Rechte den gewünschten
Zustand herbeizuführen oder zu beseitigen? Nur wer
sich bewußt ist seine Pflicht ganz erfüllt und alles ge=
than zu haben, was in seinen Mitteln stand um das
Unglück abzuwenden, nur der hat das Recht, das Ge=
schick oder die Gewalt anzuklagen.

Wer aber thut diese seine Bürgerpflicht in Frank=
reich? Ist's der Wähler? Ist's der Gewählte? Ist's der
Beamte? Ist's der Journalist? Wo ist die Controle
durch die Oeffentlichkeit? Wo ein männliches Beharren
auf dem Recht? Die Regierungspartei in Kammern und
Presse findet bekanntlich alles schön, die Oppositions=
partei alles schlecht. Daß Repräsentativversammlungen

und Zeitungen zu etwas anderem als zu schönen Reden und theoretischen Expositionen, zu systematischem Benergeln oder systematischem Beschönigen da sind, davon hat niemand eine Ahnung. Frei genug war die Rede im gesetzgebenden Körper, um einem Favre und Picard die beißendsten Sarkasmen gegen die Regierung möglich zu machen; frei genug war die Schrift, um einem Prévost Paradol zu erlauben, Kaiser und Minister mit den empfindlichsten Nadelstichen zu quälen, um einem Rochefort die Mittel zu geben, sie mit den rohesten Injurien zu bewerfen; aber daß Deputirte und Journalisten einfach die einzelnen Willküracte der Regierung oder ihrer Agenten benuncirten, daß sie auf praktische Mißstände und factische Mißbräuche aufmerksam machten, daß irgend jemand eine gerichtliche Verfolgung gegen den „Uebermuth der Aemter" einleitete, das fällt ihnen nun und nimmer ein. Könnte man ja doch dadurch irgendeinen Vetter, oder den Freund eines Vetters, oder gar einen Herrn verletzen, der irgendeinmal dem Vetter oder des Vetters Freund schaden oder nützen könnte. Ist doch das erste Princip eines guten Oppositionsmannes: schonungsvolle Rücksicht auf alle und jeden, mit Ausnahme des Staatsoberhauptes, das für vogelfrei erklärt wird; im übrigen aber genügt es seinen Liberalismus durch schöne Plaidoirien, apostolische Predigten, Bespöttelung oder Verleumdung der bestehenden Regierung, Anpreisung unfehlbarer Institutionen, philosophische Erörterungen und begeisterte Lobreden auf die unsterblichen Principien von 1789 zu bethätigen.

Wie weit namentlich der Fetischismus geht, der mit

13*

der großen revolutionären Offenbarung getrieben wird, ist schwer zu sagen. Die ganze Weltgeschichte, sollte man meinen, datirt eigentlich erst von 1789. Auch nicht eine neue Idee ist seitdem ins politische Leben des Lan= des geworfen worden. Alles Denken über politische Gegenstände ist ein ewiges Wiederkäuen dessen, was Feuillants und Girondisten, Jacobiner und Hebertisten vor achtzig Jahren als ihr Credo aufgestellt. Die we= nigen aber, die, Tocqueville's großem Beispiel folgend, das Heil auf andern Wegen suchen, halten sich von dem wüsten Treiben der Politicians fern; die welche gar keine Principien haben, noch zu haben vorgeben, die eben Staatsbürger sind wie Herr Jourdan ein Prosaiker, d. h. sans le savoir, raffen sich nur zeitweilig auf, wenn die Dinge wirklich so arg werden, daß es durchaus nicht so fortgehen kann, und rufen irgendeinen Retter, der dann freilich weder Feuillants= noch Girondisten=, weder Jacobiner= noch Hebertisten = Politik, sondern einfach Egoisten=Politik treibt, deshalb aber doch noch nicht die Traditionen der glorreichen Revolution verleugnet und aufgibt, namentlich wenn er die Hegemonie des „libe= ralen" Frankreich in Europa zu befestigen und Nachbar= länder in seine Bahnen zu ziehen sucht. Uns scheint es merkwürdig, ja unglaublich, daß der Franzose sich wirk= lich einbilde: Frankreich, das Land Ludwigs XI., Heinrichs IV., Richelieu's, Ludwigs XIV., Napoleons, Talleyrands, Louis Philippe's, Thiers', treibe eine uneigennützige Ideenpolitik, wenn es die Welt erobert, das Evangelium von 1789 verbreitet und Polen mit Worten tröstet, während ihm die Politik der „perfide Albion" stets eine gemein-egoistische bleibt, selbst wenn's die jonischen Inseln freiwillig auf dem Altar des Nationalitätenprincips opfert und den irländischen Wählern socialistische Concessionen macht. Es ist dies aber durchaus keine Heuchelei; es ist naivste Selbsttäuschung, einer der hundert Streiche, die ihnen ihre Eitelkeit spielt.

Alles das würde am Ende nicht so gar gefahrvoll sein, gäbe es nicht noch immer neben der Masse der Gebildeten und der Unwissenden, die, bewußt oder instinktiv, eine Politik der Interessen, der Wirklichkeit und der Möglichkeit verfolgen, auch ein Häuflein entschlossener Männer, die noch für die gefährliche Herrschaft der Phrase kämpfen, und die durch Leidenschaft und Energie ersetzen, was ihnen an politischer Einsicht und an numerischer Bedeutung abgeht. In aller Herren Ländern existirt eine Partei rationalistischer Politiker, denen die Welt der wirklichen Interessen fremd ist, und deren einfache, leichtfaßlichen Gemeinplätze der großen Menge der Halbgebildeten in den Großstädten imponiren. Was sie hier gefährlicher als sonstwo macht, ist die Erregbarkeit der Nation, ihre Eitelkeit, ihre Freude an Allgemeinheiten, die geschichtlichen Verhältnisse. Nie wird ein deutscher oder englischer Tribun die biergemüthlichen Seelen einer Berliner oder Londoner Volksversammlung zu dem Paroxismus entflammen können, den der erste beste „Vansen" hier mit der ersten besten pomphaften Phrase entzündet; und auf einen „Schneider Jetter", der hinhorchen wollte, würden sich bei unsern ruhigeren Bevölkerungen zwanzig „Zimmerleute" finden ihm den Mund zu stopfen. Der französische Arbeiter, der lesen

und schreiben kann, regelmäßig einer geheimen Gesell=
schaft angehört, berauscht sich vollständig mit der Phrase,
und sein Rausch ist gefährlicher als ein deutscher Bier=
rausch: la république fraternelle et mutualiste oder
ähnliche Etiketten steigen ihm schon in den Kopf und er
gibt sich nicht einmal die Mühe die Flasche zu öffnen.*)
Dazu der nicht viel bessere Glauben an die Allmacht
abstracter Ideen. Unendlich ist, bei der französischen
Eitelkeit, die Zahl der geschäftlosen Advokaten, Aerzte,
verkommenen Litteraten, die sich wirklich und aufrichtig
berufen wähnen, das millenarium republicanum her=
beizuführen, die redlich an die Wirksamkeit ihres Rezeptes
glauben und es dann überall marktschreierisch ausbieten.
Auch in dem englischen Unterhause, dem deutschen Reichs=
tage und dem italienischen Parlamente sitzen einige jener
Tollhäusler und Demagogen; aber es ist geradezu un=
denkbar, daß sie je Mitglieder einer anerkannten Regie=
rung werden könnten, selbst und namentlich nicht in
einem Momente der höchsten Landesgefahr wie nach
Sedan. Nun leiht gerade der Kleinbürger der großen
Städte, zumal von Paris, dieser gefährlichsten aller Par=
teien gern seinen Beistand. Durch und durch rationa=
listisch organisirt, empfängt er leicht und schnell die
einfachsten politischen, wie religiösen Begriffe. Alles, was
komplex, organisch, der Analyse widerstrebend ist, existirt

*) „Un mot vaut une idée,“ sagt schon Balzac, „dans un
pays où l'on est plus séduit par l'étiquette du sac que par le
contenu.“ Und Thiers selbst, der so durchaus von der Ueber=
legenheit seines Volkes überzeugt ist, muß doch auch gestehen:
„Ce pauvre pays se laissera toujours mener par des mots.“

nicht für das verständige Volk: wie ihre Religion in
dem nüchternsten Deismus, so besteht ihre Politik im
plattesten Demokratismus, der nebenbei durch seine
Gleichheitstheorie dem Erbübel des französischen National=
charakters, dem Neide, nicht wenig schmeichelt. Dazu die
Unterhaltungssucht genügsamer, aber sorgenfreier Groß=
städter. Novarum rerum cupidi, wie zu Cäsars Zeiten,
können sie nicht zehn Jahre lang dieselbe Dekoration
auf der Bühne sehen; um das Stück ist's ihnen wenig
zu thun, wenn man ihrer Schaulust nur neue Kostüme,
Ballets und Coulissen bietet; und dieses berechnetste
aller Völker, das sich bei jedem Schritt und Tritt des
Privatlebens besinnt, bei dem Heirath, Lebensberuf,
Freundschaft, ja die Ausdehnung der Familie Sache
des berechnenden Verstandes sind, wird vom tollsten
und frivolsten Leichtsinn ergriffen, sobald es sich um
öffentliche Verhältnisse handelt und um „Abwechslung".
Freilich ist dann der Katzenjammer bitter, wie man
sich's aus dem Spätsommer 1848 wohl noch entsinnen
wird. Ein Zug der witzigen Schadenfreude, das Be=
dürfniß des Frondirens, des Belachens ist ihm zudem
mit allen Bevölkerungen der Großstädte, selbst mit dem
Berliner und dem Londoner Cockney, gemein. Das
Meiste aber, diese Stimmung zu stärken, tragen die ge=
schichtlichen Verhältnisse bei. Frankreich leidet noch
immer an den Nachwehen der großen Revolution. Der
Berg und seine tribunizische Beredsamkeit haben zu
festen Fuß gefaßt, sind zu sehr ins Blut gedrungen, als
daß man es sich erlauben dürfte, nicht damit zu zählen.
Schiller's grollender, unversöhnlicher Verrina ist eine ächt=

französische Gestalt, voller Leidenschaft, Energie, Ueber=
zeugung, Unbestechlichkeit, Redlichkeit, Eitelkeit und gren=
zenloser Beschränktheit.

Jedes Volk und jede Zeit hat ihre Sklaven= und
Bauernkriege, ihre Communen und Internationalen ge=
habt und wird sie auch fernerhin haben, obschon sie von
Jahrhundert zu Jahrhundert seltener und bei tiefer=
dringender Bildung auch unschädlicher werden. Die
menschliche Civilisation bedeckt, wie die Erdrinde, unge=
heure vulkanische Massen, die sich nur sehr allmählig
kühlen und von Zeit zu Zeit durchzubrechen suchen durch
die hindernde Hülle, welche Cultus, Polizei, Justiz und
Armee um sie legen und welche sie selbst wohlthätig durch=
wärmen, so lange sie sie nicht durchbrechen können. Wo
aber diese sociale Rinde dünn und schwach ist, wie in
Frankreich, wird sie eben öfter zerreißen als anderswo
und der siedende Lavastrom ergießt sich dann verwüstend
über sie hin. Die Folge — und das Kennzeichen —
wahrer Bildung und vorgeschrittener politischer Entwick=
lung ist eben jene hindernde Hülle immer dichter, fester,
umfangreicher zu machen. Es bleibt uns zu sehen, wie
die Gebildeten, Freisinnigen und Klugen in Frankreich
diese ihre Aufgabe und Pflicht — das Ziel aller Civili=
sation und alles staatlichen Zusammenlebens — begreifen
und erfüllen.

3.

Die Mehrheit der gebildeten Franzosen ist im Grunde gemäßigt-liberal in ihren Ansichten, aber sie weiß dieselben nur auf zwei Weisen geltend zu machen: durch Verbindung mit der blindconservativen oder mit der blindrevolutionären Menge, wobei sie denn immer nur eine Seite ihrer Anschauungsweise bethätigen kann, und immer die dupe der extremen Interessen wird. Sieht man in der That ab von den zufälligen Parteinamen und Parteigruppirungen, die eigentlich nur das Häuflein der fünf- bis sechstausend Franzosen begreifen, welche das active Personal der Politiker bilden, so wird man vier Hauptgruppen unterscheiden, welche sich das ganze Jahrhundert hindurch wenig geändert haben. Bonapartismus und Republikanismus, Legitimismus und Orleanismus sind vorübergehende Bezeichnungen, mit denen sich gewisse Parteien und Interessen schmücken, deren Bedeutung aber unaufhörlich wechselt. Die vier Hauptgruppen jedoch, in die sich das französische Volk permanent theilt, sind: die stockconservative Masse des Landvolks, der gebildete und wohlhabende Bürgerstand der Provinz mit liberal-conservativen Ansichten und Interessen, der immer oppositionelle Pariser von mehr oder minder Bildung und Geist, und die destructive Masse der Arbeiter in Paris und anderen großen Städten. Der Zahl nach — und dies ist wichtig in einem Lande des allgemeinen Stimmrechts — ist die conservative Masse die bedeutendste; ihr folgt die destructive, dieser die liberal-conservative; die wenigst zahlreiche ist die der Pariser Opposition.

Die einzige Partei, die wirklich das Zeug dazu hätte eine regierende Classe zu bilden oder wenigstens das Personal der Regierung zu liefern, ist die der gebildeten Provinz; sie ist verhältnißmäßig zahlreich, wohlhabend, unabhängig, ehrenwerth, hat practische Erfahrung und bon sens, ist einsichtig genug in der Freiheit nicht eine Gefahr, sondern eine Garantie für die conservativen Interessen zu finden, steht dem Coterienwesen der Haupt=stadt ziemlich fern, ist vollständig gleichgültig gegen dynastische Fragen, zum Theil sogar gegen constitutionelle. Sie war es, die hinter dem Ministerium Martignac stand im Jahre 1827, hinter Odilon Barrot im Jahre 1847, hinter Daru und Buffet im Jahre 1869: die Wahl oder vielmehr die Annahme solcher Führer beweist schon die Vorurtheilslosigkeit und Aufrichtigkeit, aber auch die Rathlosigkeit und den Mangel an Organisation in dieser Partei. Leider fehlt's ihr auch durchaus an der ersten aller politischen Eigenschaften, am Charakter — einer Eigenschaft, welche die anderen Parteien durch Leidenschaften ersetzen, rechts durch die Furcht, links durch Haß und Neid. Da es ihr nun an Energie mangelt, da die Gewissenhaftigkeit ihrer meisten An=hänger ihr nicht erlaubt unrechte Mittel anzuwenden, um sich an's Steuer zu drängen, da sie den Muth nicht hat ihren Einfluß in seinem ganzen Umfange geltend zu machen, da sie nicht disciplinirt und constituirt ist, da niemand aus der Partei persönlich eintreten will, so muß sie sich natürlich beinahe immer mit der Masse

der conservativen Interessen verbünden, auf welche sämmt=
liche Regierungen sich schließlich stützen; manchmal auch,
wie in den Jahren 1847 und 1869, mit der Pariser
Oppositionspartei; nur äußerst selten, und wenn sie ganz
den Kopf verloren hat, mit der destructiven Partei: denn
im Grunde überwiegt in ihr doch immer das conser=
vative Interesse.

Geringer an Zahl, weniger einflußreich durch Per=
sönlichkeit, Lebensstellung und locale Verbindungen, ist
die Pariser Opposition, dagegen viel mächtiger auf die
Geister wirkend als die gebildete und wohlhabende Pro=
vinz. An politischem Verstand wie an practischer Er=
fahrung dieser durchaus untergeordnet, ist sie ihr über=
legen an Geist, Witz, Lebendigkeit, Beweglichkeit, Schul=
bildung. Diese Ueberlegenheit fühlt der Pariser, und
aus dem Bedürfniß sie auch der Nation fühlbar zu
machen, entspringt die unwiderstehliche Versuchung zur
Fronde — so unwiderstehlich in der That, daß ihr,
selbst dann, wenn das Nachgeben eine Gefahr für die
ganze Existenz wird, nachgegeben werden muß. Diese
Fronde geht zuerst aus von den sogenannten liberalen
Classen, oder gelehrten Ständen, theilt sich dann dem
eiteln Pariser Bürgerstande mit, und wird endlich so
ansteckend, daß jeder, der sich nur eine Zeitlang in Paris
aufhält, davon ergriffen wird: zunächst natürlich der ge=
bildete und unabhängige Provinziale, dann der minifte=
rielle Deputirte, weiter sogar alle Beamten, endlich die
Minister selber. Ja, unter dem Kaiser erzählte man sich
die charakteristische Anekdote: Napoleon III. habe geäußert
„er sei orleanistisch, die Kaiserin aber legitimistisch ge=

sinnt." Von Paris aus verbreitet sich nun diese Oppo=
sition gegen jede bestehende Regierung ohne Ausnahme
allmählich über das Land. Wie die Autorität der Eltern
durch die Familiarität, die der Religion durch den Skep=
ticismus untergraben ist, so wird die Autorität des
Staates durch den Spott vernichtet. Der Pariser (das
eitle und blasirte Pariser Kind sowohl als der einge=
wanderte junge Provinziale) hat im Blute die unwider=
stehliche Lust d'enjamber la balustrade, sich des ver=
folgten Diebes anzunehmen, die Polizei zu foppen und
sich über die Regierung lustig zu machen — und wenn
er lacht, wer wollte nicht mitlachen? Ueber wen aber
der Franzose einmal gelacht hat, der darf keinen An=
spruch mehr auf Respect erheben. Da nun niemand in
Frankreich wagt eine eigene Meinung zu haben, da jeder
fürchtet naiv und einfältig zu erscheinen, da Paris die
Mode angibt, jedermann aber sich der Mode unterwerfen
muß — so wagt am Ende niemand mehr in ganz Frank=
reich nicht mitzufrondiren. Man nennt das „die öffent=
liche Meinung." Ist sie einmal durchgedrungen, so
widersteht ihr keine Regierung, selbst die stärkste nicht,
selbst eine künstlich zusammengebrachte Kammermajorität
nicht; sie ist in Frankreich geradezu allmächtig. Gebildet
aber wird sie heute nicht mehr so sehr in den Salons
als in den Zeitungen.

In keinem Land ist die Presse mächtiger und de
facto freier als in Frankreich; in keinem Lande macht
sie von dieser Macht und Freiheit einen schlechteren Ge=
brauch. Eine Provinzialpresse, kann man sagen, existirt
nicht. Folglich ist nur der Pariser Oppositionsgeist in

der Presse vertreten, und man täusche sich nicht; auch die Blätter, welche die zeitweilige Regierung unterstützen sind voll des bösen Pariser Geistes. Die Pariser Presse aber hat weder, wie die englische, den Zweck die Staatsgewalten zu beaufsichtigen, noch, wie die deutsche, das Publicum zu unterrichten. Man findet darin weder die freiwillige Mitarbeiterschaft aller Beschwerdeführer des Landes, die der englischen Presse ihren eigenthümlichen Charakter verleiht, noch die große Zahl auswärtiger Correspondenzen, welche drei Viertel einer deutschen Zeitung füllen. Die Pariser Presse macht sich entweder zur Aufgabe das Publicum zu amüsiren oder es zu bekehren, oder aber witzig zu polemisiren. Im ersten Fall entsteht das ignobelste Erzeugniß des zweiten Kaiserreichs, die Skandalpresse, euphemistisch „la presse littéraire" genannt: sie ist meist von geistreichen aber unwissenden Abenteurern und Raufdegen redigirt, welche sich direct durch kolossalen Absatz ihres Blattes oder indirect durch Chantage (d. h. durch Androhung indiscreter Mittheilungen aus dem Privatleben oder durchsichtige Anspielung darauf) die Taschen zu füllen suchen. Nichts kommt der Verachtung gleich, die ganz Frankreich für diese Presse kundgibt, nichts — als der Heißhunger, mit dem es sie verschlingt. Die „Presse littéraire" hat mehr Absatz als alle politischen Journale zusammen. Ihr Ueberhandnehmen ist eines der schlimmsten Symptome des modernen Frankreich: es ist moralisch was der Absynthconsum physisch ist: der tägliche Genuß dieses Giftes reizt die Nerven, macht den Leser für jede ernste und fortgesetzte Lectüre unfähig, verleidet ihm alle höheren Interessen und gewöhnt ihn an einen rohen, cynischen Ton, der früher unbekannt war in der französischen Presse.

Die politischen Journale haben das große Verdienst wenigstens in dieser Beziehung die guten altfranzösischen Traditionen noch einigermaßen aufrecht zu erhalten: kein Land kann sich rühmen eine besser geschriebene Presse zu besitzen; und dies ist um so wichtiger, als der ganze Journalismus ungenießbar wäre, wenn Geist, Witz, Anmuth und Feinheit nicht die ewigen Tiraden über allgemeine Prinzipien, oder die unaufhörlichen Zänkereien der verschiedenen Blätter unter sich belebten und mäßigten. Daß aber der französische Journalist sein Gefallen finde an allgemeinen Discussionen ist im Grunde sehr natürlich: ist er doch dem wirklichen Leben der Nation ganz fremd. Aufgezogen zwischen den Mauern eines Collège und, nach meist glänzenden Studien, gleich auf den Gebrauch der Feder angewiesen, ist er selten aus Paris herausgekommen, kann kaum ein Haferfeld von einem Weizenfeld unterscheiden, und hat von reellen Interessen keine andere Idee als die er aus nationalökonomischen Werken schöpft. Ueberhaupt hat er gewöhnlich seine ganze Weisheit aus Büchern und Salons. Genährt mit abstracten Ideen, noch öfter mit Phrasen, unterrichtet in der Geschichte, namentlich der französischen, den Kopf voller classischer Traditionen, kann er eben nur für Fragen der großen Politik ein wirkliches Interesse haben, diese aber nur als Dilettant und vom Standpunkte des Belletristen auffassen. Wenn ihm das Journal nicht wie seinem Collegen von der presse littéraire eine In=

dustrie ist, die er aufs beste ausbeutet, so ist sie ihm eine
Art Priesterthum, und er bildet sich wirklich ein: er sei
da „die Menschen zu bessern und zu bekehren." Im
ersten Falle denkt er daran seiner Kundschaft auf jede
Weise zu gefallen, im zweiten Fall seinen Glauben an
gewisse alleinseligmachende Institutionen und Prinzipien
zu verbreiten; in beiden aber vor allem sich selbst eine
Reputation als geistreicher und gelehrter Mann zu machen,
vielleicht gar den Weg zum Parlament zu bahnen: man
weiß, daß das französische Gesetz (loi Tinguy) unter
dem Kaiserreich die Unterschrift forderte, und daß die
Eitelkeit der HH. Zeitungsschreiber noch immer den Brauch
aufrecht erhält.

Der Journalist nun, verbunden mit den Pariser
Advocaten und Professoren, fabricirt die öffentliche
Meinung, diese tyrannischste aller Gewalten, der sich
jeder Franzose blindlings unterwirft. Sie tritt heute
Geister wie Sainte = Beuve und Renan unter die Füße,
weil sie im Verdacht stehen nicht alles im Kaiserreich
schlecht zu finden; morgen erhebt sie dieselben in den
Himmel, weil sie in ihnen Verbündete gegen die Kirche
sieht. Sie war es, die Sadowa als eine Niederlage
für Frankreich hinstellte, sie, die den Krieg gegen Deutsch=
land verlangte. Sie ist die eigentliche Herrscherin von
Paris, und um ihren Willen durchzusetzen verbündet sie
sich bei den Wahlen mit der Masse der destructiven Partei,
d. h. dem Arbeiter. Jules Simon, Favre, Picard, Gam=
betta, Rochefort, kurz die ganze Pariser Opposition, sind
mit Hülfe der Faubouriens in den gesetzgebenden Körper

gedrungen.*) Diese Allianz der Intelligenz und der
Begehrlichkeit, der Pariser Opposition und der Pariser
Aufstandsarmee ist es nun, die in gewöhnlichen Zeit=
läuften die liberal=conservative Partei zum Bündniß mit
der blindconservativen Masse des Landvolks treibt, bis
der Augenblick kommt, wo das Pariser Monstrum ge=
zähmt, bekehrt und gebändigt zu sein scheint, und man
glaubt gefahrlos mit der Pariser Opposition gehen zu
können. So trennte sich die gebildete Provinz von dem
conservativen Landvolk am 10. December 1848, als sie
für Cavaignac, das Landvolk aber für Napoleon stimmte;
so schied sich am 18. März 1871 die Pariser Opposition
von der destructiven Masse der Hauptstadt und rief den
Schutz der Armee an. Solche Momente sind aber
äußerst selten; gewöhnlich bildet Paris eine geschlossene
oppositionelle, die Provinz eine geschlossene conservative
Masse; zu einer dauernden Verbindung der Pariser
Opposition und der gebildeten Provinz — der einzigen
Combination, die gutes stiften könnte — kommt es nicht;
die Eitelkeit der ersteren, die Aengstlichkeit der zweiten
verhindern sie immer und immer wieder. So ist's denn
nicht zu verwundern, wenn die Verbündeten aus Belle=

---

*) Dieses Phänomen wiederholt sich häufig in den großen
Provinzialstädten, wie Lyon, Bordeaux, Marseille und Lille, wo
die Pariser Plagiarier der großen Revolution wieder plagiirt
werden, indem einige Advocaten ohne Clienten, Aerzte ohne Pa=
tienten, Lehrer ohne Schüler und Journalisten ohne Abonnenten
die Jules Favre und Simon spielen und sich mit den Arbeitern
verbinden; gewöhnlich jedoch ohne Erfolg, da der locale Einfluß
der conservativen Interessen in der Provinz doch noch zu groß,
der Werth der Provinzialdemagogen doch allzu gering ist.

ville oder Faubourg Saint=Antoine, nachdem sie zwanzig
Jahre lang die Pariser Opposition unterstützt und nichts
dabei gewonnen haben, endlich gewaltsam losbrechen und
eine Revolution auf eigene Rechnung machen, wie in den
Junitagen von 1848 oder in der Communezeit des Jahres
1871; was dann die liberal=conservative Provinz natür=
lich sogleich wieder in das Lager des blindesten Con=
servatismus treibt, während die witzige und beredte Pa=
riser Opposition plötzlich ganz vom Erdboden verschwin=
det, oder sich doch mäuschenstill verhält. Wehe, wenn
einst beide Heere, das des blinden Aberglaubens und
das des blinden Unglaubens, aufeinander prallen, und
in ihrem Anprall diejenigen beiden Classen der Gesell=
schaft erdrücken, welche Besitz, Bildung, Intelligenz
repräsentiren und in allen Ländern der Welt die Nation
im eigentlichen Sinne des Wortes bilden! Ein wenig
Muth in dem gebildeten und wohlhabenden Bürgerthum
der Provinz, etwas weniger Eitelkeit und systematische
Opposition in der Elite der gelehrten Stände, welche
sich in Paris zusammenfindet, die Verbindung beider
gegen rechts und links, könnte die Katastrophe vielleicht
noch beschwören — aber daran ist eben nicht zu denken.
Wenn die Staatsmaschine trotz aller dieser nutz=
losen Aufregungen noch immer fortarbeitet und im Gan=
zen recht erträglich fortarbeitet, so ist dieß nur den treff=
lichen Einrichtungen Napoleon's I. und dem alten Be=
amtenstabe zu danken, der sich um Politik nicht kümmert,
fleißig, umsichtig, unbestechlich, mit Intelligenz und Sach=
kenntniß seines Amtes wartet. Noch ist die Tradition
der großen kaiserlichen Schule nicht erloschen, und im

Staatsrathe wie in den Präfekturräthen, im Rechnungs=
hof wie in der Bank von Frankreich lebt dieser Geist.
Ihm aber steht als zuverlässiges Werkzeug die Polizei
und Gendarmerie zur Seite, die in keinem Lande auf=
opfernder, intelligenter und gewissenhafter ist als in
Frankreich. Diese Beamten, unterstützt von dieser Frie=
densarmee, leiten den französischen Staat in jenen von
dem Genie Napoleons vorgezeichneten Gleisen weiter,
wie der französische Bürger und Bauer durch ihre Thä=
tigkeit, Mäßigkeit und Sparsamkeit das kostbare Oel für
die Maschine zu schaffen nicht müde werden. Da mögen
sie denn schon einmal augenblicklich die Politiker, welche
sich einbilden die Maschine geschaffen zu haben, weil sie
sich ihrer bemächtigt und ihr einen neuen Namen ge=
funden haben, gewähren und sich wie Tollhäusler ge=
bärden lassen. In der That ist man manchmal versucht,
den ganzen französischen Staat einem Schiffe zu ver=
gleichen, das die Bewohner eines Narrenhauses trans=
portirt. Kapitän, Mannschaft und die gesunden Passa=
giere erlauben den Narren eine Weile die Herren zu
spielen, und, da sie das Spiel schon oft mit angesehen,
in ihr Fahrzeug aber ein unerschütterliches Vertrauen
hegen, fahren sie ruhig in ihren täglichen Arbeiten und
Lebensgewohnheiten fort, bis die gefährliche Rotte das
Spielzeug zu zerbrechen, den Compaß zu zertrümmern,
den Mast zu verbrennen droht, wo dann, freilich etwas
spät, eingeschritten und die tolle Gesellschaft wieder in
den unteren Schiffsraum eingesperrt wird.

Dies in rohen Umrissen das Bild der Gestalt, welche
das französische „Ideal" praktisch annimmt; dies die un=

gefähre Weise wie der „neuerungssüchtige, red= und rauf=
lustige" Gallier, den der Römer schildert, sich mit seiner
modernen Bildung abfindet, wie sich das Bedürfniß der
fronde und die Gewohnheit der routine mit einander
vertragen, wie das leidenschaftliche Temperament, das
die rationalistische Cultur nur zurückgedrängt und über=
firnißt, nicht gemildert und gezähmt hat, sich Spielraum
verschafft, wie sich Humanitätsgelüste mit wilder Grau=
samkeit, Enthusiasmus mit Skepticismus, Selbsttäuschung
mit absichtlicher Lüge, Herrschsucht mit Völkerbeglückungs=
wahn im öffentlichen Leben Frankreichs paaren. Das
eine aber, das noth thut, nicht um ein liebenswürdiges,
geistreiches und geselliges, sondern um ein freies Volk
zu werden — Wahrhaftigkeit, sittlicher Muth, Selbst=
beherrschung — wird nicht erweckt noch großgezogen
durch rationalistische Ideale. So lange aber diese Tugen=
den nicht gepflegt werden, wird auch der französische
Staat nicht zur Ruhe in der Freiheit kommen. Frank=
reich wird nie in der Weise sinken, in welcher Spanien
von so großer Höhe so rasch herabgesunken ist; sein
materieller Reichthum, die Privattugenden der Arbeit=
samkeit, Sparsamkeit, des Familiensinns, der Ehrlichkeit,
die noch allgemein herrschen, der skeptische Charakter
seiner Bildung und Litteratur bewahren es vor ökono=
mischem, moralischem und geistigem Verfall. Daß es
aber politischen Zuständen ähnlich denen Spaniens mit
raschen Schritten entgegengeht, scheint uns außer allem
Zweifel zu liegen.

Alexis de Tocqueville erzählte einst seinem Ver=
trauten, Senior Nassau, er habe einen alten Freund,

14*

einen Benedictiner, der bei Ludwigs XVI. Regierungs=
antritte dreizehn Jahre alt gewesen. Es war ein be=
gabter und unterrichteter Mann, der immer in der Welt
gelebt, Alles was er gesehen und gehört, in Erwägung
gezogen hatte und dessen Geist noch ganz frisch war.
Dieser gab die materielle Ueberlegenheit unseres Zeit=
alters zu, aber er meinte, in geistiger wie in sittlicher
Beziehung ständen die Franzosen unserer Tage weit
unter ihren Großvätern und Tocqueville stimmte ihm
bei. „Diese siebzig Revolutionsjahre,“ fügte er hinzu,
„haben unsere freudige Zuversicht, unsern Muth, unser
Selbstvertrauen, unsern Gemeinsinn, sowie, wenigstens
in der großen Mehrzahl der höheren Classen, unsere
Leidenschaften ertödtet, mit Ausnahme der gemeinsten
und selbstsüchtigsten: Eitelkeit und Begehrlichkeit.“ Diese
Worte des großen Patrioten sind vom Jahre 1858.

II.

Napoleon III. und die Republikaner.

Wie alle Demokratien, welche die Geschichte kennt, ist das moderne Frankreich, nachdem es eine geraume Zeit lang thatsächlich eine Tyrannis war, seit fünfund=zwanzig Jahren auch der Form nach eine solche geworden. Es ist hier nicht der Ort den Werth dieser Regierungs=form zu untersuchen: wie alle andern ist sie bald heil=sam, bald unheilvoll, je nachdem das Prinzipat in den Händen eines Perikles oder Dionys, eines Trajan oder Domitian, eines Cosimo oder Alessandro de' Medici, ist. Da sie eben die persönlichste aller Regierungen ist, so hängt bei ihr mehr als bei irgend einer andern von dem Werthe oder dem Unwerthe der regierenden Persönlich=keit ab. Im Grunde ist freilich jede Regierung eine persönliche; selbst ein englischer Premier regiert allein durch die Macht seiner Persönlichkeit, deren Fehler, wider=streitende Ansichten, ja Launen die herrschende Partei im Einzelnen hinnehmen muß, um ihre Ansichten und In=

tereffen in der Hauptfache durchzufetzen und fich mittelft der perfönlichen Ueberlegenheit ihres Chefs an der Herrfchaft zu erhalten. Der wefentliche Unterfchied der legitimiftifchen, ariftokratifchen oder parlamentarifchen Staatsform von der cäfarifchen Demokratie befteht eigentlich nur darin, daß in der erfteren die herrfchende Perfönlichkeit einer Controle unterworfen ift, und ein Gegengewicht hat, die in der letzten nicht exiftiren. In der legitimen Monarchie übt diefe Controle und bildet diefes Gegengewicht die mit dem Staate und der Nation identifizirte Dynaftie, von der der herrfchende Minifter feine Gewalt erhalten hat, im ariftokratifchen Staatswefen die Tradition und das Intereffe der Claffe, aus welcher der Regierende hervorgegangen ift, in der parlamentarifchen die Gegenpartei, welche bereit ift, die Regierung zu übernehmen, fobald nur der Chef der gerade regierenden Partei die Grenze überfchreitet, innerhalb welcher fein eigenes Intereffe und das feiner Partei nicht in directe Oppofition mit dem des Landes kommt. In allen diefen Fällen zieht der Sturz des Herrfchenden nicht die Auflöfung des Staates nach fich, welcher, Dank der permanenten Dynaftie, den permanenten Traditionen und Intereffen des Adels, der permanent regierungsbereiten Oppofitionspartei, immer eine Zeitlang einer bedeutenden leitenden Perfönlichkeit entrathen kann. Eine Cabinetsfrage hat niemals weder Preußen, noch Venedig, noch England der Anarchie ausgefetzt, ob nun die Nation durch das Organ der nationalen Dynaftie, der herrfchenden Kafte, oder der parlamentarifchen Partei ihre Mißbilligung des Höchftregierenden ausgefprochen.

In Frankreich, wie im cäfarischen Rom und im medi=
cäischen Florenz, ist die permanente Cabinetsfrage das
einzige Regierungsprincip und das ganze Regierungs=
system.   Da kein permanentes Organ wie Dynastie,
Aristokratie oder Partei existirt, in dem sich der Volks=
wille concentriren und bethätigen könne, da sich dieser
Volkswille eben nur in dem Regierenden, d. h. dem In=
haber der Executivgewalt concentrirt und bethätigt, so
fällt der Staat zusammen, sobald die Cabinetsfrage
gegen diesen Regierenden entschieden wird: es ist Nie=
mand und Nichts da, provisorisch seine Stelle einzu=
nehmen.

Frankreich ist nun in diesem Falle, seit es seine
legitime Dynastie umgestürzt hat, ohne weder eine Aristo=
kratie, noch zwei geordnete, mächtige Parteien zu besitzen,
die sie hätten ersetzen können.   Bald gibt sie einem Sol=
daten, bald einem Redner, bald einem Präsidenten, bald
einem Premierminister die Regierung: aber mit unfehl=
barer Sicherheit führt der Sturz des Regierenden den
Zusammensturz des Staates nach sich: daher wir ohne
Widerspruch alle Regierungsformen, welche Frankreich
seit fünfundachtzig Jahren hat über sich ergehen sehen,
als Principat, Tyrannis, Cäsarismus bezeichnen dürfen,
Von den acht Katastrophen, welche mit dem Sturz des
Regierenden den Zusammensturz des französischen Staates
nach sich zogen (1792, 1794, 1799, 1814, 1815, 1830.
1848, 1870), mögen die von 1848 und 1870 die sitt=
lich schuldvollsten gewesen sein; die politisch verhängniß=
vollste war jedenfalls die von 1830, zu welcher ober=
flächliches Analogisiren mit der englischen Revolution

von 1688 die geistreichen und persönlich ehrenhaften Führer der liberalen Doctrin verleitete. Hätte sich die liberale Opposition im Jahre 1830 mit dem Sturze Polignac's begnügt, so hätte sie recht eigentlich die traditionelle Dynastie Frankreichs wiederbegründet und wäre selbst zugleich eine Partei geworden im Sinne der englischen Whigs. Ihr Irrthum war zu glauben, daß sie es schon sei und sich mit der Partei zu vergleichen, welche hundertundfünfzig Jahre vorher Wilhelm III. aus dem Haag nach London rief. Seit 1830 ist die legitime Monarchie, insoweit sie auf Loyalismus und der Identifizirung dynastischer und nationaler Interessen beruht, todt, und wie's die Erfahrung zeigt, keiner Wiederbelebung mehr fähig. Seit 1830 hat sich keine regierungsfähige Opposition bilden können, weil die Opposition sich selber als Partei tödtete, als sie sich in der Person Louis Philippe's an die Stelle der inamoviblen Dynastie setzte.

Es bleibt uns übrig, die Herrscher, welche in der zweiten Hälfte dieses Jahrhunderts die Geschicke Frankreichs leiteten und leiten, sowie die kurze Zwischenzeit der Anarchie kurz zu charakterisiren, um obige Sätze an dem Lichte der thatsächlichen Wirklichkeit zu beleuchten.

1.

Nachdem das französische Volk acht Monate lang dem Treiben der unfähigen Ehrenmänner zugeschaut, die es nach dem Sturze der Julimonarchie unternommen hatten seine Geschicke zu lenken, berief es am 10. December 1848 einen fürstlichen Abenteurer mit dem Mandate, ihm eine stabile und geordnete politische Existenz zu verschaffen.*) An der Moralität des Mannes und seiner Umgebung schien ihm ebensowenig gelegen, als an der möglichen Verbindung der Freiheit mit jener wiederherzustellenden Ordnung. Gegen den Willen aller Gebildeten, trotz der Pression einer Regierung, welche die ganze Beamtenmaschine in ihrer Hand hielt und in Bewegung setzte, wählte das Volk den Neffen Kaiser Napoleon's I., der schon zweimal öffentlich als Prätendent auf den Kaiserthron und Erbe seines Oheims aufgetreten war. Nur Kinder oder Fanatiker können annehmen, daß die Nation mit dieser Wahl unter solchen Umständen etwas Anderes als die Wiederaufrichtung der cäsarischen Monarchie beabsichtigte, welche fünfzig Jahre früher Gesetz und Ordnung in dem vielgeprüften und erschütterten Lande hergestellt hatte. Der französische Bauer hatte damals wie zur Zeit des 18ten Brumaire nur zwei politische Ideen oder vielmehr zwei politische Gefühle: Haß der Anarchie und Furcht vor einer Rückkehr zum ancien régime mit seinem Gefolge von Frohnden, Zehnten, Herausgabe der Nationalgüter und anderer Schreckbilder retrospectiver Einbildungskraft.

---

*) Die Nachricht vom Tode Napoleon's III. ereilte den Verfasser während der Correctur der Druckbogen der ersten Auflage. Er glaubte und glaubt Nichts an dem bei Lebzeiten des Monarchen Geschriebenen ändern zu müssen.

Der Name Bonaparte, sein revolutionärer Ursprung und seine Traditionen verbürgten ihm das Ende der Anarchie und die Nichtwiederherstellung des alten Régime's. Das genügte ihm, sobald die Frage sich in der logischen Ein=fachheit des Plebiscites mit seinem schreckenhaften Ent=weder Oder darstellte.

Ganz anders gestaltete sich die Sache in den Augen des Bauern sobald nicht über das Allgemeine, sondern über Lokales und Persönliches zu entscheiden [war: er verfiel dann wieder sogleich der Herrschaft der lokalen und persönlichen Einflüsse, d. h. er nahm die Leitung des Gutsherrn, des Pfarrers oder des Schulmeisters an und wählte demgemäß ihm bekannte Royalisten, Papisten oder Liberale in die Nationalversammlung. Daher der Widerstreit zwischen der Executive und der Legislative, zwischen Cäsar und dem Senate, während der Jahre 1849, 1850, 1851. Erst als es offenbar war, daß Pompejus=Changarnier das Elysée besetzen würde, wenn man ihm nicht zuvorkomme, überschritt der Neffe Cäsar's den Rubicon und kam zuvor. Hätte er warten können, die Maiwahlen des Jahres 1852 würden ihn sicher in seiner Herrschaft bestätigt und ihm seine Aufgabe ganz sonderbar erleichtert haben. So wie die Sachen lagen, mußte er nicht nur das Gesetz gegen sich haben, sondern auch die Gebildetsten wie die Rechtlichsten der Nation, unter welche wir natürlich diejenigen nicht rechnen, welche in wahrhaft unglaublicher sittlicher Be=griffsverwirrung dem Manne den Eidbruch vorwerfen, den sie selbst durch Eidbruch vom Throne gestoßen. In achtzehn Jahren nicht unrühmlicher noch unverständiger

Regierung vermochte er nicht diesen Flecken der Geburt loszuwerden; und als er es endlich dahin gebracht zu haben schien, war es zu spät. Genöthigt sich mit fähigen, aber gewissenlosen Werkzeugen zu umgeben, selbst nicht unfähig — freilich auch nicht gewissenhaft — hatte er die Rolle eines italienischen Tyrannen des Quattrocento zu spielen: und in der That einigten sich in dem Neffen des Corsen in merkwürdiger Weise die Fehler und Tugenden der Sforza und der Medici.

Die Geschichte kennt wenig Charaktere, die so komplex wären wie der Napoleon's III. Neben einem fatalistischen Grundzuge die stete Bestrebung, der lebendigen Kraft der Geschichte ihre Wege vorzeichnen zu wollen; bei vollständiger moralischer Indifferenz, für welche die Begriffe Gut und Schlecht, Mein und Dein nicht zu existiren scheinen und die weder vor Eidbruch, noch vor Blut zurückbebt, eine menschliche Herzensgüte, die Alle gewinnt, und jene königlichen Tugenden und Fehler der verschwenderischen Freigebigkeit, der unzeitigen Milde, der rücksichtslosen Dankbarkeit, der blinden Verwegenheit, die dem Throne so wohl anstehen, wenn sie ihn auch mehr zieren, als stützen. Kein Fürst verstand so wie er die In-Scenesetzung eines französischen Hofes; keiner übte besser die schwere Kunst, sich stets der Freunde und der Wohlthaten zu erinnern, für die Feinde aber und ihre Angriffe kein Gedächtniß zu haben.*) Mit der

---

*) Der Undank und der unversöhnliche Groll gegen die Familie Orleans ist eine einzige, schwer zu reimende Ausnahme, die wohl jener revolutionären Antipathie gegen die Bourgeoisie und

utopiſtiſchen Conception des Revolutionärs paarte ſich
merkwürdig die Zähigkeit und die Geduld des Politikers.
Nie hat die Eitelkeit ſeinem Ehrgeiz einen Streich ge=
ſpielt; und dieſer Ehrgeiz ſelbſt war beinahe unperſön=
lich, war befriedigt, ſich für ein Werkzeug der Geſchichte
zu halten. Durch und durch idealiſtiſch geſtimmt, kann
er doch einen kleinen Zug ſchadenfroher Ironie nicht
verhehlen. Ruhig und ſcheinbar ſicher in ſeinen Ent=
ſchlüſſen, bleibt der Wille jedem Einfluſſe zugänglich,
weil er das Was unverrückt im Auge behält und nur
über das Wie von intellektuellen Motiven ſich leiten
läßt. Nichts iſt dieſer Natur fremder als jene ſchlauen,
machiavelliſtiſchen, weitausſehenden, feingewobenen Pläne
der Herrſchſucht, wie ſie ein Auguſtus erſinnen mochte
und wie ſie die öffentliche Meinung Europa's dem Manne
des 2. December ſo gerne unterſchob. Aber weil keine
Ader von Reinecke in ihm war, ſo war er darum noch
nicht Boldewyn, wie man es im Beginne ſeiner Lauf=
bahn wohl anzunehmen pflegte.

Gewiß iſt in dem ehemaligen Conſpirator keine
Spur vom traditionellen geſchulten Staatsmann der
Partei, der nur in ariſtokratiſchen Staaten aufkommt,
und ſich für uns im jüngeren Pitt verkörpert: noch we=
niger vom politiſchen Genie eines Mirabeau, das zu=
gleich mitten in den Dingen und hoch über ihnen ſteht,

---

dem dunklen Legitimitätsgefühle zuzuſchreiben iſt, das in jener
Familie die Uſurpatoren der den Bonapartes zukommenden Rechte
auf einen modern = revolutionären Thron ſah; vielleicht auch dem
Andenken an die orleaniſtiſchen Umtriebe und parlamentariſchen
Intriguen während der Präſidentſchaft, 1848—1851.

bei dem Leidenschaft und höchstes Wollen durch einen wohlthuenden Skepticismus gemäßigt, Ehrgeiz und praktischer Sinn durch die erhabensten Ziele geadelt, das ganze Handeln von einer tiefen philosophischen Bildung getragen werden. Auch von den zwei großen Staatsmännern unserer Zeit ist Napoleon III. durch eine Kluft geschieden: ihm ist der derbe Naturalismus Bismarck's fremd, der mit den ihm zugetheilten Karten kühn und klug zu spielen sich begnügt, ohne vom Zufall mehr zu verlangen als er gegeben, ohne ein weiteres Ziel sich zu stecken als den Gewinn der Partie; aber fremd ist ihm auch die stählerne Biegsamkeit, die Cavour aus Richelieu's und Mazarin's Schule gelernt zu haben scheint und die, trotz alles Blendwerks von parlamentarischem Flitter, doch immer eine echtmonarchische, ja dynastische Idee verfolgte. Wie ganz anders Napoleon III., der die Plane eines Tiberius Gracchus mit den Mitteln eines Catilina, mit dem Temperamente eines Cromwell zu verwirklichen gesucht und nahezu das Höchste erreicht, weil ihn sein Stern zur rechten Stunde in die Geschichte warf und so lange er seinem Stern zu folgen wußte:

ma solo un punto fù quel che lo vinse.

Napoleon III. ist keine französische Natur, aber seine politische Bildung ist ganz unter dem Einfluß des französischen Ideals von 1789 und 1800 geblieben. Ein karger Redner und ein ungemäßigter Schreiber, hatte er weder die Gabe sein Volk zu begeistern, noch es zu überzeugen, noch ihm zu gefallen durch seine

Worte, während seine Ideen und seine Handlungsweise
der Mittelmäßigkeit der französischen Nation wunderbar
entsprachen. Seine Lebensschicksale und die bizarre
Mischung imperialistischer Traditionen, karbonarischer
Jugendeindrücke, ökonomischer Studien, englischer Erfahrungen, journalistischer Bildung, plebejisch = aristokratischer Antipathien gegen die Prosa des Bürgerthums, das ihm die Juliregierung verkörperte, haben
der räthselhaften Natur des Mannes nicht vergönnt,
sich harmonisch auszubilden und zur widerspruchsvollen
Anlage gesellte sich ein widerspruchsvolles Geschick, das
seine Anschauung der Dinge mächtig bestimmte. Niemand durchschaute besser die Bedürfnisse der Neuzeit
und die Bestrebungen der Völker; und doch gibt es
wenige Staatsmänner, die ihn an Menschenkenntniß
nicht überragten oder die gleichgültiger als er gegen den
persönlichen Werth der Individuen wären. Einzig unter
den Souveränen Europas, weil er allein in bürgerlichen
Verhältnissen gelebt, war er einzig auch unter den französischen Staatsmännern, weil er, allein von ihnen, das
Ausland kannte. Beides hat ihm bedeutende Vortheile
gewährt; beides hat ihm vielfach geschadet, ihn endlich
zum Fall gebracht: der Fürst hat Wege betreten, die
schließlich dem solidarischen Interesse der europäischen
Monarchien gefährlich werden mußten; der Franzose hat
den gerechten Bestrebungen fremder Völker eine Sympathie bewiesen, die ihm seine Landsleute nicht verzeihen
wollten, und er hat bitter erfahren müssen, daß ein
Staatsmann nicht ungestraft der Standes= oder der Nationaluntugenden entrathet.

Bei alledem geziemt es, einen Wohlthäter Europas und Frankreichs in dem Manne zu ehren, dessen Name das dritte Viertel unseres Jahrhunderts, trotz des Mitlebens größerer Menschen, doch stets bezeichnen wird. Ihm dankt die Welt zum größten Theile jene Zerstörung des russischen Götzen, der wie ein Alp auf uns lastete, und die Sprengung jener heiligen Allianz, die selbst die Märzrevolution nicht hatte zertrümmern können; ihm die Erschütterung der habsburgischen Macht; ihm den frischeren Zug, der seit dem italienischen Kriege in das staatliche Leben des Continents gekommen; ihm die freiere Handelspolitik und jene Beseitigung aller Schranken des Verkehrs, die man nicht genug preisen kann; ihm endlich die Vertheidigung des katholischen Europas gegen den immer drohenderen Jesuitismus. Ihm dankt Frankreich neunzehn Jahre der Ruhe und Sicherheit, während deren sich der Reichthum des Landes beinahe verdoppelt; ihm die Identifizirung des Staatsinteresses mit dem der Mittelclassen durch die Nationalanleihen, ihm endlich die wirthschaftlichen Freiheiten, die dem Handel und der Industrie die Arme gelöst. Fern sei es die Schattenseite dieser absoluten Regierung zu verhehlen: die traurige, wirklich katilinarische Umgebung des Monarchen, die auf die französische Gesellschaft so unheilvoll gewirkt; den Ursprung, blutig und kothig zugleich, des neuen Regimes; das Aufkommen der sogenannten literarischen Presse — wir würden das ohne Euphemismus die Skandalpresse nennen —, welche das lesende Publikum vergiftete; die wachsende Furchtsamkeit und Servilität aller Beamten; die Demoralisation eines Theiles der Justiz; vor Allem die Todtenstille, die neun Jahre lang über dem Lande lag, und jene vergeudeten Millionen, die die öffentlichen Finanzen zerrüttet, ohne zu verhindern, daß die französische Fahne, von der groben Krämerrepublik gedemüthigt, aus der transatlantischen Ferne zurückkehrte. Sobald aber die Fortuna ausblieb, war's auch aus mit der audacia, und ohne sie erzwingt man die Gunst der launenhaften Göttin nicht. Der mexikanische Mißerfolg — herbeigeführt durch den ihm wie vielen Politikern unerwarteten Sieg der Nordstaaten Amerikas — machte ihn irre an sich selbst, raubte ihm die Entschließung, die Sicherheit, welche immer die erste Eigenschaft des Staatsmannes bleibt. Frühes Altern und eine Krankheit, welche stets die Willenskraft zu lähmen pflegt, thaten das Uebrige: und so beging er seit dem Tode Maximilian's wie im Dunkeln tastend, bald vorschreitend, bald sich zurückziehend, alle jene Fehler, welche endlich seinen und seines Volkes Ruin herbeiführten.

Doch vergesse man nie die Mitschuld des Landes. Die Bitterkeit, mit der heute die Nation von dem Gefallenen denkt, die Härte, mit der sie sich über ihn ausspricht, ist einer der unschönsten Züge des modernen Franzosen. Denn es ist ungroßmüthig und unredlich, feige und unwahr zugleich, alles Gute und Glückliche der napoleonischen Regierung der Nation zu vindiziren, sollte es selbst gegen den Willen der Nation oder jedenfalls ohne Befragung derselben durchgeführt worden sein, wie der Krimkrieg, die Befreiung Italiens und der Handelsvertrag mit England; alles Schlimme und Ver-

unglückte aber von sich abzuwälzen, vor Allem den furcht=
baren Krieg, in den die Nation*) den der eigenen Ent=
schließung beraubten alternden Herrscher gegen sein
besseres Wissen und Wollen hineingerissen. Das Wachsen
des nationalen Reichthums, heißt es, war in der Natur
der Dinge und wäre auch ohne Napoleon III. einge=
treten, aber er hat uns moralisch heruntergebracht, hat
uns arme Französlein corrumpirt, die wir so tugend=
haft waren, ehe wir in die schlechte Gesellschaft kamen
und man uns ein so böses Beispiel gab. Schon lange
vor dem Kriege war es Mode gewesen in Paris, von
der Regierung des Kaisers als von einem aufgezwun=
genen Despotismus zu reden: ein Despotismus freilich,
obschon im Grunde ein milder, toleranter; aber aufge=
zwungen war er nicht. Ohne Zweifel hatten die Ge=
bildeten, die Gemäßigten, wie schon bemerkt, im De=
cember 1848 die Erhaltung der Republik, als der ein=
mal bestehenden Form gewünscht, und für Cavaignac
gestimmt; die Masse, welcher Cavaignac's Regierung
nicht „persönlich" genug war, hatte freiwillig den Erben
des großen Napoleon an die Spitze gerufen, und wer
nicht blind war, erkannte die Bedeutung dieser Wahl
schon damals. Drei Jahre später, als sich der Präsident
durch einen Staatsstreich der unumschränkten Gewalt
bemächtigte, war er freilich für Paris ein brutaler Usur=

---

*) Es versteht sich von selbst, daß wir hier wie überall mit
der „Nation" nicht die numerische Mehrheit des französischen
Volkes, sondern die sogenannte „öffentliche Meinung" verstehen,
wie sie sich in der Presse, den gelehrten Ständen, unter den Po=
litikern und den Höflingen ausbildet und ausspricht.

pator und Freiheitsmörder; und ihm ist er es geblieben: der Pariser sah, selbst nach dem 2. Januar 1870, noch immer die Blutstropfen an der Hand des Thronräubers und er würde sich selbst mit seinem Sohne nicht auf die Dauer versöhnt haben, da er sich ja überhaupt nicht dazu entschließen kann, eine bestehende Regierung an=zuerkennen. Die Provinz jedoch jubelte dem „Retter des Landes" zu und dieser Jubel war aufrichtig. Hätte der Präsident die für Mai 1852 ausgesetzte Neuwahl abwarten können und wollen, was freilich bei der ge=reizten Stimmung der Kammer schwer war, einstim=mig hätte ihn die Provinz, dem Gesetze zum Trotz, wiedererwählt.

Als Napoleon die Volksvertretung niederwarf, zu einer Zeit da schon auf dem ganzen Continent die Reaktion seit zwei vollen Jahren triumphirte, da war die Majo=rität des Landes leider hinter ihm, entschiedener hinter ihm als die Majorität des preußischen Volkes hinter dem Ministerium, das die Berliner konstituirenden Steuer=verweigerer heimgesandt: die Nationalversammlung war, wie heute, von allen Seiten angefeindet; den Einen rüt=telte sie zu viel, den Andern nicht genug an der Re=publik. Es war ein buchstäbliches ruere in servitium, genau wie dasjenige, dem wir seit drei Jahren beiwohnen; nur war es damals zu Gunsten eines schweigsamen und utopistischen Alleinherrschers, während es jetzt bald einem redseligen und skeptischen petit bourgeois, bald einem from=men Militär zu Gute kömmt. Frankreich war der Unord=nung, der Unruhe satt; sagen wir, es war der Freiheit satt: man weiß, wie schnell das nervöse, leicht erregte

Volk nach einer gewaltigen Anstrengung zusammensikut. Im Jahre 1851 dürstete es, wie heute, nach Ordnung, Ruhe und Unfreiheit. Napoleon III. gab sie im reichsten Maße, mit dem Vorbehalt, wenn die Zeit gekommen, „das Gebäude zu krönen", auch diese Unfreiheit zu beschränken: und wir sind überzeugt, dieser Vorbehalt war redlich gemeint, wenn auch die Idee äußerst unklar war.

Ernest Renan in seinen unübertrefflichen geschichtsphilosophischen Studien über die politische Lage Frankreichs, geschrieben im Herbste 1869 und wieder veröffentlicht im Laufe des Jahres 1872, theilt noch die Ansicht derer, die bei dem Kaiser, zur Zeit seines Regierungsantrittes, ein Ideal des ruhmreichen und aufgeklärten Militärdespotismus voraussetzen, das ihn die Verhältnisse verhindert hätten zu verwirklichen. Wir können dieser Meinung nicht beipflichten. Gewiß der Gefangene von Ham hatte Ideale, ein politisches und ein soziales. Keines von Beiden hat er zu verwirklichen gewußt; aber während er sich wohl bald nach seiner Thronbesteigung schon in einsamen Stunden gestehen mochte, daß „nicht alle Blüthenträume reiften" und er mit Allem was er für die arbeitenden Classen gethan, nicht um ein Haarbreit jener Lösung der sozialen Frage näher gekommen sei, so mochte er anders von seinem politischen Ideale denken, das, wie ich glaube, von jeher im Einklange mit gewissen Bedürfnissen unserer Zeit und Frankreichs, mit den Bestrebungen einer gewissen Richtung des französischen Geistes, mit gewissen Anschauungen und Interessen der modernen, demokratischen

15*

Gesellschaft war. Als Louis Napoleon, nach dem Staats=
streiche vom 2. Dezember 1851, eine Verfassung promul=
girte, die er selbst als unvollständig anerkannte, als er
das bedeutsame Wort von der „dereinstigen Krönung
des Gebäudes durch die Freiheit" aussprach, war es
sicher weder seine Ueberzeugung noch sein Wille, die
Militärdiktatur auf immer in Frankreich zu begründen,
war es sicher sein noch unbestimmter Vorsatz, einst dem
demokratischen Gleichheitsstaate auch die Freiheit zu geben.
Aber welche Freiheit hatte er im Sinne? und wie ge=
dachte er sie zu gründen? Hier sollte sich zeigen wie
vague die Ideen, wie ungenügend die staatsmännische
Erfahrung und der staatsmännische Tact des improvi=
sirten Herrschers waren.

Auferzogen und herangewachsen im Hasse der Bour=
geoisie und der Familie Orléans, die diese Bourgeoisie
in seinen, wie in vieler Anderer Augen, personifizirte;
Zeuge des oft so unnützen und leeren Geredes der fran=
zösischen Kammern; im Gefühl, daß Frankreich, dem
Lande der Centralisation, die Grundbedingungen des
Parlamentarismus fehlten; voller Antipathie gegen jene
prosaisch=bürgerliche Friedensliebe und jene Kaste der
100,000 Höchstbesteuerten, die in Frankreich herrschten;
betroffen von der regelmäßigen Wiederkehr der Thron=
umwälzungen und der Nichtigkeit aller Ministerverant=
wortlichkeitsgesetze, hatte er, wie gar Manche seiner Zeit
und seines Landes, seine Abneigungen in ein System zu
bringen gesucht, hatte er eine amerikanische Constitution
geträumt mit einem Monarchen, anstatt des Präsidenten
an der Spitze (denn die bonapartistisch=cäsarische Tradi=

tion war so stark in ihm als die Antipathie gegen den Parlamentarismus, der ihm nichts Anders war, als die Herrschaft der Geldaristokratie). Doch darf man die Idee eines „verantwortlichen Kaisers" als eine wahrhaft geniale Naivetät bezeichnen: es war die in Worten ausgesprochene, in einem Gesetzesparagraphen zusammengefaßte Lehre von sieben Revolutionen; es sprach kühnlich und kynisch die conditio sine qua non jeder geordneten Regierung in Frankreich aus, eine Bedingung, die selbst Thiers, der einstige Vorkämpfer der Ministerverantwortlichkeit, als die Grundbedingung seiner eigenen Regierung aufstellen und vertheidigen mußte; es war und ist die Theorie des demokratischen Prinzipats.

Freilich war jene monarchische Gleichheitsrepublik, mit Berufung ans Volk, mit Verantwortlichkeit des Fürsten, mit kommerzieller und industrieller Freiheit, mit dereinstiger Preß = und Vereinsfreiheit und mit, dem Staatsoberhaupte allein verantwortlichen, Commis statt, von der Landesvertretung abhängiger, Minister — freilich war sie eine Chimäre, sobald man sie sich mit Erblichkeit verbunden und ohne periodische Straßen = oder Palastrevolutionen dachte; noch chimärischer aber war gewiß der Plan der Ausführung. Ihm, dem Schwärmer und Idealisten, schwebte ohne Zweifel vor der Seele das Bild jenes Wilhelm's III. von England, mit dem sein Hephästion = Persigny ihn so gerne zu vergleichen pflegte; aber dem Schwärmer und Idealisten entging natürlich die charakteristische Größe Wilhelm's, des Staatsmannes. Er hoffte nach einem Schema die Weltgeschichte zu leiten, während Jener, nur bedacht die Auf-

gabe jedes Tages zu erfüllen, seine Ziele den Umständen
anbequemte. Auch mußte der chimärische Emporkömm=
ling, nachdem er es lange, um mit Egmont zu reden,
versucht „mit großen Plänen, Projekten und Gedanken
. . . wie er Alles zurechtrücken, unterwerfen und zusam=
menhalten wolle, . . . weite Meere nach einer vorge=
zogenen Linie zu durchsegeln," doch am Ende, wie der
große Holländer, sein Schiff nach Wind und Strömung
lenken und Gott danken, daß er es in diesen Stürmen
vom Felsen gehalten. So unsicheren Schrittes er auch
nach seinem Ziele streben mochte, ein Ziel hatte der Mann
immer im Auge, von dem sein Halbbruder Morny treffend
sagte, es sei ebenso schwer ihm eine fixe Idee zu benehmen, als
einen festen Willen zu geben. Dies Ziel war unstreitig das,
der Gründer des modernen Staates unter dem Zepter
der Dynastie Bonaparte zu werden, einer Dynastie, die
ihm allein berufen schien, der aus der Revolution her=
vorgegangenen französischen Gesellschaft ihren wahren
staatlichen Ausdruck zu geben.

2.

Dem vorgesteckten Ziele der endlichen Befestigung
Neufrankreichs unter der Dynastie Bonaparte schien
Napoleon III. im Januar 1870 näher gekommen zu
sein, als alle seine Vorgänger — aber nur um der Welt
einen Beweis mehr zu geben, daß Frankreich der parla=
mentarischen Selbstregierung durchaus unfähig ist. Was
der Gesetzgeber von 1851 so richtig gesehen hatte, war

den blöden Augen des gealterten Herrschers von 1869
offenbar entschwunden: an dem Tage, an dem er die
Ministerverantwortlichkeit an die Stelle seiner eigenen
Verantwortlichkeit setzte, war's um ihn geschehen, wie's
um Thier's Macht thatsächlich geschehen war, sobald
er sich zur Unverantwortlichkeit verdammen ließ. Napoleon's III. größter Fehler war, dies nicht eingesehen zu haben; ein verzeihlicher Fehler indeß. Warum
sollte er nicht, wie ganz Frankreich in jenen einzigen
Januartagen, glauben, er wie das Land seien am lang-
ersehnten Ziele angelangt, wenn es auch in einer andern
Gestalt, als der der fürstlichen Verantwortlichkeit erschien,
wenn er auch auf einem anderen als dem gehofften
Wege der successiven freiwilligen Zugeständnisse dahin
gelangt? In der That hatte die Wirklichkeit den ideal
vorgezeichneten Plan gar manchmal durchkreuzt oder gar
zerrissen. Was das Geschenk der Gnade sein sollte, war
von der ungeduldigen Opposition der kaiserlichen Vor-
sehung abgetrotzt, aus den Händen gerungen worden;
jene Stellung des konstitutionellen Monarchen, die zu
brandmarken, zur Tradition der Bonaparte's gehörte, —
man erinnert sich des Wortes Napoleon's I. über das
cochon à l'engrais, dessen Rolle ihm Sieyès zugedacht
— er hatte sie selbst übernehmen müssen und das Volk
regierte nicht mehr durch ihn, sondern durch seine parlamentarischen Minister — und doch, erreicht schien das
Ziel darum nicht minder: Jakobiten und Puritaner
waren des langen Harrens müde geworden; die „alten
Parteien," insofern sie auf Personen beruhten, waren
versöhnt, freilich aus Ueberdruß, Ungeduld und Ueber-

legung mehr, als aus Sympathie und Begeisterung;
aber sie waren versöhnt. Legitimisten, Orleanisten, Re=
publikaner selbst — der Cavaignac'schen Farbe — hatten
die Waffen niedergelegt; was noch unter der Fahne der
Republik kämpfte, war keine politische Partei, es war der
Sozialismus: gefährlich und bedrohlich genug; für den
Augenblick indeß ohnmächtig und auf das Reden ange=
wiesen.

Nur Wenige standen noch grollend und „unver=
söhnlich" abseits. Es ist keine Tugend, murrten sie, dem
Beraubten Heller um Heller das Geld wiederzugeben,
das man ihm mit der Börse gestohlen: aber die Börse
war nicht gestohlen; feierlichst, ausdrücklichst, freiwilligst,
ohne jede Bedingung, war sie ihm anvertraut worden,
und Niemand ließ sich auch nur träumen, daß er etwas
davon zurückgeben werde, als er plötzlich am 24. No=
vember 1860 dem gesetzgebenden Körper die Oeffentlich=
keit, die Redefreiheit und eine wirksamere Controle des
Budgets wiedergab. Die Tragweite des Schrittes wurde
im Augenblicke nur von Wenigen eingesehen; man fühlte,
daß etwas Bedeutendes geschehen, ohne sich davon
Rechenschaft ablegen zu können; man rieb sich die
Augen-, blickte um sich und wußte im Grunde nicht
woran man war. Nach kurzem Besinnen entbrannte
indeß bald der Kampf: ein Theil der Besiegten von 1851
— die Pariser Republikaner und Orleanisten — wandten
sich an die Nation, und riefen die Diktatur vor das Ge=
richt der Oeffentlichkeit, die sie selbst hergestellt hatte.
Wie gefährlich der Krieg war, den in der Kammer die
„Fünfe", in der Presse die geistreichen Schriftsteller des

Journal des Débats gegen die Dynastie führten, ist unberechenbar. Diese talentvollen, wenn auch nicht staatsmännischen, persönlich ehrenhaften, wenn auch nicht immer politisch loyalen, Gegner waren es, die eben so sehr aus Liebe zur Sache der Freiheit, als aus Anhänglichkeit an die Republik oder die Familie Orleans, dem erstaunten Volke zeigten, daß die blendende Münze des providenziellen Despotismus auch ihre Kehrseite habe; die traurige Umgebung des Kaisers ward bloßgestellt; die Aufmerksamkeit wurde gelenkt auf eine verschwenderische Staatshaushaltung, auf die Finanzen von Paris; der Streit um die weltliche Macht des Papstes entfremdete eine Hälfte des Volkes ohne die andere zu befriedigen; die Leiden, welche der Handelsvertrag für die nördlichen Departements nach sich zog, verstimmte einen dritten Theil; der geargwohnte Einfluß der wenig geliebten „Spanierin“ setzte böses Blut bei einem vierten. Die abenteuerlichen transatlantischen Expeditionen und, mehr als Alles, die Schlacht von Königgrätz wendeten vollständig den Sinn der Nation: man fing an zu glauben, nicht Alles sei vollkommen an dem kurz vorher noch als Ideal angesehenen aufgeklärten Absolutismus: das tiers-parti oder linke Centrum bildete sich.

Der Kaiser sah, man wußte ihm wenig Dank für seine liberalen Maßregeln auf ökonomischem Gebiete; er sah, ein neuer Schritt müsse geschehen auf dem Terrain der politischen Freiheit. Er that ihn, nicht mehr ganz so motu proprio wie im Jahre 1860, doch immer noch ohne befehlerisches Drängen der öffentlichen Meinung. Der Brief vom 19. Januar 1867 ist in Aller Andenken.

Er versprach eine neue Ausdehnung der parlamenta=
rischen Prärogative, sowie der Presse und des Versamm=
lungsrechtes. Der Kaiser that mehr und weniger als
man verlangte, indem er diese Zugeständnisse machte:
das Versammlungsrecht hat von jeher nur des lieben
Prinzips wegen auf den Programmen der französischen
Liberalen figurirt: es widerstrebt dem Geiste und den
Sitten der Nation, wie es den unsrigen durchaus ge=
mäß ist: aber Napoleon III. war eben ein Mann der
Programme, der Inscenesetzung, der Gesammtreformen.
Leider hatte er nicht länger, wie sechs Jahre früher, in
Morny einen Staatsmann im cäsarischen Stile an seiner
Seite. Napoleon III. war nie ein Mann der Aus=
führung; ihm fehlte der praktische Sinn, der Blick des
Staatsmannes, wie der des Generals. Wie Morny den
Staatsstreich geleitet und ausgeführt, so hatte er die
erste liberale Reform, den 24. November 1860, in's
Werk gesetzt. Der Kaiser, eminent gleichgültig in Per=
sonenfragen, hatte Billault nach wie vor die Verthei=
digung zweier grundverschiedenen politischen Richtungen
überlassen: Morny als Kammerpräsident hatte damals,
ohne Redner zu sein, diesen Fehler wieder gut gemacht
und den gesetzgebenden Körper nach seinem Willen ge=
leitet. Jetzt fehlte er: an seiner Stelle war Rouher in
die kaiserliche Gunst gedrungen und schien unerschütter=
lich darin geankert. Rouher besaß große staatsmännische
Eigenschaften ohne ein Staatsmann zu sein: die fran=
zösische Eigenschaft par excellence, die Intelligenz war
ihm im reichsten Maße zugemessen; er war als Redner
nicht verächtlich; geschmacklos, breit, locker, aber gewandt,

unerschöpflich, von unvergleichlicher Leichtigkeit. Er wußte
zu hören, wie Wenige; der Kammer war er mächtig wie
ein Virtuose der Tasten seines Instrumentes, seine Nei=
gungen trieben ihn auf wirthschaftlichem Gebiete zu
einer liberalen Politik. Ein absoluter Mangel an Würde
und Charakter neutralisirte indeß alle seine hohen Gaben.
„Stolz will ich den Franzosen," sagt sich das franzö=
sische Volk und Nichts verzeiht es weniger als den
Mangel an Stolz. Rouher war der Advokat des
früheren Regimes gewesen, er war bereit, auch der Ad=
vokat des entgegengesetzten, neuen, zu werden: und der
Kaiser beging das unverantwortliche Unrecht, den neuen
Wein in alte Schläuche gießen zu wollen.

So lange er dies that, war kein wahres Vertrauen
herzustellen; die kaiserlichen Concessionen konnten nur
den Gegnern des Kaiserreichs nützlich sein, welche die
allgemeine Unzufriedenheit fortan nur um so dreister
und heftiger schüren konnten und denen die Ungeschick=
keit oder die mala fides der mit Ausführung jener
Concessionen betrauten Minister fortwährend in die
Hände arbeitete. Namentlich wurde aber jetzt erst mit
consequentester, planvollster Tücke die „Erniedrigung
Frankreichs durch Sadowa" gegen den Mann ausge=
beutet, der Sadowa hatte geschehen lassen. Um diese
Zeit war es, als die vornehmen Frondeurs der liberalen
Doctrin den rohen Ausfällen und schmutzigen Witzen
eines Winkeljournalisten, Namens Henry Rochefort, bei=
fällig zulächelten und der geistreichen Erfindung eines
jungen Winkeladvokaten, Namens Gambetta, dem soge=
nannten „Unversönlichkeitsprincip", Beifall klatschten, ohne

zu bedenken, daß man nie ungestraft zu solchen Bünd=
nissen hinabsteigt.

Unter solchen Umständen fanden die Wahlen von
1869 statt, durch welche die Minorität, d. h. die Ver=
treter der sogenannten öffentlichen Meinung, in der
Kammer bedeutend vermehrt wurde. Der Kaiser ver=
stand den Wink nicht; hielt sich an den Buchstaben des
parlamentarischen Gesetzes, ließ zwar Rouher fallen,
aber setzte dessen treuesten Adjutanten Forcade de la
Roquette an die Stelle. Die Opposition hielt sich für
geprellt; und nur die tollen Streiche und das bedroh=
liche Gebahren der radikalen Wühler in Paris verhin=
derten den Ausbruch dieses Unwillens. Kaum war diese
Gefahr für den Augenblick in den Hintergrund getreten,
kaum hatte der Herrscher versprochen „für die Ordnung
zu haften“, so trat die Strömung des Nationalwillens,
der „öffentlichen Meinung“, wieder allmächtig in ihre
Rechte. Der Kaiser mußte sein Ministerium entlassen
und schrieb am 27. December 1869 jenen denkwürdigen
Brief an Emile Ollivier, in dem der absolute Herr=
scher, der achtzehn Jahre unumschränkt regiert, seinen
festen Entschluß kund gab, ein konstitutioneller Monarch
zu werden.

Nichts konnte korrekter sein als das Betragen Na=
poleon's III. seit jenem Tage: Nicht mit einem Worte
mischte er sich in die schwierige Zusammensetzung des
Ministeriums, mit der er Ollivier betraute. Kaum kon=
stituirt, übergab er ihm die Vollgewalt. Es verlangte
den Sturz Haußmann's, des Mannes, an dessen Ret=
tung ihm so viel liegen mußte; er ließ ihn fallen. Der

Minister des Auswärtigen fordert Verzichtleistung auf direkte Korrespondenz des Souverain's mit den kaiserlichen Gesandten; der Kaiser verzichtet auf sein liebstes Privilegium. Das neue Ministerium verlangt eine Entwaffnung um ein Viertel; der Kaiser willigt ein. Schon ein halbes Jahr vorher waren alle Preßprozesse sistirt, eine allgemeine bedingungslose Amnestie erlassen worden. Absolute Preßfreiheit und unbeschränktes Vereinsrecht hatten schon dem gewohnten Schmutzjournalismus und der alten Clubstollhäuslerei seit Monaten Thor und Riegel geöffnet. Das ministerielle Programm, das allen seit Jahren erhobenen Forderungen der Opposition gerecht werden sollte, war vom Kaiser bewilligt. Auch das Ministerium schien aufrichtig. Ohne die besten Köpfe Frankreichs in sich zu vereinigen, hatte es für die „öffentliche Meinung", wenigstens bis zum Austritte Daru's und Buffet's, Vortheile, deren sein achtzehn Jahren kein Ministerium genossen hatte: es saß darin kein Mann des Staatsstreiches oder des alten Systems; alle Mitglieder waren persönlich ehrenhaft und tadellos; die vier alten Parteien waren mit ansehnlichen Persönlichkeiten darin vertreten. Die unsauberen und unheimlichen Spießgesellen des 2. December waren beinahe Alle zu Grabe gegangen und schienen die Blut- und Schmutzflecken, die auf dem Kaisermantel hafteten, mit sich genommen zu haben: die wenigen noch Ueberlebenden waren von der Bühne abgetreten oder außer Landes gesandt worden. Dagegen hatten die Träger von Frankreichs besten Namen, Männer, wie Thiers, Guizot, Laboulaye, Odilon Barrot, Broglie, Prévost-

Parabol, die Hand zur Versöhnung gereicht und versprochen, diese Hand mit anzulegen. Alle bedeutenden Organe der Opposition hatten sich für befriedigt erklärt.*) Es herrschte eine Gehobenheit der Stimmung in der ganzen Nation, die man wohl kaum seit der Nacht des 4. August 1789 schöner und einmüthiger gesehen hatte. Denn welcher Franzose wird heute leugnen wollen, daß damals

„. . . . . hoch sich das Herz ihm erhoben,
„Ihm die freiere Brust mit reineren Pulsen geschlagen?
„Wuchs nicht jeglichem Menschen der Muth und der Geist und
die Sprache?"

*) „Wenn der Triumph der Freiheit", schrieb am 15. Januar 1870 das älteste und angesehenste Organ der französischen Presse, das stets in seinem conservativen Liberalismus ganz consequente und folglich seit dem 2. Januar versöhnte Journal des Débats, „wenn der Triumph der Freiheit das Ergebniß des Einverständnisses aller Parteien ist, wenn die Ehre desselben ebensosehr dem Fürsten gebührt, der weise und edel der Bewegung der öffentlichen Meinung nachgegeben, als der Nation selbst, die ernsthaft hat frei sein wollen; wenn dieser Sieg, der Niemanden einen Tropfen Blut noch eine Zähre kostet, weit entfernt, auch nur für einen Tag die Unordnung auf die Straße und eine Störung in die Geschäfte zu bringen, im Gegentheil alle Interessen beruhigt und dem Handel wie der Industrie einen neuen Schwung gibt — so ist das Beispiel, welches ein Volk gibt, indem es sich friedlich seiner Rechte wieder bemächtigt, so verführerisch, daß es beinahe unwiderstehlich wird. Es ist nicht so gar lange her, daß wir Franzosen „„die Freiheit wie in Preußen"" verlangen mußten. Heute sind die Rollen gewechselt und es ist sehr wahrscheinlich, daß bald die Preußen in unsere Fußtapfen werden treten wollen und von ihrer Regierung „„die Freiheit wie in Frankreich"" verlangen werden." Wie bald sollten die Rollen von Neuem gewechselt sein!

Paris war in einem Rausche von Freudigkeit, Hoffnung, Versöhnungsluft, wie eben nur Franzosen sich zu berauschen vermögen. Und doch wollte es weder der augenblicklichen Begeisterung der Nation, noch der Aufrichtigkeit des Ministeriums, noch des Kaisers Nach=giebigkeit gelingen, die constitutionelle Monarchie in Frankreich zu begründen. „Soviel ist sicher, sagte da=mals der Schreiber dieser Zeilen aus Paris in einem vielfach getadelten Briefe vom 15. Januar 1870. „Soviel „ist sicher: wie der jetzige Versuch das erste redliche „Experiment einer parlamentarischen Regierung ohne „dynastischen Parteihinterhalt ist, so ist er auch das „letzte: so bescheiden die Fähigkeiten der jetzigen Minister „sind, das Land hat keine Besseren, keine Anderen. „Schlägt auch dieser Versuch fehl, so ist der Krieg oder „die Revolution unvermeidbar; und eine Revolution im „Jahre 1870 wäre der Anfang des Endes, wäre der „Beginn des spanischen Prätorianersystems. Frankreich „kann keine einzige Revolution mehr vertragen."

Schon sieben Monate früher hatte der Schreiber jenes Briefes diese furchtbare Alternative vorausgesehen für den Fall, wo das „liberale Kaiserreich" ein miß=lungener Versuch bleiben sollte. „Was bleibt übrig?" „schrieb er unterm 14. Juni 1869, „Krieg oder Revolu=„tion. Diese halte ich für unausführbar. So entschie=„den auch die Kleinbürger, Studenten und Arbeiter der „großen Städte gegen das Kaiserreich gestimmt sind; die „Gebildeten, selbst in den Großstädten und soviele deren „auch durch die Wahltaktik in die Opposition quand même „geworfen worden sind, die Gebildeten wollen auch jetzt

„noch die Erhaltung des Bestehenden; und die Reaktion
„der Provinz gegen Paris würde unaufhaltsam sein.
„Man ist aufgebracht in ganz Frankreich gegen den Ueber=
„muth des Pariser Wählers, der sich noch gemäßigt und
„politisch glaubt, weil er nicht gerade seine politischen
„Possen und Schabernacks bis zum Wahnsinn getrieben.
„Interesse und Schamgefühl würden das Uebrige dazu
„thun, die Bewegung unwiderstehlich zu machen. Jeder
„Gebildete in Frankreich fühlt, daß eine Revolution nicht
„allein ein unberechenbares, momentanes Unglück wäre,
„sondern auch auf immer das Land der Militärreaktion
„à l'espagnole Preis geben würde. . . . . Bleibt der
„Krieg; und warum nicht? Im Augenblicke ist die Na=
„tion sehr friedfertig gestimmt; allein es würde ein Monat
„genügen sie aufzuregen. Dank der Taktik der Radikalen,
„welche die Wiedergeburt Deutschlands als eine Erniedri=
„gung Frankreichs darzustellen nicht müde geworden sind,
„schlummert der Haß gegen unser Vaterland nur und es
„wäre ein Leichtes, ihn zu hellen Flammen anzufachen.
„Und dann? Ja dann; ein guter Gott wird uns
„schützen, uns und unser gutes Recht, und

> „. . es werden noch stets die entschlossenen Völker gepriesen,
> „Die für Gott und Gesetz, für Eltern, Weiber und Kinder
> „Stritten."

„Deutschland kann aus dem schweren Kampfe nur, wenn
„auch spät, kräftiger und größer hervorgehen; aber für
„Frankreich, für Europa, das Frankreichs bedarf, wird
„dieser Krieg namenloses Unheil bereiten; und dieser
„Krieg wird kommen, früher oder später."

Nur zu bald sollten die Ereignisse dem Warnerufer
furchtbar Recht geben. Die Geschichte des Plebiscites und

der Kriegserklärung wird den künftigen Geschlechtern viel=
leicht klar vor Augen liegen. Für uns ist Beides ein
Mysterium; und dem Gläubigen, der ein beständiges Ein=
greifen der Gottheit in die Weltgeschichte gerne zu be=
weisen im Stande sein möchte, dürfte dieses Mysterium
als ein unwiderleglicher Beweis erscheinen, wie Nichts
seinem in Gottes Rath vorausbestimmten Geschicke zu
entrinnen vermag. Jedem unbefangenen Zeugen des
grausigen Ausbruchs ist die eine Thatsache unbestreitbar:
jener Ausbruch war nicht künstlich von der Regierung
herbeigeführt; er war eine jener vulkanischen Eruptionen,
wie die französische Geschichte deren nur zu viele kennt.
Zu anderen Zeiten, zu anderem Zwecke war der Brand=
stoff angehäuft worden. Er sollte das Gebäude des
Kaiserreichs in die Luft sprengen: nun lag er da,
nutzlos, leider nicht gefahrlos. Ein Funke, das unbe=
dachte Wort eines Journalisten, konnte ihn entzünden
und entzündete ihn an jenem 6. Juli, als die Nach=
richt von des jungen Hohenzollern Anwartschaft auf den
spanischen Königsthron ruchbar ward. Von dem Augen=
blicke war die Explosion unvermeidlich: Nichts hätte
nun noch die gährende Lava aufhalten können; war's
nicht heute, so war's morgen. Der verantwortliche Kai=
ser des Jahres 1859 hätte verhindern können, daß jener
Brandstoff angehäuft wurde, hätte vielleicht den ange=
häuften sorgfältig vor der Flamme bewahren können:
der unverantwortliche Kaiser von 1870 war ohnmächtig:
und nur zu vollständig that der Pulvervorrath den
furchtbaren Dienst, um dessentwillen er zusammengetra=
gen worden: —— nur daß er mit dem Gebäude des

Kaiserreiches auch den ganzen Boden, auf dem jenes
Gebäude sich erhoben hatte, zerriß und auf Jahre hin
erschütterte. Das Gebäude kann zur Noth wieder auf=
gerichtet oder durch ein ähnliches ersetzt werden: was
aber wird dem durchwühlten und zerklüfteten Boden
seine alte Festigkeit wiedergeben? Den unverantwort=
lichen Monarchen aber, der eine große Schuld nicht
durch ein ehrenvolles Ende auf dem Schlachtfelde von
Seban zu sühnen wußte, erwartete ein ruhmloser Tod in
der Verbannung, wie er Karl X. und Ludwig Philipp
ereilte, während seine, wie jener constitutionellen Herr=
scher, verantwortliche Minister frei und ohne zu erröthen
im Vaterlande umherwandeln.

3.

In jedem andern Lande als Frankreich wäre der
4. September 1870 eine That der schnödesten Feigheit
gewesen. In Frankreich, in Paris war er nur eine
nothwendige Folge der bestehenden Zustände und ein=
gewurzelten Anschauungen, die wir bis hierher zu schil=
dern versucht. Das Gefühl der Solidarität des Landes
und der Regierung — ich sage nicht der Dynastie —
ist der Stadt Paris so vollständig abhanden gekommen,
daß sie nicht einmal das Bewußtsein hat, es könne feige,
ja nur nicht eben ehrenhaft sein, einen Herrscher im Augen=
blicke des Unglücks zu verlassen, nachdem man ihn selbst

zu den Thaten gedrängt, die jenes Unglück herbeiführten und während man wohl weiß, bei glücklichem Ausgange hätte man ihn den Göttern gleichgestellt. Man denke sich, Preußen habe nach Jena, Friedland und Tilsit seinen König als den Urheber des tollen Krieges von 1806 im Stiche gelassen und eine provisorische Regierung eingesetzt! Der Fluch der Revolution ist es aber gerade, alle natürlichen Gefühle des Edelmuths und der Treue zu untergraben, der persönlichsten Leidenschaft und Begierde Macht zu geben über den besseren Menschen in uns. Was Vaterland, was Nationalehre, was treues Zusammenhalten der Regierten und der Regierer in guten und schlimmen Zeiten! Unserer selbst laßt uns gedenken! Chacun pour soi et Dieu pour tous! Und wenn's in diesem allgemeinen sauve qui peut dem Einzelnen möglich ist, nicht nur die Verantwortung von sich abzuwälzen, sondern auch zugleich lange verhaltenen Haß oder heimlich glimmenden Ehrgeiz zu befriedigen, alten Rachedurst in vollen Zügen zu löschen, niedere Habsucht — oder auch nur Genußsucht — endlich einmal zu kühlen, desto besser! Und wer soll uns daran hindern? Sind doch die Guten allesammt in ihren Häusern verborgen und erwarten zitternd, daß der Sturm vorüberziehe, wenn sie nicht, selber mit ergriffen vom schwindelnden Taumel, dem Bacchuszug entfesselter Begierden mechanisch nachfolgen. Denn dieser Ausbruch niederster Leidenschaften nimmt den Charakter eines Freudenfestes, eines Triumphes der Tugend über das Laster an! Nur Paris, nur eine Bevölkerung, welcher durch achtzig Jahre der Revolution jeder natürliche Be-

16*

griff des Schicklichen und alle Würde abhanden gekommen, konnte ein Schauspiel wie das des 4. September geben: eine Jubelfeier über den Fall einer, freilich schuldvollen und sittenlosen, Regierung, aber immerhin eine Jubel=feier am Tage nach Sedan!*)

---

*) Diese Seite des 4. September hat Herr Thiers unberührt gelassen in seiner Zeugenaussage über die Vorgänge, welche jene Revolution herbeigeführt, begleitet und ihr gefolgt waren. Diese improvisirte, im Unterhaltungston mitgetheilte Erzählung dürfte in allem Uebrigen eines der schönsten und wichtigsten historischen Documente unserer Zeit bleiben: ein Zeugniß der ewigen Jugendfrische und Klarheit, des Patriotismus und der Klarsicht, des Wohlwollens und der Billigkeit des besten Mannes, den Frank=reich in diesem Jahrhunderte besessen; zugleich ein literarisches Denkmal, das an Vollendung der Form und des Gedankens alle andern Werke dieses unerschöpflichen Genius überragen wird; eine historische Quelle, mit welcher keine andere an Authenticität und Autorität wetteifern kann. Wie gesagt, die Eine Seite der „Freudigkeit", welche ein so furchtbar Zeugniß ablegt von der Leichtfertigkeit der Pariser, hat Thiers nicht angedeutet oder nicht andeuten wollen; und noch in einem andern Punkte macht er sich einer, gewiß nicht geflissentlichen, Entstellung der Thatsachen schuldig, welche aber im Grunde auf einem Mißverständniß beruht: „Die Nation wünschte den Krieg nicht; er war das Werk der Bonapar=tisten". Wir haben schon bemerkt, daß die Bauern natürlich den Krieg damals und nie wollten; aber die Nation, d. i. die höheren und mittleren Stände, mochten über die Opportunität des Krieges getheilter Meinung sein; über die Nothwendigkeit aber und das Interesse Frankreichs, sobald es vollständig gerüstet und des Er=folges einigermaßen sicher sein würde, die Scharte von Sadowa auszuwetzen, die Verbindung Nord= und Süddeutschlands zu ver=hindern, die militärische und politische Obmacht Frankreichs — was man dort das europäische Gleichgewicht nennt — wiederher=zustellen, darüber war auch nicht eine Meinungsverschiedenheit. Freilich war für die wenigen Klarsehenden der Augenblick schlecht

Der sittlichen Abstumpfung der revolutionären Masse war die politische Unfähigkeit ihrer Führer voll eben=bürtig. Wie im Jahre 1848 ergriff die „öffentliche Meinung" das Ruder des Staates und die Geschichte sagt schaudernd, wie sie das Schiff geradaus erst in die strudelnden Wirbel der Junitage, zwanzig Jahre später in die Abgründe der Commune steuerte, aus denen es nur durch ein Wunder, durch das Genie, die Energie und die Aufopferung eines fünfundsiebzigjährigen Greises, wieder auftauchte, freilich nur halb Wrack wieder auftauchte. Jahrelang übt sich die „öffentliche Meinung" von Paris in der leichten Kunst der Kritik und der angenehmen und unterhaltenden Fertigkeit witziger Fronde. Aus geht die Bewegung von wenigen geistreichen Köpfen; bald wider=steht kein gebildeter Pariser der Versuchung des Witzes und der Mode, diesen beiden Abgöttern der grand'ville. Ein Jeder will durchaus auch unter die Geistreichen und Spötter gerechnet werden: und im Umsehen wächst der Schneeball zur Lawine an. Der geistreiche Journalist sammelt um sich den zungenfertigen Advocaten, den theoretisirenden Professor, den talentvollen Literaten, den skeptischen Arzt, den logischen Ingenieur, den leichtfertigen Künstler; bald zieht das Beispiel dieses Kernes der ge=bildeten Gesellschaft in seiner wirbelnden Bewegung alle sporadischen Elemente, welche die große Stadt in ihrem

---

gewählt im Jahre 1870 und diese waren deshalb auch gegen den Krieg dann und da. Aber wie wenige waren sie an Zahl! Die große Mehrheit war vom Fieber ergriffen und jubelte über den endlichen Ausbruch des Krieges. Davon hat der Schreiber dieses hunderte von Beweisen.

Schooße birgt, magnetisch an und endlich reißt das gift=
geschwollene Ungeheuer Alle mit sich fort, um nur Greuel
und Verwüstung hinter sich zu lassen. Denn nun das
Werk der Zertrümmerung geschehen ist, soll's an ein
Aufbauen gehen, an ein Selbsthandeln, Selbstführen;
und siehe da, es zeigt sich, daß von diesen tausend zer=
störungseifrigen Händen auch nicht eine fähig ist, die
Kelle und das Richtmaaß zu halten. Was sich im Som=
mer 1792, was sich im Frühjahr 1848 zutrug, wieder=
holte sich mit täuschendster Einerleiheit im September
1870: Girondisten oder Republikaner de la veille,
Schwärmer und Rhetoren, brave Leute, aber gar arm=
selige Politiker!

Ein unzufriedener, talentvoller Offizier, von der
Natur mehr zum Journalisten als zum Soldaten be=
stimmt, und der über diese wahre Natur seines Talentes
selbst im Unklaren ist; ein unversöhnlicher, unbestechlicher
Cato, der sich für ein Wort todtschlagen, von seinem
Worte sich kein Jota rauben ließe, sich aber sehr ver=
legen fühlt, nun es gilt mit seinem Worte die bedrängte
Nation zu retten; ein volltönender Redner, der sich in
seiner eigenen Beredtsamkeit berauscht, und den ent=
fesselten Elementarkräften, die in der Menschheit schlum=
mern, um in großen Momenten loszubrechen, Nichts
entgegenzusetzen weiß, als bewegliche, aber unfruchtbare
Klagen; ein unerschöpflicher Witzbold, dessen scharfem
Auge nicht ein Fleckchen entgehen wird, an dem sich seine
Freude am Lächerlichen laben könne, und dessen gesunder
Menschenverstand neutralisirt wird von den utopistischen
oder leidenschaftlichen Elementen, mit denen er sich ver=

bündet hat; ein Schwärmer, der die Menschheit beglücken möchte, indem er die Brüderlichkeit aller Nationen dekretirte; ein düsterer Fanatiker, der wie Brutus seinen eigenen Sohn, nie aber seine Vorurtheile auf dem Altare des Vaterlandes opfern würde: diese Alle, redlich und sittlich unanfechtbar; aber mit ihnen im Bunde ein sauergewordener Neidhardt, ein genußsüchtiger Stellenjäger, ein ränkevoller und gewissenloser Intrigant voll süßer Milde; ein dem Tollhause entsprungener Plagiarier der Mittelmäßigkeiten von 1793, dem man die Zwangsjacke abgenommen; endlich ein im Estaminet und Atelier gebildeter Pamphletär und Speculant in Volksleidenschaften und Volksrohheit. Dieß die Führer; hinter ihnen in verhundertfachter Anzahl das Heer, wie es der Aristophanes dieser modernen Kleone und Wursthändler so treffend geschildert: les fruits-secs, les avortés, les mort-nés! L'avocat sans cause et le médecin sans client, l'auteur sifflé, le commis chassé, le fonctionnaire expulsé et l'officier cassé, un banqueroutier, trois faillis, deux escrocs, un utopiste, sept imbéciles et huit ivrognes! Zu diesen füge man den entkutteten Priester und den aufgeblasenen Schulmeister, vor Allem aber die Masse der badauds, welche von dem Witze, dem Talent oder der Redlichkeit der Hauptführer bestochen, diesen blindlings folgen, bis sie zu ihrem Schaden bemerken, daß Witz, Talent und Ehrlichkeit nicht ausreichen, um eine Nation zu regieren, zumal wenn die Vorzüge der Führer von dem sie umgebenden gewissenlosen Generalstabe auf's Schnöbeste ausgebeutet werden. Zu spät besinnen sie sich, daß denn doch die Sachen, wenn nicht gut, so doch besser gingen, da jene unsauberen Decembermänner mit fester Hand und eherner Stirn die Geschäfte leiteten, und mit der Wuth der Selbstgetäuschten wenden sie sich gegen ihre Ideale von ehedem. Daß eine Regierung zugleich fest und redlich, gewandt und gewissenhaft sein könne und sein solle, wissen sie wohl; aber, ungeduldig wie sie sind, unfähig, wie sie sich fühlen, eine solche Regierung so ohne Weiteres zu gründen, wählen sie lieber gleich das geringere Uebel und kehren zurück zur Herrschaft der Wenigen, welche, während sie ihre eigenen Taschen füllen, die gefährlichere und kostspieligere Menge der Taschen= füller im Zaume halten.

In der That wäre es höchst ungerecht, sämmtliche Männer der Pariser Advocatocratie, welche nun schon dreimal die Herrschaft auf Monate lang in ihrer schwachen Hand gehabt, auf dieselbe Stufe zu stellen. Unter den Advocaten, welche in den Jahren 1792, 1848 und 1870 Frankreichs Geschicke leiteten und die Sep= tembertage, die Junischlachten und die Commune, ohne es zu wollen, herbeiführten, waren viele persönlich durchaus ehrenhafte, uneigennützige, edle Charaktere: Wer möchte Jules Favre's, Ernest Picard's, E. Arago's, General Trochu's, — auch Trochu ist nur ein Advocat der sich in seiner Jugend nach Saint=Cyr verirrt, — wer Garnier=Pagès, Senard's, Crémieux', Glais=Bizoin's, Pelletan's Unbestechlichkeit und gewissenhafte Ehrlichkeit bezweifeln? Doch nicht von Allen wäre dasselbe zu sagen und namentlich hat die Regierung der nationalen Vertheidigung Elemente aufgenommen, welche ein Roland

und ein Lamartine nicht geduldet hätten und welche
nach Bildung, Charakter, Befähigung, Sitten ihren Platz
unter den Lullier's, Cluseret's und anderen Commune=
führern angewiesen hatten. Indeß, selbst wenn Alle
persönlich unbescholten, wie sämmtliche Mitglieder der
Gironde und der Februarregierung, gewesen wären, was
hilft alle persönliche Unbescholtenheit, wenn auch nicht
die allereinfachsten und bescheidensten Erfordernisse des
Staatsmannes da sind? Nur wer in diese Gesellschaft
hineingeschaut kann sich einen annähernden Begriff machen
von der politischen Unwissenheit, der journalistischen
Oberflächlichkeit dieser republikanischen Kammerredner,
aus denen man Minister des Aeußern, Gesandte,
Finanz=, ja Kriegsminister improvisirt; und zwar in den
Augenblicken, wo die gründlichste und speziellste Schule,
die reifste Erfahrung, der rascheste Blick, die sicherste
Hand kaum hinreichen würden, das halbzerbrochene
Steuer zu lenken und sich in dem verworrenen Tauwerk
zurecht zu finden. Allgemeine Ideen und vorgefaßte
Meinungen, viele ungeprüfte Schlagwörter, wenn's hoch
kommt, ein Paar privatrechtliche Prinzipien und An=
schauungen, keine Bücher=, etwas Revue= und viel Zei=
tungsgelehrsamkeit, damit soll eine Großmacht wie Frank=
reich regiert oder im Auslande vertreten werden. Kein
Engländer, kein Italiener, ja selbst kein Deutscher —,
der, wenn auch aus ähnlichen Kreisen hervorgegangen,
doch immer drei Jahre wissenschaftlicher Studien, |drei
Jahre praktischer Vorbereitung hinter sich hat, ehe er
nur in den niedersten Staatsdienst oder den Advokaten=
stand eintreten kann, — kein Ausländer vermag sich

nur vorzustellen, welcher Art „diese braven Leute und schlechten Musikanten" eigentlich sind, aus denen sich das hohe politische Personal in solchen Augenblicken rekrutirt: wie leer, wie unklar, wie seicht!

Und nun gar der unsaubere Anhang, mit dem Präfecturen, Unterpräfecturen, Staatsanwaltschaften in diesen Momenten eilends besetzt werden! Von alt= geschulten Beamten oder Staatsmännern, wie Frank= reich sie in großer Anzahl und von nicht veräht= lichem Werthe besitzt, darf natürlich keine Rede sein bei diesen Anfällen blinder Reaction gegen das Vor= angegangene: sie sind principiell ausgeschlossen von der Regierung, wie von allen hohen Staatsämtern. Auch Napoleon III. mußte sich nach dem Staatsstreiche mit improvisirten Staatsdienern umgeben, die noch oben= drein nicht gerade die reinsten Hände hatten, aber, so= bald er es konnte, rief er die Dienste eines Drouyn del'Huys und eines Thouvenel, eines Fould und Magne, eines Michel Chevalier und Parieu an, der vielen treff= lichen Staatsräthe und Rechnungsräthe nicht zu gedenken; und nur zu gerne hätte er einen Dufaure, einen Thiers, einen Guizot, zu Rathe gezogen, wenn sie nur ihren Rath hätten leihen wollen. Solche Leute nun sind in einer Regierung der republikanischen Partei geradezu undenkbar: kommt es für diese ja doch durchaus nicht auf Befähigung, Erfahrung, Schule, Stellung an: die großen Principien von 1789 ersetzen das Alles in mehr als hinreichender Weise. Man wundert sich im Aus= lande über die Ignoranz europäischer Verhältnisse bei imperialistischen Botschaftern wie Benedetti und Gramont;

aber man geht hierin nicht nur viel zu weit, man vergißt auch wie unendlich bewandter und gewandter in
ihrem Berufe sie doch immerhin sind, als Gesandten wie
die Herren Senard, E. Arago, Savoye. Solche Leute
nun sollen Frankreich bei den Großmächten Europa's
vertreten, vielleicht internationale Verträge abschließen, in
wichtigen Momenten die Haltung ihrer Regierung' bestimmen. Genau ebenso ist's mit der inneren Verwaltung.
Was den Staatshaushalt und die republikanische Sparsamkeit anlangt, so lehrt ein Blick auf's Budget, wie's
damit steht unter solchen improvisirten Regierungen.
Auch in dem, was Titel und Ehrenauszeichnungen anlangt, übertreffen die biedern, schlichten, einfachen Republikaner noch die allerfreigebigste Monarchie.*) Was
Wunder, wenn die Nation nichts Eiligeres zu thun hat,
als zu wirklichen Staatsmännern zurückzukehren, mögen
sie heißen wie sie wollen, und welches auch die Partei
sei, zu der sie gehören. Glücklich die Nation, wenn sie
dann in die Hände eines Genie's wie der erste Consul,
in die Hände eines begabten und erfahrenen Patrioten

---

*) Um nur an eine Thatsache zu erinnern. Kaiser Napoleon III.
vertheilte nach dem siegreichen Krimkriege und dem nicht minder
glorreichen italienischen Feldzuge 3 (resp. 3) Großkreuze der Ehrenlegion, 12 (resp. 10) Großoffizierkreuze, 25 (resp. 58) Commanderien, 182 (resp. 276) Offizierkreuze: die republikanische Regierung des 4. September vertheilte nach den beispiellosen Nieder
lagen des Jahres 1870, 16 Großkreuze, 52 Großoffizierkreuze,
232 Commanderien, 1700 Offizierkreuze; also durchschnittlich
4—5 Mal mehr als der Kaiser im Jahre 1856 und 1859. Die
Zahl der einfachen Ritter der Ehrenlegion ist natürlich Legion.

wie Thiers fällt. Aber wie oft geschieht es ihr, in weniger fähige oder weniger redliche Hände zu fallen? — Indessen ist es jedenfalls nicht an denen, welche mit Hülfe eines Gassenheeres die bestehende und anerkannte Regierung gestürzt, um sich durch Ueberrumpelung des Staatsruders zu bemächtigen, diejenigen der Vergewaltigung anzuklagen, welche durch ähnliches Verfahren die Nation wieder von ihnen befreien:

„Quis tulerit Gracchos de seditione querentes?"

III.

Thiers und die Constitutionellen.

1.

Unter allen den seltsamen und scheinbar wider=
sprechenden Thatsachen, deren die neue französische Ge=
schichte voll ist, dürfte wohl keine für den Ausländer
befremdender sein, als diejenige, der die Welt zwei Jahre
lang zugeschaut hat: ein Mann erhielt sich nicht nur am
Ruder, sondern ward offen und allgemein als die ein=
zige Persönlichkeit anerkannt, welche wirklich fähig wäre,
das Land in dieser langen Krisis zu regieren; und doch
ward dieser Mann von der einen Hälfte der Volksver=
treter angegriffen, weil er eine Regierungsform unter=
stützte, die ihr zuwider war, von der andern Hälfte, weil
er eine conservative Politik verfolgte, die sie stets be=
kämpft hatte; und fiel erst dann, als diese Hälfte ihn
zu unterstützen begann. Das Räthsel kann indeß nur
Denen unlöslich scheinen, welche, unbekannt mit dem
wirklichen Stande der Meinung in Frankreich, und in

der Ferne lebend, ihre Ansichten über dieses Land aus Büchern, Zeitungen und den Berichten parlamentarischer De-
batten schöpfen. Alle, welche Frankreich genauer kennen,
wissen, daß neben den 10,000 politicians — Deputirten,
Journalisten, Professoren, Advokaten, Doctoren und anderen Dilettanten der Staatswissenschaft — welche die Luft
mit ihrer Beredsamkeit erschüttern und so unendlich viel
Papier mit ihrer Prosa verderben, ein zweites Frankreich lebt, welches aus ruhigen, verständigen, wohl-
erzogenen Männern besteht. Sie wissen, daß diese Franzosen denn doch immer die ungeheure Majorität im
Lande bilden, obschon ihre immer wachsende Apathie
und Skepsis sie daran hindert thätigen Antheil an der
Politik zu nehmen, welche sie nur zu bereitwillig den
faiseurs überlassen. Die Existenz dieser Classe erklärt
allein jenen anscheinenden Widerspruch in Herrn Thiers'
Lage von 1871—1873. Dies zweite Frankreich, die
wahre Nation, war's in der That, welche Herrn Thiers
unterstützte, weil er im großen Ganzen ihre Interessen,
Ideen und Neigungen besser vertheidigte als irgend ein
Anderer es hätte thun können. Dieser schweigende An-
halt, welcher sich im Falle eines Plebiscites, vielleicht
mit derselben Einhelligkeit als unter Napoleon III. offenbart hätte, ward instinctiv von den Politikern herausgefühlt und anerkannt; und deshalb allein unterwarfen
sie sich insgesammt bis auf den Letzten dem Manne,
den sie haßten oder bespöttelten.

Göthe sagt irgendwo, daß Nationen wie Familien,
wenn sie lange gelebt, sich endlich in einem Individuum
personifiziren, welches alle die geistigen und sittlichen

Eigenschaften in sich vereinigt, mit denen die Natur diese Nationen ausgestattet und welche die Geschichte auf's Höchste entwickelt hat. Solche Männer dürften als der Typus; als die platonische Idee ihrer Nation, ihrer Familie angesehen werden. In Göthe's Augen war Voltaire ein solcher Mann. Wenn aber eine kurze Spanne Zeit voller Wechselfälle, Größe und Elend, voller sanguinischer Hoffnungen und grausamer Enttäuschungen, voller gefährlicher Experimente und heftiger Kämpfe, als ein langes Leben betrachtet werden darf, so kann man wohl sagen, Frankreich hat in den neunzig Jahren, welche seit Voltaire's Tod verflossen sind, so lange gelebt als in den drei vorhergehenden Jahrhunderten zusammengenommen: und Herr Thiers hat unzweifelhaft ein größeres Recht als irgend ein anderer Franzose der Repräsentant des „modernen" Frankreichs genannt zu werden; und zwar der schönen Seiten dieses modernen Frankreichs. Keiner hat sein Vaterland aufrichtiger, wärmer geliebt als Herr Thiers; Keiner war mehr durchdrungen von der Legitimität der großen Revolution; Keiner hat diese Revolution, den Gründer des „modernen" Frankreich und die traditionelle auswärtige Politik seines Landes beredter verherrlicht, als der Geschichtschreiber der Revolution und des Kaiserreiches. Ja, man möchte versucht sein, wenn die unverwüstliche Gesundheit, die harmlose Heiterkeit, die stets bereite Zunge des unvergleichlichen Kämpen nicht aller Tragik Hohn zu sprechen schienen, in Herrn Thiers eine tief tragische Figur, ja eine Personification der Tragödie seiner Nation zu sehen. Der Mann, der mehr als

irgend ein Anderer zur Wiederaufrichtung des Kaiser=
thums beigetragen, mußte sein gefährlichster Widersacher
werden; der Mann, der in so beredten Worten die Ge=
rechtigkeit und Klugheit der Staatskunst gepriesen, welche
die Friedensschlüsse von Campo Formio und Lunéville
dictirte, mußte leben um zu erfahren was es heißt für
einen Staatsmann sich einen Frieden, selbst den gerech=
testen und klügsten, von dem Sieger dictiren zu lassen.
Der Mann, der die Hauptstadt seines Landes mit jenen
Mauern umgab, welche vier Monate lang einer feind=
lichen Armee trotzten, mußte selbst die Geschütze richten
gegen dieses Werk seiner Hände, das dem innern Feinde
als Bollwerk diente. Der Mann endlich, der die Mi=
nisterverantwortlichkeit in einer einzig vollendeten Rede
als eine der vier „nothwendigen Freiheiten" dargestellt
hatte, mußte den Tag sehen, wo er selbst diese „noth=
wendige Freiheit" als eine Staatsgefahr bekämpfen und
für das Staatsoberhaupt selbst jene Verantwortlichkeit
vindiziren mußte, die er unter der Herrschaft seines Vor=
gängers so heftig angegriffen.

Aber Herr Thiers ist nicht nur eine Personification
des besseren Frankreichs durch seine Schicksale —; da=
durch, daß] er die Höhe und den Fall seines Landes
selbst besiegeln, daß er, wie seine ganze Nation, durch
seine Handlungen seine Reden Lügen strafen mußte —
er ist auch der französischste aller Staatsmänner durch
seine Charakter = und Geiseseigenschaften, vor Allem
durch die wesentlich französische Eigenschaft, kraft welcher
er die schwierigste Lage so lange zu beherrschen wußte:
die Intelligenz.

In der Vorrede zu dem XIII. Bande seiner „Ge=
schichte des Consulats und des Kaiserreichs", zählt Herr
Thiers die Eigenschaften auf, welche in seinen Augen
dem Geschichtschreiber unentbehrlich sind und welche Alle
in der einen Eigenschaft der Intelligenz gipfeln. Vom
französischen Standpunkte aus dürfte dies mit demselben
Fuge auf jeden andern Zweig menschlicher Thätigkeit
angewandt werden. Andere Nationen mögen Gerechtig=
keit, Wahrhaftigkeit, Phantasie für Eigenschaften halten,
die wichtiger für den Geschichtschreiber, den Staatsmann,
den Gelehrten oder den Dichter sind; der Franzose wird
immer die Intelligenz über sie stellen. Wir wollen da=
mit nicht sagen, daß Nichts in dieser Welt den scharfen
Augen französischen Verstandes überhaupt und dem
Verstande von Herrn Thiers insbesondere entgehen
könne; aber Alles was sein Verstand und der seines
Volkes unfähig sind zu erkennen, hört absolut auf für
sie zu existiren. Metaphysische Speculation wie religiöse
Ahnung, traditionelle Gefühle wie poetische Phantasie
sind seinem Geiste fremd. Seine Philosophie wie seine
Religion ist die des gesunden Menschenverstandes; sein
künstlerischer Maaßstab geht nicht über Geschicklichkeit,
Gefallen an Symmetrie und Geschmack hinaus; seine
Achtung vor der Tradition spricht sich nur als Routine
aus. Nun pflegt aber die Herrschaft der Routine gerade
dann zu beginnen, wenn ein Volk seine letzten Traditio=
nen verloren hat, gerade wie Aberglauben, Spiritismus
und Mesmerismus die Stelle verschwindender Religion
einzunehmen pflegen. Wenn eine Reihe von revolutio=
nären Convulsionen alle Bande zwischen der Gegenwart

und der Vergangenheit zerrissen haben, wenn andrer=
seits eine Nation fortwährend seit beinahe hundert
Jahren auf dem Punkte war, eine Beute utopistischer
Reformer zu werden, so ergreifen Diejenigen, welche
heftige Erschütterungen oder vage Illusionen fürchten,
ihre Zuflucht zur Routine. Der schlimmste aller be=
stehenden Mißbräuche scheint ihnen noch besser zu sein
als gefährliche Experimente.

Frankreich ist groß geworden, wie nur je zuvor,
seit — wenn auch nicht gerade Dank — den kaiserlichen
Institutionen, die wir am Eingange unseres zweiten
Kapitels *) aufgezählt und kurz charakterisirt haben.
Diese Einrichtungen, Université, Conscriptionsheer,
Justizordnung, Concordat, Finanzsystem, vor Allem aber
cette belle administration que l'Europe nous envie,
haben alle Stürme dieses Jahrhunderts überdauert,
warum sollte Frankreich sie aufgeben? Und wenn es
soviel von seinem Glanze und seiner Macht verlor, seit
es, im Jahre 1859 und 1860, die Bahnen seines großen
Neugründers in zwei wesentlichen Punkten — in der
Handelspolitik und der auswärtigen Politik — verlassen
hatte, warum sollte es nicht zu jenen „gesunden Grund=
sätzen" zurückkehren, das Prohibitivsystem wieder herstellen,
die altfranzösische Tradition auswärtiger Politik wieder
aufnehmen, wie sie Henry IV., Richelieu, Louvois und
der erste Consul (nicht der Kaiser Napoleon I., diese
Gerechtigkeit muß man Thiers lassen), so erfolgreich

---

*) S. Kapitel II. Das Unterrichtswesen, einleitende Bemer=
kungen.

geübt? Das Beispiel Preußens, welches, die entgegengesetzte Methode befolgend, nach dem Zusammenbruch
von Jena das Regierungssystem Friedrichs des Großen
aufgab, hat gar keinen Werth in Herrn Thiers' Augen,
der seinen Glauben an die Schöpfungen des ersten Bonaparte selbst nach Sedan noch unbeirrt aufrecht erhält.
Aber dieser Glaube ist auf den Verstand gegründet,
und das Raisonnement, das ihn dazu geführt, ist klar,
wenn auch nicht absonderlich tief. Herr Thiers überläßt Anderen den naiven Glauben an den Werth un-
greifbarer Mächte; er, wie in der That alle gescheidten
Franzosen, glaubt nur an das, was er wirklich sieht
und mit Händen tastet. Er war nicht der Mann je zu-
zugeben, daß der vielbesagte protestantische Schulmeister
die katholische Unwissenheit bei Königsgrätz auf's Haupt
geschlagen, oder gar daß der Geist deutscher Wissenschaft
auf dem Schlachtfelde von Sedan über die scholastische
Dressur des französischen Unterrichts triumphirt. Er hat
noch immer den unerschütterlichen Glauben des ersten
Napoleon an überlegene Waffen, stärkere Bataillone und
längere Dienstzeit. Dank einer nicht ungewöhnlichen
Reaction ist es gekommen, daß, je mehr untergeordnete
französische Schriftsteller und Politiker Gebrauch von
leeren Worten, wie „Unwiderstehlichkeit der Volksbegeiste-
rung, Unbesieglichkeit einer guten Sache, Allmächtigkeit
der Freiheit", gemacht, desto mehr alle überlegenen, wirklich intelligenten Franzosen dahin gebracht worden sind
die Existenz immaterieller Mächte überhaupt zu leugnen.
Ihre höchste Conception eines guten Staates, wie einer
guten Dichtung, ist die eines Gebäudes, welches ein ge-

17*

schickter Mann nach den Regeln aufgerichtet, die bei dem
letzten Specimen eines guten Staates oder einer guten
Dichtung zu Grunde gelegen zu haben scheinen: z. B.
bei Louis Philippe's constitutioneller Monarchie oder
einer Racine'schen Tragödie.

Wie sie aber an gewissen Institutionen nicht aus
einem Gefühl der Ehrfurcht und Liebe hängen, sondern
aus einem wohlraisonnirten Glauben an ihre Vortreff=
lichkeit, so hängen sie an ihren Führern wegen der offen=
baren Ueberlegenheit dieser Männer über die Uebrigen,
durchaus nicht vermöge eines Gefühls persönlicher Treue.
Wie die französischen Heirathen Verstandesheirathen sind,
nicht Neigungsheirathen, oft aber viel glücklicher aus=
fallen, als wenn Leidenschaft die Wahl bestimmt hätte,
so ist das Verhältniß moderner Franzosen zu ihren
Herrschern oder zu Denen, welche in ihren Augen ge=
wisse Regierungsformen vertreten, ein rein rationelles
Band. Das Gefühl der Vasallentreue, das einen d'Azeglio
und Bismarck erfüllt, ist einem ächtfranzösischen Geiste,
der in den Traditionen der Revolution von 1789 auf=
gewachsen und gemodelt ist, unbekannt und unerklärlich.
Liebe zu jenem abstracten Wesen, la patrie — wenn
nicht zu le parti — ist an die Stelle des feudalen
Loyalismus getreten. Die Ueberlegenheit Frankreichs,
seiner Cultur, seiner materiellen Hülfsquellen, seiner
Intelligenz, seines Charakters bildet den einzigen ortho=
doxen Glaubensartikel jedes gebildeten Franzosen von
Herrn Thiers' Generation. Denn, obschon ein routinier,
ist Herr Thiers kein Skeptiker, wie die Männer des
jetzigen Geschlechts in Frankreich, ein Geschlecht, das

gegen 1830 geboren worden. Seine Liebe zu Frank=
reich ist unerschöpflich, tiefer und aufrichtiger vielleicht,
als die irgend eines seiner Landsleute, aber es ist keine
blinde Leidenschaft. Herr Thiers glaubt, daß Frank=
reich immer die erste Nation der Welt sein könnte und
sollte, nicht daß es die erste ist. So erinnert sich der
Schreiber dieses noch lebhaft einer jener unvergeßlichen
Abendunterhaltungen, worin der bewegliche alte Herr
ihm mit seiner gewohnten Beredsamkeit, — einer Bered=
samkeit, die womöglich noch fesselnder im Gespräche als
auf der Tribüne ist — sein Lieblingsthema entwickelte:
von den Ursachen, warum Frankreich seine Colonien
verlor und bei Roßbach auf's Haupt geschlagen wurde,
während England sein Colonialreich gründete und Fried=
rich aus dem kleinen Preußen eine europäische Macht
bildete. Er hatte nur Bewunderung für England und
Friedrich, nur Verachtung für den französischen Monar=
chen und seine Minister. Seine ganze Rede ging eben
nur darauf hinaus, daß die von ihm so beneideten Er=
folge allein durch überlegene Staatsmannschaft erzielt
worden, und daß, wenn Frankreich einen Chatham oder
Friedrich gehabt hätte, es sich noch bei Weitem größer
gezeigt haben würde, als England und Preußen. Wie
er in seiner Geschichte die banalen Phrasen über Pitt
und Coburg, das perfide Albion und die völkermör=
derische heilige Allianz zu wiederholen verschmäht, so
stimmte er auch nach dem letzten Kriege nie einen Augen=
blick ein in die wahnwitzigen Irrreden französischer Jour=
nalisten — selbst der Besten — gegen König Wilhelm's
Härte, Bismarck's Grausamkeit und die Ungerechtigkeit

des Frankfurter Friedens. Er hatte sogar den Muth, das Lob des deutschen Reichskanzlers und seines Herrn in der Nationalversammlung selbst zu singen; und der Geschichtschreiber, der den Vertrag von Lunéville als ein Meisterstück der Weisheit und der Mäßigung ge= priesen, ist geschmackvoll genug, den Vertrag von Frank= furt nicht als einen unerhörten Act der Piraterie darzu= stellen. Herr Thiers ist nicht der Mann dazu, demo= kratische Losungsworte in den Mund zu nehmen: ein Vertrag ist gut oder übel in seinen Augen je nachdem er mehr oder minder Bürgschaften der Dauer in sich trägt, nicht etwa je nachdem er mehr oder minder einem willkührlichen Ideale der Privatmoral entspricht. Nie= mand in Frankreich kann sicherlich mehr als Herr Thiers gelitten haben, als er den Frieden von Frankfurt unter= zeichnen mußte; aber er hütete sich wohl ihn ungerecht zu nennen, weil er schmerzlich war. Niemand dürstete mehr nach revanche als Herr Thiers; aber sein ganzer Ehrgeiz als Herrscher war nur darauf gerichtet, Frank= reich zu seinem normalen Zustande zurückzuführen; denn er bleibt überzeugt, daß es, einmal in seinem nor= malen Zustande, früher oder später die Stellung wieder= gewinnen muß, die es vor 1870 hatte, wie es einst die im Jahre 1763 verlorene Stellung wiedergewann.

Dieses gewünschte Resultat nun herbeizuführen, brauchte der Mann, das fühlte er wohl, jene unbehin= derte Gewalt, die einst Henry IV. und der erste Consul besaßen, als sie das durch den Bürgerkrieg zerrüttete Frankreich wiederherstellten. Diese unbehinderte Gewalt nun wollten ihm die „Liberalen“ wohl zugestehen; nicht

etwa weil sie die Nothwendigkeit desselben für ihr Vater=
land einsahen, sondern einerseits weil die Liberalen
Frankreichs seit Robespierre bis auf Louis Blanc immer
eine geheime Sympathie für die Alleinherrschaft und Cen=
tralisation hatten, andrerseits weil sie dießmal die Etikette
Republik trägt und es ihnen ja einzig um die Etikette,
nicht im Geringsten um die Sache zu thun ist. Diese
unbehinderte Gewalt aber wollte ihm die „Rechte", d. h.
die Majorität des gebildeten besitzenden Frankreichs,
nicht gönnen, oder doch nur widerstrebend gönnen. Es
wiederholte sich zum hundertsten Male in der Geschichte
das Schauspiel eines Richelieu und eines Stein, ge=
zwungen sich einem Louis XIII. und einem Friedrich
Wilhelm III. wider ihren Willen, gegen ihre Sympathie
unentbehrlich zu machen. Daß heute der Volkswille sich
durch eine gewählte Vertretung, durch Revolution oder
Staatsstreich, früher durch eine mit der Nation zusam=
mengewachsene Dynastie kund gibt, ist Nebensache: der
Grund ist immer derselbe: der Souverain — einerlei
ob Monarch, Volk oder Nationalversammlung — fühlt
die Nothwendigkeit eines Mannes und doch vermag er
die Tyrannei, die dieser über ihn ausübt, nicht zu er=
tragen: ohne Unterlaß rebellirt er gegen das lästige
Joch, um sich am Ende demselben doch wieder zu unter=
werfen; daß es nothwendig ist für einen Souverain wie
für eine Partei die so seltene Erscheinung, einen großen
Staatsmann, in Bausch und Bogen zu nehmen, mit
seinen guten und schlechten Eigenschaften, im Bewußt=
sein daß diese Vorzüge jene Untugenden überwiegen,
das wollen sie nicht zugeben; und hätten sie nur den

Muth dazu, sie opferten das große Ziel auf, zu dem sie der Mann der Lage hinzuführen verspricht, um der kleinen Nebenvortheile willen, um die er sie bringt. Er selbst aber fühlt, daß er ein Recht hat auf unbehinderte Gewalt: soll er vor der Geschichte die Verantwortlichkeit tragen, so muß ihn sein Mandant, sei er nun König oder Volk, auch frei gewähren lassen. Seine Fehler ge= gehören ja ihm: ohne sie hört er auf er selbst zu sein, und er selbst ist der Mann, der allein retten kann. Be= haupten zu wollen, daß man einen bedeutenden Staats= mann die Geschäfte will führen lassen, ihm aber bei jedem nicht gleich begriffnen oder nicht gerade ange= nehmen Schritte in die Arme zu fallen, ist das wahre Zeichen der Mittelmäßigkeit und der Schwäche, die weder selbst zu handeln versteht, noch die Resignation hat an= dere handeln zu lassen.

Diese Mittelmäßigkeit und Schwäche zu beherrschen, gibt es nur zwei Mittel, die persönliche Gegenwart oder die Furcht. Napoleon III. brauchte die Letztere, indem er die Anarchie in der Perspective zeigte, sobald man ihn am Handeln hindern wollte; Thiers brauchte die Erste, indem er sich zeigte sobald ein Murmeln in den Reihen vernehmlich ward: die persönliche, volle Verant= wortlichkeit für sich und für sich allein, verlangten beide mit Recht: und sobald diese persönliche Verantwortlich= keit geschmälert ward — wie für Napoleon III. seit dem 2. Januar 1870, für Thiers seit dem 29. November 1872 — war ihre Macht vermindert, ihre Macht Gutes zu thun, noch mehr als ihre Macht Unheil anzurichten. Dies war der Grund warum Herr Thiers so heftig

stritt um das Recht zu behalten, selbst in der Kammer,
auf der Tribüne zu erscheinen: nicht nur daß er sich
gern reden hörte — obgleich auch das nicht zu leugnen
ist — sondern weil das Reden seine Waffe ist, wie
Napoleon's III. Waffe das Schweigen war; weil er
wußte, daß seine Erscheinung im Hause die Meuterei
zur Ruhe brachte, während ohne diese Erscheinung die
Gesetzgeber wie Kinder in der Abwesenheit des Schullehrers, sich Alles erlauben zu dürfen glaubten gegen
den läftigen Zuchtmeister. Dies nicht einzusehen ist die
ewige Schwachheit des französischen Volkes, „immer unfähig“, wie ein muthiger Franzose selbst gesagt, „die
Wahrheit zu sehen, zu hören und sich zu sagen.“

Auch in seiner Stellung zur Religion, zur Wissenschaft, zur Heeresorganisation ist Thiers der wahre Vertreter der Besseren unter den Männern Frankreichs,
welche um die Scheide der Jahrhunderte das Licht er-
blickten: namentlich aber ist er der treue Ausdruck, sicherlich nicht der geräuschvollen Menge französischer Politiker,
wohl aber des modernen, aufgeklärten Frankreichs, in
seiner vollkommnen Gleichgültigkeit für gewisse Regierungsformen: nur mit dem Unterschiede, daß er diese
seine Gleichgültigkeit zu bekennen den Muth hat. Nie
hat Herr Thiers die Prätension gehabt besser als die Nation wissen zu wollen, welche Regierung sie haben will.
Persönlich von der Trefflichkeit der constitutionell = monarchischen Regierungsform überzeugt, erkannte er die
Republik von 1848 sowohl wie das zweite Kaiserreich
an; ja er zögerte selbst nicht einer Regierung wie die
der nationalen Vertheidigung zu dienen — freilich eben

nur weil, so erbärmlich diese Regierung auch sein mochte, sie doch immer die der nationalen Vertheidigung war und bei Thiers der Patriot über Alles geht. Es wäre lächerlich, selbst in der politischen Welt Frankreichs, einen General, einen Gesandten oder einen Richter als Verräther zu behandeln, weil sie ihrem Lande unter jeder Regierung dienen. Diese Art von Treue und Consequenz wird stillschweigend den Parteipolitikern überlassen. Frankreich, das wirkliche Frankreich, ist bereit jede Regierungsform anzuerkennen. So ist Herr Thiers. Er hat nie einer thatsächlichen Regierung das Recht zur Existenz bestritten; er hat nie seine Dienste von der Bedingung einer vorhergehenden Revolution oder eines Dynastieenwechsels abhängig gemacht; er hat nie den Ursprung einer Regierung untersucht. Es ist ihm nie eingekommen zu fragen, ob es schön war, daß die Bourbonen sich von fremden Siegern einsetzen ließen, oder ob Louis Philipp nobel handelte als er, Wilhelm's III. eben auch nicht allzuedlem Beispiele folgend, den Thron einnahm, der dem Haupte seiner Familie zukam: genug, die Restauration existirte, die Juliregierung existirte, war anerkannt von den Wählern und Beamten, namentlich aber von den Steuerzahlern, Gläubigern und europäischen Mächten. Er würde eine gute Regierung selbst von denen angenommen haben, die ihn am 2. December verhafteten, grade wie er die Regierung des 4. September anerkannte, die aus einem Straßenauflauf entstanden war, und wie er die republikanische Form annahm als sie eine Thatsache war, obschon er sie bekämpft hatte, so lange sie nicht zu thatsächlicher Existenz gelangt

war: „Mein Herreen, sagte er am 13. November 1872 in seiner Botschaft, die Ereignisse haben uns die Re-
„publik gegeben, und auf ihren Ursprung zurückzukom-
„men um ihn durchzusprechen und zu beurtheilen, wäre
„heute ebenso gefährlich als unnütz. Die Republik exi-
„stirt; sie ist die gesetzliche Regierung des Landes; etwas
„Anderes wollen, hieße eine neue und die furchtbarste
„aller Revolutionen heraufbeschwören. Verlieren wir
„unsere Zeit nicht damit sie zu proclamiren, aber trachten
„wir ihr den wünschenswerthen und nothwendigen Cha-
„rakter zu geben.“

Diese Worte sind nur der Wiederhall dessen, was jeder verständige Franzose sich selbst sagt, aber öffentlich zu sagen nicht den Muth hat. Die ungeheure Majori-tät Frankreichs wünscht eine gute Regierung zu haben ohne sich darum zu kümmern wem sie dieselbe dankt. Das Wohlergehen Frankreichs ist sowohl des gewöhn-lichen Handelsmannes als Herrn Thiers' einzige Prä-occupation. Das ist es, was ihn, nächst seiner Erfahrung, seiner Unbescholtenheit, seiner Beredsamkeit, so lange er zwischen den Parteien stand, zum Manne der Nation machte, welche sich weit weniger um Monarchie und Re-publik, Protectionismus und Freihandel, als um die Erhaltung einer bestehenden Regierung und der durch sie verbürgten Ordnung Sorgen macht. Wenn nun aber eine Regierung vertreten ist von einem Manne, dessen geistige und sittliche Eigenschaften ihn zur Verkörperung des Nationalgeistes und des Nationalcharakters machen, ist es nur natürlich, daß diese Nation ihm durch dick und dünn folgt, selbst wenn er Dinge sagt und thut, die sie nicht ganz billigen kann, und es hätte noch lange so fortgehen können, hätte dieser Mann sich nicht in einem Augenblick der Gereiztheit und Schwäche, verlassen, ja bekämpft von seinen natürlichen Anhängern, mit den Feinden der Ordnung in ein Bündniß eingelassen. Das moderne Frankreich, wie es aus der Revolution und dem Kaiserreich hervorgegangen, hatte seinen Vertreter gefunden im Geschichtsschreiber der Revolution und des Kaiserreiches; und da es sicher zu sein glaubte daß er es nie zurückführen werde zum ancien régime, oder gar aus Liebe zu irgend einer abstracten monarchischen, constitutionellen oder republikanischen Theorie Experimente mit ihm anstellen werde, so wünschte es durchaus nicht sich von ihm zu trennen, und wenn es ihn endlich doch verlassen hat, so ist die Schuld daran einzig den gefährlichen Gesellen zuzuschreiben, die, indem sie sich ihm anschlossen, ihn in den Augen der Nation unwiederbringlich compromittirten.

<hr/>

2.

Nach dreijährigem Kämpfen und Ringen hat Frankreich in der Nacht des 19. November 1873 wieder einen entscheidenden Schritt der Rückkehr zu seiner normalen Regierungsform, der Dictatur, gethan. Der Dictator mag durch einen Andern ersetzt, sein Titel verändert werden; die Dictatur wird bleiben.

Die Interessen, welche einen gar feinen Instinct haben, begrüßten den Sieg der conservativen Partei mit raschem Steigen der Rente, obschon die Zukunft nur für sieben Jahre, kaum für diese — Mac=Mahon ist fünfundsechzig Jahre alt — gesichert scheint. Sie wissen es besser: vor achtzehn bis zwanzig Jahren kann das liberale Experiment nicht wieder erneuert werden, folglich die Revolution nicht wieder die Gelegenheit finden ihr Haupt zu erheben, und das ist Alles was sie wollen. Es ist der Mühe werth, noch einmal rasch zu übersehen, wie die beiden Centren, wie die legitime und constitutionelle Monarchie zu Schanden wurden und der Cäsarismus wieder einmal, dießmal ohne Blutvergießen, die dreifarbige Fahne aufgepflanzt und wie die Doctrinäre des Parlamentarismus selber sich dazu hergegeben diese Fahne aufzupflanzen.

Seit dem 29. November 1872 war, wie oben gesagt, Thiers' Macht virtuell gebrochen: denn von diesem Tage an endete die absolute Gewalt, die ihm die Nation und ihre Vertreter im Augenblicke der Gefahr übertragen hatten. Die constitutionelle Partei, conservativer Färbung, doctrinär wie immer, glaubte den Augenblick gekommen ihr Ideal zu verwirklichen, Frankreich die beschränkte Monarchie wiederzugeben. Der erste Schritt dazu war der Sturz des bürgerlichen Dictators, dessen man nicht mehr bedurfte und der, allen doctrinären Experimenten abhold, unbequem werden durfte. Es galt ihn durch eine fügsamere Persönlichkeit zu ersetzen. Thiers, welcher den Streich kommen sah, warf sich mit seinem ganzen Gewicht auf die linke Seite, wo er bereit=

willigste Unterstützung fand, da man hier auf des alten
Herrn Erbschaft sicher rechnen zu können glaubte. Da=
durch beschleunigte er seinen Fall. Eine Regierung,
welche mit den Radikalen liebäugelt, ist im modernen
Frankreich ebenso sicher verloren, als eine, welche mit
dem ancien régime pactisirt. Sechs Monate wogte
der Kampf zwischen dem rechten und dem linken Cen=
trum, der constitutionellen Monarchie und der conser=
vativen Republik, welche der greise Staatsmann reprä=
sentirte. Für sich hatte diese nicht nur die große Per=
sönlichkeit ihres Führers, sein Ansehn, sein Genie, dem
Besitz der Executive, sondern auch die Unterstützung der
Besten in der Nation: aber ihr Bündniß mit dem Ra=
dikalismus mußte sie früher oder später doch verderben,
wie das Bündniß mit den Bonapartisten die constitutio=
nelle Monarchie verderben mußte. Nach einem halben
Jahre unausgesetzten Kampfes (29. November 1872 bis
24. Mai 1873) erfocht das rechte Centrum einen ersten
entscheidenden Sieg über das linke, die Partei der con=
stitutionellen Monarchie über die Partei der conservativen
Republik; wiederum nach einem halben Jahre (24. Mai
bis 19. November 1873) sah sich die siegende Partei
genöthigt, um nicht zu fallen, den Cäsarismus zu seinen
eigenen Gunsten zu organisiren. Wer weiß ob nicht in
wenigen Jahren die eigentlichen Vertreter dieser Regie=
rungsform selbst die Zügel wieder in die Hand nehmen,
die sie jetzt noch aus naheliegenden Gründen in den
Händen ihrer Gegner lassen?

„La France est centre gauche", sagte ein her=
vorragender französischer Staatsmann vor einigen vierzig

Jahren und das Wort ist heute noch so gut als damals. Man darf sogar noch an einen Schritt weiter gehen und sagen: was an Redlichkeit, Intelligenz und Bildung obenansteht in Frankreich gehört dem linken Centrum an, und gehörte ihm an seit zuerst die Feuillants, dann die Girondisten vergebens versuchten die Bewegung der Revolution gerade an dem Punkte aufzuhalten, welcher Freiheit von Frechheit, Ordnung von Unbeweglichkeit scheidet. Wie kommt es nun aber, daß eine Partei, welche Frankreich, das passive Frankreich wenigstens, hinter sich zu haben scheint und unter seinen Anhängern die besten, einsichtigsten, ja scharfsichtigsten Politiker des Landes zählt, nie das Ruder hat erfassen, oder doch wenigstens nie halten können? Ist nicht die ganze Geschichte Frankreichs seit sechzig Jahren, um nicht bis auf die große Revolution zurückzugehen, in dem langsamen und furchtsamen Erheben des linken Centrums nach einer entscheidenden und beinahe tödtlichen Niederlage begriffen, in seinen ehrlichen und gesetzlichen Anstrengungen zur Gewalt zu gelangen, in der zeitweiligen Unterstützung, welche ihm die öffentliche Meinung einmüthig leiht, und in seinem unfehlbaren Scheitern nach kurzem Triumph? Das Cabinet Martignac in 1828 und 1829, die Reformbewegung in 1847 und 1848, das liberale Kaiserreich in 1869 und 1870, endlich Thiers' Versuch einer conservativen Republik, worin er wohl unumschränkter Herr, sein Nachfolger aber ein von liberalen Gesetzen gebundner Präsident sein sollte, waren ebensoviele Bewegungen des linken Centrums, welche mit einer mehr oder minder vollständigen Confiscation

der nationalen Freiheiten endeten. Nichts konnte ver=
nünftiger und gerechter sein, Nichts leichter erreichbar,
als die Ziele, welche das linke Centrum immer im Auge
hatte: d. h. die Aufrechterhaltung der einmal bestehenden
Regierungsform oder Dynastie zugleich mit der Ent=
wicklung freier Institutionen. Es gereicht in der That
der politischen Einsicht, dem Patriotismus und der un=
erschütterlichen Zuversicht der französischen Liberalen
linken Flügels zur besondern Ehre, immer klar gesehen
zu haben, wie wenig auf die Form ankommt, daß jede
Dynastie sich mit der Freiheit vertragen könne, daß
Frankreich die Etikette einerlei sei, vorausgesetzt das
Wesen war was es sein sollte. Es ist noch bewunderns=
werther, daß sie stets ihr Vaterland über Formen, Dy=
nastien stellten und immer bereit waren eine gute und
freisinnige Regierung anzunehmen, ob sie nun von Lud=
wig XVI. oder der Republik, den Bourbons oder den
Orleans, dem zweiten Kaiserreich oder der dritten Repu=
blik kam.

Warum denn aber, wiederholen wir, ist es dieser
Partei nie gelungen eine gute und freisinnige Regierung
zu begründen? Es sind der Glaube an Gesetze einer=
seits, der Mangel an Energie anderseits, ja sogar der
Mangel an jenem Grad der Leidenschaft, welcher oft die
Energie ersetzt, die alle Bewegungen dieser Partei läh=
men und alle gute Eigenschaften, die sie zweifelsohne
besitzt, neutralisiren. Politiker, die trotz achtzig Lehr=
jahren noch glauben können, die Selbstregierung werde
durch freisinnige Preßgesetze, durch zweite Kammern,
ein suspensives Veto, ein Wahlsystem oder andere Mit=

telchen begründet, die noch immer nicht eingesehen, daß
es auf den Gebrauch der Gesetze, nicht auf die Gesetze
ankömmt, daß ein Volk mit Veto, beschränktem Wahl=
recht, drakonischem Preßgesetz faktisch der größten Frei=
heit genießen kann, solche Politiker müssen eben die
Dinge beim falschen Ende anfassen. Anstatt die Be=
wegung zu beweisen, indem sie sich bewegen, anstatt in
ihrem Wirkungskreise, an ihrem Wohnsitze, practische
Selbstregierung zu treiben und so ihre Mitbürger und
Untergebenen dazu zu erziehen, hecken sie noch immer
neue Receptchen aus, die dem Volke als „Bürgschaften“
der Freiheit dienen sollen. Als ob die Freiheit je durch
einen Gesetzesbuchstaben verbürgt worden wäre. Nun
sind die Männer dieser Partei überdieß noch brave und
friedliche Leute und immer geneigt Andere für eben so
brav und friedlich zu halten. Sie schrecken vor jedem
kühnen Schritte zurück aus Furcht, es möchte für unge=
setzlich, oder doch gewaltsam erklärt werden; sie haben
sogar vor gewandten Diplomaten und vor Parteitaktik
Angst, weil sie fürchten, solche möchten als Unaufrich=
tigkeit oder ungerechtfertigte Intrigue gedeutet werden.
Keine Leidenschaft verblendet sie und hindert sie alle
Seiten einer Frage in Betracht zu ziehen; ja, sie pflegen
so lange und so gründlich alle Seiten in Betracht zu
ziehen, ehe sie einen Schritt thun, daß

„ . . . . . der angebornen Farbe der Entschließung
„Des Gedankens Blässe angekränkelt“

wird, und der Augenblick zum Handeln gewöhnlich vorüber
ist, wenn sie endlich zur Entscheidung kommen. Einmal

von dem Ruder entfernt, macht ihr Princip selber — die
Anerkennung jeder einmal bestehenden Regierung — aus
ihnen Verehrer des Erfolges, obschon sie ihrem Principe
die Klausel beifügen, daß „sie ihr Bestes thun wollen,
die einmal bestehende Regierung auf bessere und libe=
ralere Bahnen zu leiten.“

Der letzte Versuch einer liberalen Regierung, oder
um genauer zu sprechen, einer persönlichen Regierung
unter bürgerlichen Formen, den Frankreich gemacht —
Thiers' Versuch einer conservativen Republik — war
vielleicht nicht der letzte, obgleich selbst die Zuversicht=
lichsten unter den Liberalen zu verzweifeln beginnen.
Allein, wenn er fehlgeschlagen ist, so ist dies Fehl=
schlagen ebenso sehr der Furchtsamkeit des linken Cen=
trums, als der Kühnheit der Rechten zuzuschreiben, oder
vielmehr der Bonapartisten, welche, ohne in den Vorder=
grund zu treten, die Rechte und das rechte Centrum in
den Kampf führten. Hätten die Herren des linken
Centrums bei Zeiten und entschieden Front gemacht
gegen die Radikalen unter Gambetta, sie möchten Thiers
gerettet, ihrem Lande viel Unruhe erspart, und vor
Allem die Rechte verhindert haben, sich mit den Bona=
partisten zu verbinden, d. h. Selbstmord zu begehen.
Denn ehe sie Republikaner du lendemain, Vernunft=
republikaner waren, waren und sind diese Männer doch
Conservative und sogar jetzt steht zu hoffen, daß Herr
Dufaure und Herr Casimir Périer selbst das unvermeid=
liche Kaiserreich der Republik eines Gambetta vorziehen.
Schon jetzt sehen wir, daß die Einflußreichsten der Partei
sich der siegreichen Rechten, d. h. der Restauration der

Bonapartes, nähern. Doch zurück zu den letzten Tagen
von Thiers' Herrschaft und dem Versuche des linken
Centrums die „conservative Republik" zu begründen.

Sechs Monate hatte der Kampf gedauert zwischen dem rechten Centrum, das seine Doctrin einer
constitutionellen Monarchie verwirklichen wollte, und
dem Retter von 1871, gestützt auf die Doctrinärs
des linken Centrums und leider auch auf die Linke, ohne
welche dieses in der parlamentarischen Minderheit geblieben wäre. Es mußte mit der Niederlage Thier's
und der Gemäßigten endigen, sobald die Nation, d. h.
die conservative Masse, zur Ueberzeugung gelangte, es
sei nicht stark genug den Radikalismus niederzuhalten.
Der Wahl des obscuren Schulmeisters Barodet in der
Hauptstadt folgte der Sturz des bürgerlichen Präsidenten
und die Einsetzung eines politisch-neutralen Militärs auf
dem Fuß. Und nun hatte die andre liberale Partei
freie Hand, den geträumten freien Staat mit monarchischer Spitze herzustellen, ohne die conservativen Interessen zu gefährden.

Natürlich geschah, was immer geschehen ist wenn
die liberale Partei sich in zwei Hälften, das rechte
und das linke Centrum, trennt. So zerspalten muß
Jeder sich an die nächste extreme Partei anlehnen um
mit Vortheil streiten zu können und man konnte folglich sicher sein, sie würden' früher oder später den weniger gewissenhaften Verbündeten zum endlichen Siege
verhelfen. Doch schienen sich die Dinge für das rechte
Centrum eine Weile sehr gut anzulassen und das Gelingen schien näher als 1850. Es hatte seine Leute in

18*

der Festung, immer ein nicht hoch genug anzuschlagender Vortheil in Frankreich: die Executivgewalt war in ihren Händen, wenn auch der namentliche Chef derselben keiner Partei angehörte. Der unzuverlässige Bundesgenosse der Rechten, der Bonapartismus, zählte nur wenig Vertreter in der Versammlung, hatte das Haupt verloren, war außer Stande augenblicklich seine Ansprüche geltend zu machen. Die strengen Royalisten waren nicht mehr die Absolutisten der chambre introuvable und des weißen Schreckens, sondern lauter Leute, welche die constitutionelle Monarchie anzunehmen bereit waren, vorausgesetzt, daß die legitime Dynastie damit betraut würde. Diese möglich zu machen, mußte der jüngere Zweig der Familie, der ein gefährliches Hinderniß war, auf seine Ansprüche verzichten. Was zwanzig Jahre vorher umsonst angestrebt worden war, geschah; und wieder einmal verloren die Prinzen des Hauses Orléans, wie alle ihre Vorfahren, die Partie, weil sie allzu fein spielen wollten.

Für einen Fürsten steht in der That nur ein Weg zur Gewalt offen, der: unermüdlich sein Recht — einerlei ob göttlich, wie das der Bourbons, volksthümlich wie das der Bonaparte, vertragsmäßig wie das der Orléans — als unerloschen zu behaupten und die Gelegenheit abzuwarten, dieses Recht durch Gewalt in Macht zu verwandeln. Mit ihrer fieberhaften und würdelosen Ungeduld einerseits, ihrer weltlichen Handelsklugheit andrerseits, vermochten die Orléans dies nie einzusehen. Großmüthig hatten sie im Jahre 1848 sich geweigert Bürgerblut zu vergießen und die Februaremeute an der

Spitze der afrikanischen Armee zu erdrücken. Uneigen=
nützig waren sie 1869 bereit selbst das Empire libéral
anzuerkennen, weil sie der Freiheit und dem Glücke
ihrer Nation nicht im Wege stehen wollten. Ja, sie
fügten sich 1871 der Septemberrepublik, um das schon
so sehr durch seine Niederlagen erschütterte Frankreich
nicht noch mehr zu erschüttern. Jetzt unterwarfen sie
sich dem göttlichen Recht, damit das monarchische Princip,
dessen Frankreich so dringend bedurfte, nicht zu schwach
sei die Anarchie zu besiegen. Edle Beispiele der Selbst=
losigkeit und die den trefflichen Hauswirthen vollkommen
anstehen, welche den Augenblick, wo Frankreich fünf
Milliarden an den Sieger zu zahlen hatte, für wohlge=
wählt hielten, vierzig Millionen von ihm zurückzufordern.
Ein wahrer Fürst hätte kühn seine eigne Sache über alle
andern Rücksichten gesetzt und lieber 40 Millionen ge=
borgt, ohne nur zu wissen wie, wann und ob er sie zu=
rückzahlen könnte. So ging denn der Graf von Paris,
mit Bewilligung seiner Oheime, nach Frohsdorf und
dankte ab in die Hände des letzten Bourbonen. Unglück=
licher Weise konnte er ein so edles Opfer nicht bringen
ohne das Andenken seines Großvaters zu beschimpfen
und die Männer tödtlich zu beleidigen, welche ihn vor
vierzig Jahren auf den Thron hoben und noch immer
die Sache vertheidigten, die sein Enkel repräsentirte. Es
ist ein schwieriges Ding in unsern Zeiten des über=
triebenen Individualismus, wenn jedes Geschlecht ver=
meint, die Welt habe mit ihm begonnen und es sei nur
für seine eignen Handlungen verantwortlich, den Men=
schen begreiflich zu machen, daß Niemand, und ein Fürst

weniger als irgend Jemand, vollständig unabhängig von
dem ist, was vor seiner Geburt gethan worden; daß
Jeder, in Ruhm und Schande, seines Vaters Erbe ist,
und, wie er das Recht hat seines Vaters Nachlaß zu
beanspruchen, so auch die Pflicht überkömmt seines Va=
ters Schulden zu zahlen. Dies ist in erhöhtem Maaße
mit fürstlichen Prätendenten der Fall: bei ihnen, mehr
noch als bei gewöhnlichen Menschen, werden die Sün=
den der Väter heimgesucht an Kindern und Kindeskin=
dern. Hierin, wie in manchem Andern, ist der Volks=
instinct schneller und tiefer zugleich als die Weisheit poli=
tischer Rechner. Wie der Herzog von Orléans für die
französische Nation stets der Sohn Philipps Egalité's
blieb, so würde der Graf von Paris in ihren Augen
stets der „König der Franzosen" bleiben. Es ist das
Verhängniß der Orléans, daß sie dies unbestimmt fühlen
und vergebens mit sich selbst kämpfen es zu vergessen.
So ist denn ihr Betragen stets durch widersprechende
Motive gelähmt. Sie möchten gerne Glieder des
„Hauses Frankreich" bleiben; und doch halten sie's
für ihre Pflicht die Revolution zu achten, welche das
„Haus Frankreich" des Thrones beraubt. Indem sie
sich so nicht wirklich als legitime Fürsten fühlen, wissen
sie nie als Fürsten zu handeln. Ein Fürst ist, im Guten
wie im Schlimmen, kein gemeiner Sterblicher, und weder
Mit= noch Nachwelt beurtheilen ihn wie einen gemeinen
Sterblichen. In ihm wird der Egoismus eine Tugend
und ihm ist Beschränktheit des Geistes oft von größerem
Werthe als hohe Intelligenz. Ein Prätendent aber, der,
wäre es auch nur für einen Tag, das Recht eines an=

dern Prätendenten anerkennt, hat seinen Rechten für immer entsagt: und so, sollen wir ja glauben, meinten's auch die Prinzen von Orléans.

So konnte man denn getrost an die Wiederauf= richtung der constitutionellen Monarchie gehen. Die mehr fortschrittlich gesinnten Orléanisten waren freilich in's republikanische Lager getrieben worden; dagegen mochten die Männer des rechten Flügels dieser Partei sich wohl bewußt geworden sein, daß von allen Revolu= tionen der letzten achtzig Jahre diejenige von 1830 die verhängnißvollste gewesen und daß die Sache der con= stitutionellen Monarchie ohne sie jetzt vielleicht eine ge= wonnene wäre. Sie vergaßen nur, daß dieser Fehler auch ein nicht wieder gutzumachender war, daß jeder Versuch die Nation mit der alten geschichtlichen Dynastie zu ver= söhnen fortan scheitern müsse. Hatten ja doch jene Männer selber, als sie so unbedacht den König Karl X. in die Verbannung schickten, in den Augen des Volkes das Haus Bourbon mit dem ancien régime identifizirt; und die Antipathie des französischen Volkes gegen dieses ist vielleicht ebenso groß, als die gegen den Radikalismus. Einen Augenblick mochte es scheinen, als ob Alles den Doctrinären des rechten Centrums in die Hände arbei= tete: der Prätendent zeigte sich willig, seinen Thron mit freien Institutionen zu umgeben. Jede neue Ersatzwahl — die Wahlen mit den Departementslisten liegen ja ganz in der Hand der städtischen Demokratie — bewies schlagender, daß die conservative Republik verloren war, daß die besten Männer dieser Partei, ein Dufaure und Casimir Périer, ein Léon Say und Graf Rémusat, nur

noch Dank der Protection und der Duldung der Radi=
kalen auf dem politischen Schachbrette sich halten oder
wieder erscheinen konnten, daß folglich alle ernstlich con=
servativen Elemente sich um die neuerstandene liberale
und legitime Monarchie schaaren würden. Und doch
mißlang der Versuch. Warum? Weil Frankreich die
constitutionelle Monarchie nun einmal nicht mehr will,
und sollten auch alle Doctrinärs des Landes sie als das
einzige Heilmittel anpreisen.

Eine constitutionelle Monarchie könnte in der That
nur dann in Frankreich Wurzel fassen, wenn eine zu=
gleich volksthümliche und durch die Geschichte gegebene
Dynastie an ihrer Spitze stünde: keine künstlich fabricirte,
von außen hereingeführte Dynastie, wie die belgische,
hätte in diesem Lande irgend eine Aussicht ihr Leben
zu fristen. Dies fühlte der Chef des Hauses Bourbon
— jeder Zoll ein König — sehr wohl. Er war offenbar
aufrichtig, wenn er versprach alle Freiheiten zu geben,
deren der moderne Staat bedarf; aber ebenso entschieden
war er das monarchische Ansehen nicht durch aufge=
zwungene Contracte in den Augen der Nation zu ver=
mindern, nicht die Legitimität der Revolution anzuer=
kennen, nicht die geschichtliche Continuität der Nation
und der Dynastie, wie sie sich in der weißen Fahne ver=
sinnbildlicht, zu verleugnen. Mit vollstem Rechte und
mit all der Ueberlegenheit eines Mannes, der sich als
den verantwortlichen Vertreter des ältesten und glor=
reichsten Fürstengeschlechts Europa's, den möglichen Ver=
treter Frankreichs fühlt, über die Verfassungskünstler, die
Nichts vertreten als ihre abstracten Theorien und ihre

vereinzelten Individualitäten, behauptete er, wie sein Großoheim, dem es doch gelungen war seinem Lande zehn Jahre der Ordnung und der Freiheit zu geben, an 1788 anknüpfen zu müssen. Dadurch aber verscherzte er die Möglichkeit seiner Dynastie die andere nothwendige Eigenschaft zu geben, die Volksthümlichkeit. Die französische Nation ist seit dem Verkauf der Nationalgüter, namentlich aber seit den Ordonnanzen von 1830, die man ihm als ein Attentat auf die aus der großen Revolution hervorgegangenen gesellschaftlichen Zustände dargestellt, überzeugt daß die weiße Fahne Wiederaufrichtung der Privilegien, der Frohnden und Zehnten, bedeutet und hat demgemäß für diese genau dieselben Gefühle wie für die rothe Fahne, welche ihrerseits auch den Umsturz der bestehenden Eigenthumsverhältnisse und Gesellschaft meint. Es wäre möglich gewesen bei der Furchtsamkeit der Nation und ihrer Unbehülflichkeit, durch eine List, ein Abstimmungsmanöver, die legitime Monarchie wiederherzustellen. Der Prätendent aber, wenn er überhaupt auf diesem Weg zum Throne seiner Väter hätte gelangen mögen, würde keine zwei Jahre darauf geblieben sein. Eines von Beiden wäre unfehlbar eingetreten: Entweder, er hätte sich mit freien Institutionen umgeben, Presse und Versammlungsrecht unbehindert gewähren lassen; jede Gewaltmaßregel als illiberal verschmäht, in welchem Falle er den Radicalismus, der selbst von der revolutionären Dynastie der Bonaparte die Freiheit nicht annehmen wollte, durchaus nicht versöhnt hätte und, von den conservativen Elementen, die sich als verrathen betrachtet hätten, verlassen, bald den Angriffen der Revo-

lutionspartei erlegen wäre. Oder, er hätte sich nach
Rechts geworfen, der nimmersatten Kirche Schutz ange=
rufen: dann wäre das Schlimmere geschehen. Da die
Kirche ihrer Natur nach wie der Communismus den
Staat leugnet, oder doch sich dienstbar machen will, so
hätte sie mit alle der Logik und dem Fanatismus, die
ihr eigen sind, immer heftiger gegen die bestehende
Ordnung Sturm gelaufen, ein Bollwerk derselben nach
dem andern niedergerissen, bis endlich die Masse der
Nation, im Muthe des blinden Selbsterhaltungstriebes
sich aufgerafft und alle Priester Frankreichs wie 1835
in Spanien mit Knüppeln todtgeschlagen, alle Klöster
abgebrannt, alle Kirchen niedergerissen und endlich den
gekrönten „Pfaffenfreund" des Landes verjagt hätte.
Man weiß wie die Loyalität des Fürsten ihm selber
und dem Lande die harte Prüfung ersparte. Klar muß es
aber jedem Unbefangenen geworden sein, daß wenn die con=
stitutionelle Monarchie überhaupt in Frankreich je möglich
sein sollte, woran zu zweifeln wohl erlaubt sein wird,
nur das Haus Bonaparte, welches allein geschichtliche
Wurzeln in der Nation hat und mit der Aufrechthaltung
der modernen, aus der Revolution hervorgegangenen
Gesellschaftszustände identifizirt ist, dieselbe durchführen
könnte. Da es aber so viel bequemer ist ohne beschrän=
kende Staatseinrichtungen und öffentliche Controle zu
regieren, da die Masse der Nation für jene Controle
und jene freien Institutionen gleichgültig ist, so wird
das Haus Bonaparte, wenn es, wie wahrscheinlich, wie=
der auf den Thron kommen sollte, schwerlich je wieder
den Versuch von 1870 erneuern. In der That scheint

die Wiederkehr dieses Hauses die allgemeine Voraus=
ſetzung in Frankreich zu ſein; und es würde intereſſant
ſein zu ſehen, wie eine kleine Partei, wenig geachtet,
wenig ausgezeichnet durch Talent und Bildung, ohne
tiefgehende geſellſchaftliche Wurzeln, von allen Parteien
gleicherweiſe gehaßt, ja, man kann ſagen, ein Gegenſtand
des Haſſes und der Verachtung für alle gebildeten Claſſen
Frankreichs, endlich über alle triumphirt, ohne Blutvergießen
triumphirt. Sucht man aber nach dem Grunde des ſehr wahr=
ſcheinlichen Erfolges der Wenigen ohne Verdienſt und der
Niederlage der vielen Wohlverdienten, ſo wird man es eben
in der Tugend und Untugend finden, welche dem linken
Centrum abgehen — Kühnheit und Gewiſſenloſigkeit.
Und dieſe Eigenſchaften bilden nicht allein ihre Ueber=
legenheit.

Da die Bonapartiſten während der letzten Jahre
das Heft in der Hand gehalten, ſo verfügen ſie über
ein zahlreiches Perſonal, eine Regierungsmaſchine, welche
allen andern Parteien abgeht, den drei conſervativen
Parteien, weil ſie keine praktiſche Erfahrung haben,
obſchon der theoretiſchen Studien genug, der radi=
calen, weil ſie weder Studien noch practiſche Erfahrung
irgend einer Art hat. Endlich haben die, ſo einmüthig
von den gebildeten Kreiſen Frankreichs gehaßten Bona=
partiſten noch nicht aufgehört von der Maſſe der Land=
bevölkerung unterſtützt zu werden. Das Raiſonnement
dieſer iſt freilich roh, aber nicht ohne Plauſibilität. „Wir
haben zwanzig Jahre Wohlergehen und Frieden gehabt,
ſo lange der Kaiſer ſelbſt regierte; ſobald er den Liberalen
einen Theil an der Regierung gab, hatten wir Krieg,

Niederlage, Revolution." Und noch mehr als ihr Rai=
sonnement ist ihre Furcht zu fürchten. Kein französischer
Bauer, für den Henry V. nicht gleichbedeutend wäre
mit ancien régime, für den die Republik nicht Metzelei und
Straßenkämpfe in Permanenz bedeutete, während der demo=
kratische Absolutismus, welcher das Wesen der cäsarischen
Regierung ausmacht, sie gegen beide Extreme sichert.
Die Bonapartisten kennen diese Stimmung zu wohl um
nicht von Anbeginn an ein Plebiscit verlangt zu haben.
Nun, da sie, virtuell, wenn auch nicht nominell, den
Sieg davon getragen, selbst wo die geringste Aussicht
für sie zu sein schien ihr Haupt zu erheben, — in
der parlamentarischen Versammlung — würde es durch=
aus nicht überraschend sein, wenn sie endlich ihren appel
au peuble durchsetzten.

Einstweilen hat Frankreich was es wünscht: eine
starke Regierung, ausgerüstet mit beinahe allen Macht=
befugnissen, welche sich Napoleon III. einst am 2. Dec.
eroberte, und — die dreifarbige Fahne, welche in den
Augen der Nation die moderne Gesellschaftsordnung
repräsentirt. Der Fahnenträger mag und wird höchst
wahrscheinlich wechseln: aber die Sache, der Cäsarismus,
die Tyrannis hat triumphirt: die Rückkehr zum alten
Régime, wie die Erneuerung constitutioneller Experi=
mente, sei's monarchischer, sei's republikanischer Art, sind
wieder einmal für lange Jahre unmöglich gemacht wor=
den. Ob Frankreich Recht hat jene von dem ersten
Napoleon eingerichtete Organisation zu bewundern, welche
keine Revolution bis jetzt hat umzustürzen vermocht, das
ist eine ganz andere Frage. Der Fremde mag seine

Gründe haben daran zu zweifeln; aber ein französischer Staatsmann braucht sich nicht um das zu bekümmern — und sicherlich weder Herr Thiers noch Marschall Mac Mahon, noch die Herren Rouher und Magne bekümmern sich darum — was die Fremden meinen. Die Franzosen aber, die sich als Politiker auf der Pariser und Versailler Bühne umhertreiben, und entweder wie die Fliege am Wagen sich einbildeten sie vollbrächten etwas, weil sie summend dem Manne folgten, welcher den eingefahrnen Staatskarren allein aus dem Kothe zu ziehen im Stande war, oder aber diesen Mann mit ihrem Geschrei aufzuhalten und zu hindern suchten, wie sie jetzt mit seinem Nachfolger und dessen zukünftigen Nachfolgern thun, sollen doch ja nicht glauben, die Augen Europa's seien auf sie gerichtet, voller Interesse um die großen Principienfragen, die von ihnen ventilirt und entschieden würden. Europa sah und sieht noch immer ängstlich zu, daran ist kein Zweifel; aber nur weil es ein Tollhaus zu sehen glaubt, dessen Bewohner jeden Augenblick den klugen Arzt, der sie leitete, oder den braven Gefangenwärter, der sie seitdem überwacht, umbringen können und welche, einmal freigelassen, nicht länger von ihrer Familie, der großen, klugen, ehrenhaften, aber schwachen und muthlosen französischen Nation, im Zaume gehalten, nicht gehindert werden könnten, Streiche des Wahnwitzes zu begehen. Nun ist auch diese Sorge durch Anlegung der Zwangsjacke für's Erste gehoben. Daß aber irgend ein Fremder glauben sollte, in all dem politischen Getriebe von Kampf und Intrigue, das sich um Herrn Thiers' und Marschall Mac Mahon's Person abspielte und abspielt, sei noch ein Princip, ein allgemeines Interesse, eine Idee in Frage, darüber wird man sich eben in diesen von Leidenschaft verblendeten Kreisen nie klar mehr werden können.

Von historischem, philosophischem, moralischem Standpunkte hat dieses Parteigetreibe für uns Fremde nicht mehr Interesse als die byzantinischen Kämpfe der Blauen und Grünen, oder die spanischen der Moderados und Progresistas: denn für den Geschichtschreiber und den Denker hat die politische Barbarei in ihrer Monotonie kein Interesse. Was aber ist Barbarei? Ist's nicht wenn der Blick sich trübt für das Allgemeine, für das Gesetzliche, für das Ewige? wenn der Mensch sich nicht über seine persönlichen, oder Familien= und Partei=Interessen zu erheben vermag, wenn er nur individuellen Leidenschaften, Begierden und Interessen sich hingibt? In solchem Zustande aber ist das politische Frankreich. Wolle Gott, daß das nicht=politische Frankreich nicht demselben Zustande anheim=falle! Und das muß ihm früher oder später wider=fahren, nicht weil es ihm an politischem Verstande fehlte — im Gegentheil hat die friedliche Masse der gebildeten Franzosen ein treffliches politisches Urtheil — sondern weils ihm an politischem Charakter fehlt: denn alle Tugenden des öffentlichen Charakters gipfeln in der Einen, die ihnen gänzlich abgeht, dem öffentlichen Muth.

IV.

Schlussbetrachtung.

Und was denken die Bessern in Frankreich von der
Gegenwart, von der Zukunft ihres Vaterlandes? Wie
stehen die wenigen Erwählten, die jede Nation in ihrem
Busen hegt, die Weisen, welche über dem Parteigetriebe
erhaben, über ihrer Zeit, ihren Leidenschaften und Vorurtheilen stehen, wie verhalten sie sich zu dem öffentlichen Leben, das um sie her tobt, wie zu der Todes-
stille, welche sich plötzlich um sie lagert? Der Besten,
der Tiefsten und Einsichtigsten Einer, ein Historiker in
des Wortes schönstem Sinne mag es uns sagen; hören
wir Ernest Renan, den Patrioten und Denker.*)

---

*) Man hat dem Verfasser den Vorwurf gemacht seinen „re-
presentative man" schlecht gewählt zu haben; man achte Renan
als Schriftsteller, als Moralisten, als Kritiker, aber seine politischen Meinungen seien doch gar zu „singulières". Nun war gerade diese Singularität von Renan's politischen Ansichten der
Grund warum wir sie anführten. Wer in der Hitze des Kampfes
ist, wird nicht in der Lage sein den Sinn dieses Kampfes, seine

Niemand ist strenger zu Gericht gegangen mit seiner eigenen Nation als Renan; aber sein Zorn ist Zorn aus Liebe. Gerade weil er in Frankreich das auserwählte Volk sieht, ist er so unerbittlich gegen seine Schwächen und Irrthümer: „Eine Nation, die eine so edle Vergangenheit besitzt, hat nicht das Recht, sich selbst aufzugeben, ihren Beruf zu versäumen." Bei jeder Gelegenheit, und so wieder in seinem neuesten Werke, sucht Renan, als ein gewissenhafter, freimüthiger, unermüdlicher Arzt die Uebel seiner Nation zu erforschen und aufzudecken, ihr die traurigste Zukunft zu weissagen, wenn sie jene Uebel nicht beizeiten bekämpft, ihr bittere Heilmittel vorzuschlagen. Leider ist er, wie so mancher geniale Arzt, stärker in der Diagnostik, ja in der Prognostik, als in der Therapeutik. Fassen wir in wenigen Worten seine Krankengeschichte und sein Heilsystem zusammen:

Ursachen und seinen Fortgang zu schildern. Ein bedeutender Mann, der abseits steht und beobachtet, dürfte wohl das ganze Schauspiel besser überblicken und folglich besser zu charakterisiren im Stande sein. Ein großer Irrthum aber ist es zu glauben, Renan stehe allein mit diesen seinen Ansichten: wir führten oben Tocqueville's ganz mit diesen übereinstimmende Aeußerung über Frankreich's Zukunft an. Auch Mérimée urtheilte ähnlich (ce qu'il y a de sûr c'est que nous nous en allons à tous les diables, sagte er schon vor 1870) und es wäre uns leicht hunderte von Männern zu nennen, die mit derselben Besorgniß in die Zukunft, mit demselben Bedauern auf die Vergangenheit ihres Vaterlandes schauen: und diese Männer sind wahrscheinlich weder sittlich noch geistig die untergeordnetsten: und wenn die Franzosen wirklich nie fragten, was ein Renan von ihrer politischen Lage denkt, so wären sie wahrlich noch mehr zu bedauern, als wir es voraussetzten.

Frankreich schuldet Alles seinen Königen — Einheit, Macht, die Nationalität selbst, aber auch die Centralisation, die jene Macht am Ende untergräbt. Sie tödteten den Adel, hielten das Volk in Unwissenheit und Unsittlichkeit, bereiteten die Revolution vor. Diese wollte die falschen Grundsätze Rousseau's verwirklichen; „der Leichtsinn der Advocaten von Bordeaux, ihre hohlen Declamationen, ihre sittliche Leichtfertigkeit thaten das Uebrige ... und als Frankreich endlich seinem Könige das Haupt abschlug, beging es einen Selbstmord." Was die „unwissenden und beschränkten Köpfe vom Ende des vorigen Jahrhunderts" verschuldet, konnte nur schwer wieder gut gemacht werden; doch war man auf dem Wege, als im Jahre 1830 das Königthum seinerseits den größten aller Fehler beging. Die Zeit hätte vielleicht noch die jüngere Linie des alten Königshauses befestigt, wie sie's in England gethan, wenn die Nation sich nicht wiederum „einer ganzen Reihe unverzeihlicher Leichtfertigkeiten schuldig gemacht hätte". Aber so groß war das Bedürfniß nach Frieden im Lande, so stark waren die conservativen Instincte, daß man bald ein drittes Mal seit der Revolution sich der Hoffnung hingeben durfte, eine nationale Dynastie herstellen zu können. Renan hat den in Frankreich unerhörten Muth, Napoleon III. gerecht und billig zu beurtheilen, obgleich er ihm mit Recht vorhält, daß „der einfachste Menschenverstand ihm verbot, Krieg zu führen"; doch scheint er mir sich zu irren, wenn er ihm militärische Ruhmsucht vorwirft und die Nation bis zu einem gewissen Punkte von der Schuld am Kriege freisprechen will. „Das Verbrechen Frankreichs war das eines reichen Mannes, der sich einen schlechten Verwalter seines Vermögens erwählt und ihm unbegrenzte Vollmacht gibt. Ein solcher Mann verdient zu Grunde gerichtet zu werden; aber es ist nicht gerecht zu behaupten, daß er selbst die Handlungen begangen hat, die sein Bevollmächtiger ohne ihn und gegen seinen Willen (sic) gethan." Die Nation war durchaus friedlich; sie neigte sich zu amerikanischen Sitten und Anschauungen; die materiellen Interessen herrschten vor, das germanische Element — das kriegerische in der Nation — war zurückgedrängt; das celtische — friedliche*) — hatte die Oberhand gewonnen; man begann die höheren Interessen, Ruhm, Vaterland, geistigen Genuß, den roheren und gemeineren aufzuopfern; jede Tradition einer nationalen Politik war so schon verschwunden vor dem Kriege. Frankreich war „ein Herd ohne Flamme und Licht geworden; ein Herz ohne Wärme,. ein Volk ohne Propheten, die sagen könnten, was es fühlte; ein ausgestorbener Planet, der in mechanischer Bewegung seinen Kreis durchlief . . . ." Dazu die Sorglosigkeit, die Faulheit in der Regierung: „Jedes Amt war eine Sinecure geworden, das Recht auf eine Rente, um nichts zu thun · . . . und die Opposition vertrat keineswegs ein höheres sittliches Princip." So war Frankreich schon auf dem Wege der Mittelmäßigkeit.

Endlich die äußere Politik Frankreichs: Nur eine Minderheit bekannte sich zu rationellen Principien, d. h. befürwortete die Nichtintervention. Nach Rom zu gehen,

---

*) Was wird da aus Cäsar's Beobachtungen über die celtische Rauflust?

Deutschland nicht gewähren zu lassen, „zum Krieg zu treiben, wie's die Opposition that seit Sadowa", waren grobe Verstöße gegen die „moderne" Politik jener aufgeklärten Minderheit, und „Die, welche die Lehre von den natürlichen Grenzen und den nationalen Interessen gepredigt, haben nicht das Recht, sich zu beklagen, daß ihnen geschieht, was sie selbst Anderen anthun wollten". Das System, nach welchem das moderne Frankreich seine Regierenden aussucht, die Wahl, erlaubt es nicht der aufgeklärten Minderheit, die bei Favoritismus oder Geburtsadel durchdringen könnte, ans Ruder zu kommen. „Der Wahlkörper, den Alle bilden, ist weniger werth, als der mittelmäßigste Monarch früherer Zeiten..." denn „der mittelmäßigste Mensch ist mehr werth, als die Gesammtresultate von sechsunddreißig Millionen Individuen, deren jedes für eine Einheit gilt." In anderen Worten: das Uebel ist in der Demokratie. „Die Selbstsucht, diese Quelle des Socialismus, der Neid, diese Quelle der Demokratie, werden immer nur eine schwache Gesellschaft schaffen, die unfähig ist, mächtigen Nachbarn zu widerstehen. Eine Gesellschaft ist nur dann stark, wenn sie die Thatsache natürlicher Ueberlegenheiten anerkennt, die sich im Grunde auf eine einzige zurückführen lassen, die der Geburt; denn die geistige und sittliche Ueberlegenheit ist ja auch nur die Ueberlegenheit eines Lebenskeimes, der sich unter besonders günstigen Bedingungen entwickelt hat." Und wie die Gesellschaft und die bürgerliche Verwaltung, so wird auch die Armee durch die Demokratie zerrüttet, wie es das Jahr 1870 nur zu deutlich gezeigt. Doch, Alles ist nicht verloren; neues

Leben blüht aus den Ruinen und das „französische Be=
wußtsein, obgleich furchtbar getroffen, hat sich wieder=
gefunden". Eine Verjüngung, eine Wiedergeburt ist noch
möglich. Also frisch an die Arbeit: laboremus. Allein
was wird die Arbeit fruchten, wenn man schon vor Be=
ginn sich halblaut gesteht: nil expedit? Ohne Zuver=
sicht ist die uneigennützigste Arbeit mit Unfruchtbarkeit
geschlagen. Doch weiter in unserer Analyse.

Wo könnte Frankreich ein besseres Beispiel finden,
dem es nacheifern sollte, als beim Feinde, in dem Preußen
Stein's und Scharnhorst's? „Preußens Wiedergeburt
hatte eine Gediegenheit, welche die bloße patriotische
Eitelkeit nicht zu geben vermag; sie hatte eine sittliche
Grundlage; sie war gegründet auf die Idee der Pflicht,
auf den Stolz, den das edel ertragene Unglück gibt."
Die Sühne besteht nicht in Kasteiung; sie besteht darin,
daß man seine Fehler einsehe, sich bessere. Und welches
ist der schlimmste Fehler Frankreichs? Ist's nicht „der
Geschmack an oberflächlicher Demokratie"? Ein aufge=
klärter Patriot dürfte demnach anrathen, die alte Na=
tional = Dynastie wieder anzunehmen; nur an die Stelle
der absurden Theorie des „göttlichen Rechtes" das histo=
rische Recht zu setzen; durch die Landwehr und ihre
Cadres eine Art kleinen Adels zu schaffen. „So würden
die Wurzeln des Provinzial = Lebens ein braver loyaler
Landedelmann sein und ein guter Dorfpfarrer, der sich
ganz der Volkserziehung widmete." Also vor Allem das
preußische Militärgesetz; aber das setzt ja doch schon jenen
kleinen Landadel voraus und wird eben mit der Demo=
kratie nicht leicht einzuführen sein; doch muß es immer=

hin versucht werden, denn „sonst, das versichere ich euch, ist Frankreich verloren . . . Wenn es wahr ist, wie es fast scheinen will, als seien das Königthum und die adelige Heereseinrichtung bei den lateinischen Völkern verloren, so muß man zugeben, daß die lateinischen Völker eine neue germanische Invasion herausfordern und sie hinnehmen müssen".

Aber gibt es nicht ein anderes Mittel, wenn auch nicht unsere Wiedergeburt zu erlangen, so doch unser Rachegefühl zu befriedigen? Versuchen wir die Demokratie, in der wir uns leider befinden, lebensfähig zu constituiren; sie wird Deutschland anstecken und Deutschland wird an ihr zu Grunde gehen. Diese Demokratie nun zu constituiren schlägt Renan verschiedene Mittelchen vor: Zweikammer-System, indirectes allgemeines Wahlrecht und ein ständiges Wahlmänner-Corps; Aufhebung der Oeffentlichkeit der parlamentarischen Verhandlungen, des Princips der municipalen Selbstverwaltung in der Hauptstadt, der Clubs; Aufrechthaltung der Preßfreiheit, Decentralisation in Verwaltungssachen, ohne bis zum Föderativ-Princip zu gehen, das tödtlich für die Staaten ist; Colonisation in großem Maßstabe; vor Allem aber Schulreformen, und da ist wiederum Deutschland das wahre Muster. Ein schwer zu erreichendes Muster für katholische Nationen: denn sein wissenschaftlicher, sein classischer, sein populärer Unterricht beruhen alle gleicherweise auf dem Protestantismus. Doch mag's immerhin versucht werden. Vielleicht wird die Schöpfung einiger Universitäten möglich sein, sie würden den größten und besten Einfluß ausüben, doch wäre dazu die Mitwirkung des Clerus nöthig; es gibt noch liberale Priester; folgen wir dem Beispiele Döllinger's, suchen wir eine nationale fortschrittliche Kirche zu gründen, ein Schisma herbei= zuführen, so die schon erstarrte Religiosität wieder zu beleben.

Aber wird Frankreich es je über sich gewinnen, auch nur diese so bescheidenen Reformen zu verwirklichen? Werden sein Materialismus, seine Trägheit es nicht an einem solchen Auffluge hindern? Manchmal will es Einem bedünken, als seien „eine Folge von wankelhaften Dictaturen und ein Cäsarismus wie zu den Zeiten des Verfalles die einzige Aussicht für die Zukunft". — „Der Bischof wird bald allein in der Provinz noch aufrecht stehen, inmitten einer entfesteten Gesellschaft". Denn „wenn man nicht beizeiten einlenkt, ist der Tag nicht mehr fern ... wo die Nation in zwei Theile getheilt sein wird, einer zusammengesetzt aus Intriguanten aller Art, die von Revolutionen und Restaurationen leben, der andere bestehend aus braven Leuten, die es sich zum absoluten Gesetze machen, sich um die Regierungswechsel nicht zu kümmern und die düster daheim den Spruch des Geschickes erwarten."

Mit solchen trüben Ahnungen — und sie wurden schon 1868 niedergeschrieben — mit einer solchen Kennt= niß der französischen Schäden, die sich alle im Grunde auf Katholicismus und Demokratie zurückführen lassen, geht man natürlich nur halben Herzens an die Arbeit der Wiedergeburt. Renan sieht ein, „daß die Kraft einer Gesellschaft in zwei Dingen besteht: in der Volks= tugend, diesem großen Reservoir von Hingebung, Opfer=

finn, inftinctivem moralifchen Sinn, den die edlen Racen in fich tragen als eine Erbfchaft ihrer Ahnen; und in dem Ernfte, in der Bildung der höheren Claffen" — und er findet in feiner Nation weder die eine, noch den anderen.

Im Allgemeinen will es uns bedünken, daß der fchwarzfehende Denker den hiftorifchen, gefellfchaftlichen und geiftigen Eigenthümlichkeiten feiner Nation einen viel zu bedeutenden Einfluß auf die traurige politifche Entwicklung des Landes zufchreibt und daß er die Charakter=Eigenfchaften als beftimmenden Grundurfachen derfelben lange nicht genug betont. Es ift immer fchwer, in der halbverborgenen Kette von Urfachen und Wirkungen ein einziges Moment herauszugreifen und zu fagen: dies allein ift fchuld an Allem; die Zufammen= und Wechfelwirkung ift fo eng mit einander verbunden, daß man fie kaum mit der Verftandes=Analyfe trennen kann, gefchweige denn im lebendigen Werden eines Volkes. Gefchichte, Einrichtungen, Gefellfchaft find ja doch immer Folgen der geiftigen und fittlichen Eigenfchaften einer Nation und diefe find wieder von jenen bedingt oder modificirt. Ein Verfuch mag immerhin gewagt werden.

Was Frankreich feinen Königen fchuldet, was die Männer der Revolution an Frankreich verbrochen, kann man mit Renan nicht hoch genug anfchlagen, obgleich im Einzelnen mit ihm zu rechten wäre. Worauf er unferer Anficht nach nicht genug Gewicht gelegt, ift dies: es find weniger die von der Revolution gegründeten Staatseinrichtungen, als die von ihr zur Herrfchaft gebrachten Ideen, welche Frankreichs politifche Entwicklung

seit beinahe hundert Jahren hemmen, irreleiten, von Ex=
trem zu Extrem führen. Auch mit der Centralisation
haben große Staatswesen lange und kräftig geblüht,
allen anderen voran Frankreich selbst unter Heinrich IV.,
Richelieu, Ludwig XIV. Es war gewiß ein großes
Unglück für die Nation, mit seiner Dynastie zu brechen;
ein großes, aber kein unwiederbringliches. Selbst nach
dem 21. Januar 1793 war es ja noch möglich gewesen,
diese Dynastie wieder herzustellen; und es war viel mehr
die Schuld der politischen Doctrinäre, Fanatiker oder
Intriguanten, als des Monarchen, wenn dieser Versuch
1830 fehlschlug. Selbst die Substitution einer jüngeren
Linie hätte vielleicht gelingen können, wie in England;
aber Regierung und Opposition unter Ludwig Philipp
wetteiferten in blinder Leidenschaft und der Versuch miß=
glückte. Auch eine neue National=Dynastie zu begrün=
den, wäre leichter gewesen in Frankreich, als z. B. in
Schweden oder Belgien; denn der Gründer der Bona=
parte'schen Dynastie war nicht nur mit allem Glanze
eines Karl des Großen umgeben, er hatte sich auch mit
der neuen Aera der Nation identificirt und war der Ur=
heber seiner neuen Institutionen: wieder war es die ver=
einigte Schuld des Monarchen und der Nation, die eine
solche Neugründung unmöglich machten. Auch jene
neuen Staatseinrichtungen, wie sie der corsische Cäsar
ins Leben gerufen, waren nicht schuld an dem Miß=
glücken. Sie im Gegentheil überlebten alle Revolutionen
und Dynastiewechsel. Wir haben es mehrmals zu wie=
derholen Gelegenheit gehabt: die Organisation des Heeres,
der Justiz, des öffentlichen Unterrichts, der Geistlichkeit,

der Finanzen, der Verwaltung, sind unberührt geblieben
von allen Stürmen seit 1804 und haben sich lebens=
kräftig erwiesen. Ebenso ist es mit der Institution, die
der Neffe des großen Mannes in Frankreich, man kann
sagen, eingebürgert: das allgemeine Stimmrecht ist durch=
aus kein Unglück für Frankreich. Die Modification
desselben durch indirecte Wahlen, wie es Renan vor=
schlägt, existirt schon de facto: der Einfluß der gebil=
deten Classen auf die unteren Volksschichten ist so groß,
daß überall sich von selbst eine Mittelstufe bildet; die
Arbeiter würden doch nur den Journalisten und Advo=
caten, der sie jetzt führt, als Wahlmann wählen; der
Bauer doch sich immer, wie jetzt, an seinen Gutsherrn
halten. Es genügt an Stelle der unsinnigen Wahl=
methode nach Departementslisten die Wahl nach Bezirken
wiedereinzuführen, um dem ganzen System seine Wahr=
heit zurückzugeben und allen berechtigten Einflüssen, die
jetzt von einer tumultuösen Stadtdemokratie unterdrückt
werden, wieder zu ihrem Rechte zu verhelfen.

Das Unglück Frankreichs kommt von den Mittel=
classen, nicht von der Masse noch von den höheren Ständen.
Wo die Massen sich von den letzteren führen lassen, wie
in den Wahlen ihrer Repräsentanten, oder ihrem eigenen
Instincte folgen, wie in den Plebisciten, haben sie immer
das Richtige getroffen; wo sie sich dem Mittelstande an=
vertrauen, wie in den großen Städten, sind sie immer
zum Schlimmsten verleitet worden. Und warum das?
Weil, wie wir oben sagten, die Revolution die Ideen
der Mittelclassen verwirrt und verderbt hat. Renan,
der in seinem unnachahmbaren Aufsatz über Béranger

diesen Revolutionsgeist in seiner Plattheit und Mittel=
mäßigkeit so treffend geschildert, meint heute, der Ratio=
nalismus führe nicht zur Demokratie. Das will uns
denn doch ein allzustarkes Paradoxon bedünken. Es ist,
unserer Ansicht nach, geradezu der politische Rationalis=
mus, den die Revolution unter den Mittelclassen ver=
breitet, welcher die geistige Hauptquelle alles politischen
Unheils der Nation ausmacht und, da er in den sitt=
lichen Untugenden des Neides, der Unwahrheit und der
Eitelkeit drei mächtige Verbündete findet, sich zum Des=
poten des ganzen Volkes aufgeworfen hat. Es gibt ge=
wisse einfache, mechanische, oberflächliche Ideen, die, der
Mittelmäßigkeit leicht zugänglich und dabei ihren schlechten
Instincten schmeichelnd, recht eigentlich für die Mittel=
mäßigkeit gemacht zu sein scheinen; sie sind es, welche
die französischen Mittelclassen verderbt haben. Aus Haß
gegen die höheren Stände ebensosehr, als aus politischem
Rationalismus haben sie die speciösen Ideen der Gleich=
heit und alles dessen, was damit zusammenhängt, zu
einer Religion der Mittelmäßigkeit erhoben; und wehe
dem, der diese Religion zu mißachten wagt! So war
es in jeder Demokratie, welche die Geschichte gekannt;
nicht die Institutionen, selbst so tolle Institutionen als
das Loos in Athen und Florenz, haben zur Tyrannis
(ich sage nicht zur Tyrannei) geführt, sondern die falschen
Gleichheits = Ideen. Was die Franzosen nicht einsehen
wollen — und dieß gereicht ihrem Idealismus zur höchsten
Ehre, wenn es auch nicht ihren politischen Verstand in
ein günstiges Licht setzt — ist eben, daß sie zum Principat
oder Cäsarismus verdammt sind, und daß es ihnen nie

und nimmermehr gelingen wird, was unter viel günstigeren Umständen weder Athen und Rom, noch Florenz und Holland gelungen ist: der Herrschaft eines Tyrannos zu entrathen.

Die Illusion der französischen Mittelclassen, Demokratie und Selbstregierung miteinander vereinigen zu können, hat auch den letzten Cäsar gestürzt. Ich will mich hier nicht auf eine Apologie, noch weniger auf eine wiederholte Charakteristik des oft so hart beurtheilten Napoleon III. einlassen; die Geschichte wird, glaube ich, einst milder urtheilen. Und doch war er an seinem Falle ebensosehr schuld als die Nation. Renan — und die Wenigen, die seiner Ansicht waren — möchten heute die Nation freisprechen von der Kriegserklärung, die diesen Fall nach sich zog. Sie berufen sich auf die Berichte der Präfecten über den Stand der öffentlichen Meinung in Bezug auf die Kriegsfrage im Juni 1870. Das heißt mit Worten spielen. Die Masse einer Nation ist immer friedfertig; denn alle ihre Interessen leiden unter dem Krieg. Was in der politischen Sprache „Nation", „öffentliche Meinung" heißt, ist nicht, was der Bauer, ja kaum was der Kleinbürger denkt — es ist, zumal in Frankreich, was die gebildeten lesenden, sprechenden, schreibenden Classen: Advocaten und Richter, Beamte und Lehrer, Künstler und Journalisten, Aerzte und Ingenieure denken, wollen und aussprechen. Sie führen die Nation und reißen, namentlich in Frankreich, auch die Regierung mit sich fort. Alle politischen Parteien wollten den Krieg: die Gemäßigt-Liberalen, — Prévost Paradol sagte es ausdrücklich noch ein Jahr vor dem Ausbruche des

Krieges — weil es die traditionelle Politik Frankreichs erfordere, kein einiges Deutschland aufkommen zu lassen; die ultra = imperialistische, weil sie durch Gewinnung der Rheingrenze ihrem Cäsar neuen Glanz verleihen wollte; die republikanische, weil sie ihn zu stürzen hoffte, jeden= falls, weil sie durch Wachhalten der verletzten National= Eitelkeit seit Sadowa sein Ansehen zu schwächen wünschte. Renan spricht mit tief historischem Sinne von dem „be= dauernswerthen Principe, das da will, daß eine Gene= ration die folgende nicht binde"; sollte man nicht dasselbe sagen von einem Theile der Nation, der den anderen fortreißt? Wenn in obengenannten Parteien und obge= dachten Ständen, deren Leitung sich Nation und Regie= rung hingaben, ein paar hundert Leute wie Renan den Frieden und Deutschlands Einigung wünschten, so ist die Zahl hochgegriffen; und klingt es nicht wie die Ge= schichte des Schiff=Capitäns, der lieber für einen Trunken= bold als für einen schlechten Reiter gelten wollte, wenn heute Frankreich lieber die Schmach auf sich nimmt, sich von Einem, noch dazu unfähigen, Manne einen Krieg gegen besseres Wissen und Wollen haben aufzwingen zu lassen, als einfach zuzugestehen, daß man in blinder Leidenschaft gehandelt?

Auch die Organisation der französischen Gesellschaft ist es ebenso wenig als die Geschichte oder die Institutio= nen, welche Frankreich an einer gedeihlichen politischen Existenz hindert. Diese Organisation ist beiweitem gün= stiger für politisches Leben, als in den meisten Ländern Europas: ein Mittelstand, zahlreicher als in Italien, wohlhabender als in Deutschland, gebildeter als in Eng=

land; eine natürliche Aristokratie — ich verstehe darunter
die nicht zur Arbeit gezwungenen, unabhängigen und
begüterten Bürgerlichen sowohl als die Adeligen — die
sich wie in England, fortwährend verjüngt, im Allgemeinen eine ziemlich hohe Bildung besitzt und der es
nicht an praktischer Erfahrung und Kenntniß realer
Interessen fehlt; ein gelehrter Stand, der materiell und
sozial viel höher gestellt ist, als in Deutschland, denn
sein Einkommen und sein gesellschaftliches Ansehen bringen
den Anwalt, den Arzt, den Publicisten ersten Ranges
zu den höchsten gesellschaftlichen Ehren, die er in Deutschland nie erreichen könnte. Wenn endlich der Arbeiter
der Städte immer kriegsbereit gegen die Gesellschaft ist,
so ist dagegen der Bauer eine feste Stütze der Ordnung
und des Gesetzes.

Nein, das Uebel liegt tiefer als in der Gesellschaft,
den Institutionen, den Schicksalen der Geschichte; es
liegt zum Theile in dem Verstandesfehler, den ich oben
gerügt, in der falschen Weltanschauung, welche die Revolution zur Herrschaft gebracht in den Mittelclassen; es
liegt aber vor Allem im Charakter.

Wenn ich vom französischen Charakter rede, so
spreche ich — ich kann es nicht oft genug wiederholen —
von dem öffentlichen Charakter, nicht vom privaten: ich
habe den Franzosen als Staatsbürger im Auge, nicht
als Menschen. Nichts wäre ungerechter, als die Privat-
Tugenden des Franzosen zu verkennen. Wer unsere
Ausführungen in den ersten Kapiteln dieses Büchleins
gelesen und einem unparteiischen Beobachter Glauben
schenken will, wird zugeben müssen, daß der Franzose

im Privatleben liebenswürdig, mäßig, hilfreich, sparsam, gewissenhaft redlich in Handel und Wandel, und ebenso vorsichtig und bedacht, als er im öffentlichen Leben leichtsinnig und unbedacht ist. Der Familiensinn ist in Frankreich durchaus nicht erstorben: im Gegentheil ist die Liebe der Eltern meist übertrieben; die der Kinder, namentlich gegen die Mutter, rührend und schön; selbst die Gattenliebe ist viel allgemeiner, als man es im Auslande nach französischer Roman-Lecture anzunehmen beliebt. Gewisse Dinge, die den Germanen unangenehm berühren und unseren Begriffen von Sittlichkeit widersprechen, sind deßhalb noch durchaus keine Hindernisse für eine gesunde staatliche Entwicklung. Wir haben gesehen, daß die Religion und die Moral dem Franzosen nicht Gefühls- und Herzenssache, sondern gegenseitige Uebereinkunft, äußerlicher, gesellschaftlicher, utilitarischer Natur, jedenfalls Verstandessache sind, und daraus entspringen dann Vernunftheirathen, Beschränkung der Nachkommenschaft und andere Folgen, die indirect einen schlimmen Einfluß auf den Staat ausüben; doch haben viele Staaten der Geschichte auch mit einer solchen conventionellen Religion und Moral lange und kräftig geblüht.

Schon viel schlimmer sind andere Untugenden, wie übertriebene Eitelkeit und Anlage zum Neid, welche beide der schlimmsten Art von Demokratie Vorschub leisten; auch Routine, die leicht das Leben lähmt; vor Allem Unwahrheit oder, richtiger zu reden, ein Mangel an Wahrheitsgefühl, der durch die ganze Lebensgewohnheit geht; Abwesenheit von lebhaftem Rechtsgefühl, die sich, trotz der tadellosen Unbestechlichkeit der französischen

Richter, in allen Urtheilen der öffentlichen Meinung offenbart — haben einen bedeutenden mittelbaren Einfluß auf das Staatsleben, der gewiß vom Uebel ist.*) Doch verschwinden sie alle vor dem Grundübel des französischen Charakters, sobald öffentliche Zustände in Betracht kommen: dem Mangel an bürgerlichem und moralischem Muth. Nicht die bestehenden Gesetze müssen geändert werden, um Frankreich wieder zur Gesundheit und Macht zu verhelfen — der Muth muß wieder gefunden werden, die bestehenden Gesetze und Einrichtungen zu benützen, anzuwenden, zu interpretiren. Merkwürdigerweise hat Renan gerade diesen Charakterfehler auch nicht mit Einem Worte erwähnt in seinen Untersuchungen über die Quellen der politischen Krankheit Frankreichs, und doch ist er die Hauptquelle.

Noch einmal: wir sind weit davon entfernt, die Theilnahme an den öffentlichen Angelegenheiten als eine Bürgerpflicht anzusehen. Im Gegentheile ist es unsere feste Ueberzeugung, daß in einem gesunden, wohlgeordneten Staatswesen und in normalen Zeiten jeder ehrliche Bürger zuerst und vor Allem seines Amtes und seines Berufes warten muß. „Es ist ein übles Zeichen, wenn der Bürger an Werktagen feiert", um Politik zu treiben, meint Egmont. Aber es gibt kritische Augenblicke und

*) Die Routine allein z. B., um nur Einzelnes zu citiren, hat bis jetzt die Universitäts= und Gerichts=Reform unmöglich gemacht; der Mangel an Wahrheitsliebe die Ein= und Durchführung der Einkommensteuer verhindert; die Abwesenheit des Rechtsgefühles die Institution der Geschwornengerichte vollständig gefälscht.

kranke Staatskörper, wo das Individuum sein persön=
liches Interesse dem allgemeinen Wohle hintansetzen muß
und am Ende dadurch sein persönliches Interesse am
sichersten wahrt. In einem solchen Momente, in einem
solchen Staatskörper lebt der französische Bürger seit
achtzig Jahren. Wenn die Unwissenden und Unbesitzen=
den die Existenz des Staates bedrohen, in ihrem eigenen
Interesse oder in dem ehrgeiziger Demagogen, so wird's
eine Pflicht hinabzusteigen in die Arena, um den Staat
zu schützen. Thut's der freisinnige Bürger nicht, so wird
die blinde Masse der Landbevölkerung das conservative
Interesse, auf dem am Ende jede Gesellschaft beruht,
dadurch retten, daß sie die Freiheit über Bord wirft,
um den staatlichen Frieden zu retten.

Wir wissen so gut wie Renan, daß die Majorität
des gebildeten Frankreich, namentlich in der Provinz,
gemäßigt liberal gesinnt ist. Manchmal, wenn sie sich
recht ruhig und sicher glaubt, bringt auch diese furcht=
same Majorität hervor, wie 1829, 1847 und 1869; aber
sobald sich der Feind zeigt, verkriecht sie sich wieder und
läßt ihn gewähren. Indem sie sich so die Revolution
von den Pariser politicians und ihren demokratischen
Prätorianern, oder den Staatsstreich von der durch
einen Cäsaren vertretenen, in ihm verkörperten Land=
bevölkerung auferlegen läßt, ohne sich zu wehren, wird
sie mitschuldig aus Feigheit. Niemand wird sagen wol=
len, daß die Majorität der Franzosen der Thaten der
St. Barthélémy, der Dragonnaden, der Septembertage,
der Vertreibung der Deutschen im Sommer 1870, der
Schandthaten des 18. März fähig wäre; aber eine Na=

tion ift folidarifch. Daburch, daß man jene Gräuel aus
Mangel an Muth gefchehen ließ, machte man fich mit=
fchuldig. Und wiederum kann es uns nicht einfallen,
zu behaupten, alle gebildeten Franzofen billigten die
Staatsftreiche des 18. Brumaire und 2. December, die
Ueberrumpelungen des 24. Februar und des 4. Sep=
tember; aber die Gebildeten, Gemäßigten, Freifinnigen
haben fich zu Mitfchuldigen gemacht, als fie diefes Trei=
ben gewähren ließen. Nehmen wir an — was wir
perfönlich nicht zugeben — die Majorität der Gebildeten
habe Tocqueville's oder Renan's Anfichten über die
franzöfifche Revolution, warum haben fie nicht den Muth,
die immortels principes de 89 zu verleugnen, anftatt
vor ihnen mit der Menge anbetend niederzukinieen?
Nehmen wir an, die Gebildeten feien gegen den Krieg
gewefen im Jahre 1870; warum haben fie ihre Stimmen
nicht erhoben? Einfach, weil fie den Muth nicht hatten
aufzuftehen, wie fie am 18. März den Muth nicht hatten
das Beifpiel nachzuahmen, das die Londoner Bürger=
fchaft den Chartiften gegenüber im Jahre 1848 gegeben
hatte. Hat man ja nicht einmal den Muth oder die
Selbftüberwindung, zur Wahlurne zu gehen. So fügt
man fich dem Joche der Parteien, wie man fich dem
der Mode, der Convention fügt im Privatleben.

Die Mehrzahl der gebildeten Franzofen — wir
haben fchon mehrfach Gelegenheit gehabt es zu fagen
— ift gleichgiltig gegen die Etiketten des Staates, wenn
diefer Staat ihnen nur Ordnung, Gefetz und Freiheit
verbürgt; aber kein gebildeter Franzofe hat den Muth
es zu geftehen; denn er macht fich lächerlich, wenn er

eine bestehende Regierung nicht bespöttelt und ihr wenig=
stens eine Wortopposition macht: fronder le gouverne-
ment, cela est bien porté, das gehört zum fashionablen
Ton. Man gilt für einfältig und naiv (das Unerträg=
lichste für einen Franzosen), wenn man an der bestehen=
den Regierung etwas Gutes findet, und da bequemt
man sich lieber dazu auch seine kritischen Augen zu
schärfen und die Splitter zu entdecken, die in jeder Re=
gierung so leicht zu entdecken sind. Im Geheimen ge=
steht man sich wohl, daß es im Grunde doch wirklich
einerlei ist, ob die Fahne Frankreichs weiß oder drei=
farbig sei, wenn das Land nur moderner Einrichtungen,
wohlthätiger Gesetze und ehrlicher Geschäftsführer sich
erfreut. Aber so etwas offen zu gestehen, wagt Nie=
mand; da läßt man sich lieber Alles gefallen, als daß
man die Gestalt oder die Farbe der Sache opfere. In
den langen Zwischenräumen, wo die Revolution schein=
bar besiegt, an den Thoren des Staates in leichtem
Schlummer liegt, wie die Erinnyen des Orestes vor dem
Tempel, in den er sich geflüchtet, verfälscht dieser Mangel
an öffentlichem Muth alle staatlichen Institutionen. Wo
ist der Franzose der guten Gesellschaft, der es wagen —
oder, wenn man so lieber will, der sich der Unbequem=
lichkeit unterziehen wollte, — einen bestimmten Miß=
brauch irgend einer Art in der Presse, vor den Gerichten,
oder auf der Tribüne zu denunziren, zu verfolgen oder
zu rügen? Man hat Verbindlichkeiten; man muß Rück=
sicht nehmen; es kann ein langwieriger Prozeß entstehen;
es hilft doch zu Nichts: derart sind die Entschuldigungen,
die man fortwährend zu hören bekommt. Während das

englifche Parlament, die englifche Preffe, die englifchen
Gerichtshöfe widerhallen von männlichen Anklagen und
Befchwerden gegen Leute im Amt, gegen Polizeimiß=
bräuche, gegen Uebergriffe irgend einer Art, gegen Eifen=
bahnverwaltungen oder Poftbeamte, find die franzöfifchen
Verfammlungen und die franzöfifchen Zeitungen immer
feit der Revolution Kampfplätze geblieben für Partei=
leidenfchaft oder für rhetorifche Uebungen, und zwar
immer aus demfelben Grunde, aus Mangel an morali=
fchem Muthe. Perfönlich will man's mit Niemandem
verderben. Man weiß nicht, wie man den Mann, den
man jetzt öffentlich anklagt, ein andermal brauchen, wie=
viel er kommenden Falles Einem fchaden kann; denn
das ganze Staatswefen ift ja auf gegenfeitige Hilfe,
Dienftbefliffenheit und perfönliche Intereffen angelegt.
Trotz aller Concours und Examina werden beinahe alle
Stellen nur nach Gunft und auf Empfehlung hin ver=
geben. Jeder Mann der Mittelclaffe hat in jeder Ver=
waltung wie in jeder Partei einen Vetter zu protegiren
und einen andern Vetter, der ihn felber protegirt. Die
Spitze der Regierung mag alle zwanzig Jahre wechfeln;
die Bureauchefs vererben fich und mit ihnen alle in=
directen Einflüffe. Es ift die Freimaurerei des Manda=
rinenthums. Da man demgemäß alle Perfonen und
alle concreten Mißbräuche fchonen muß, wirft man fich
auf Abftractionen, für die man Lanzen bricht und auf
Formen und Worte, die man ritterlich tapfer, ja leiden=
fchaftlich bekämpft. Selbft der Oppofitionsdeputirte, der
heute auf der Tribüne den Minifter als einen Tyran=
nendiener gebrandmarkt, geht nach der Sitzung in das

20*

Cabinet des allmächtigen Wessyr's, schüttelt ihm die Hände und bettelt ihn an um ein bureau de tabac für die Wittwe eines alten Freundes.

Diese moralische Feigheit, diese Furcht vor der Verantwortlichkeit lähmt alles öffentliche Leben in Frankreich. Sie ist es, die das Geschwornengericht in politischen Angelegenheiten zu einer Posse, in Criminalprocessen nur zu häufig zu einem Scandal macht. Sie ist es, welche die allgemeine Dienstpflicht, wie die allgemeine Schulpflicht immer nur auf dem Papier wird figuriren lassen; denn

„Il est avec le ciel des accommodements."

Wenn Mißbräuche sich einschleichen, ja zur Regel werden, es wird sich keine Stimme erheben sie zu brandmarken. Vor Allem aber ist dieser moralische Muth der „öffentlichen Meinung" und der gesellschaftlichen Convention gegenüber nirgends zu finden. Nicht ein Mann wagte aufzustehen in Frankreich nach Sedan und den Kaiser zu vertheidigen, dem man so lange gedient hatte, den man sicherlich hochgepriesen hätte, wäre er siegreich heimgekehrt. Es war ein Wetteifer, wer dem Gefallenen die empfindlichsten Fußtritte versetze. Ihn zu vertheidigen der „öffentlichen Meinung" gegenüber, wagte Keiner, wie Keiner gewagt hatte, der „öffentlichen Meinung" gegenüber den rohen Wuthausbruch, den Ruf „Nach Berlin! Nach Berlin!" zu brandmarken. Dieses ungroßmüthige Imstichelassen und dieses blinde Miteinstimmen sind Beide nur Folgen und Aeußerungen der moralischen Feigheit. — Und ebenso ist es, wie wir gesehen haben, mit dem Conventionalismus. Es gilt für

geſchmacklos ein Freidenker, für lächerlich ein eifriger
Frommer zu ſein. Irgendwie dem Herkommen, der all=
gemeinen Norm in Anſichten, Neigungen, Gewohnheiten
entgegenzutreten, gilt für unſchicklich oder bizarr, oder
„original“, oder kindlich — da läßt man’s lieber bei
dem Hergebrachten. Männer, die wagen aller Welt
zum Trotz ihren eigenen Gang zu gehen, werden ent=
weder ausgelacht wie Graf Chambord, oder erſt geäch=
tet, dann vernichtet, wie Capitän Roſſel.

Bei ſolcher Stimmung in der friedlichen liberalen
Mittelclaſſe iſt es natürlich, daß ſie, die herrſchen ſollte,
nicht zur Herrſchaft gelangen kann und daß die politi=
ſchen faiseurs ſich des Staatsruders bemächtigen. Schon
iſt Frankreich beinahe auf dem Punkte angekommen, den
ein ausgezeichneter amerikaniſcher Schriftſteller als den
Zuſtand der transatlantiſchen Republik ſchildert, wenn er
ſagt, daß „eine vollſtändige Trennung eingetreten iſt zwi=
„ſchen den politiſchen Claſſen und dem Publikum, da ge=
„bildete Leute auf die Manövers der Politicians nur noch
„mit Verachtung und Ekel blicken.“ Aehnlich in Frank=
reich, wo dieſe Stimmung natürlich nach jeder neuen
Revolution wächſt, anſtatt daß dieſe ein Anſtoß ſein
ſollten für die liberale Mittelclaſſe ſich zu ermannen und
das Heft zu ergreifen. Immer größer, immer allge=
meiner werden die Müdigkeit, der Ueberdruß. „Ich
kann“, ſchrieb mir ein edler Freund, ein gebildeter Kauf=
mann, glühender Patriot und ehrlicher Liberaler, „ich
„kann unſere unglückſelige Geſellſchaft nur mit einem
„Menſchen in reifem Mannesalter vergleichen, der, nach=
„dem er die Ideen und die Dinge des Lebens aus=

„genossen, im delirium tremens hinsiecht … Ich isolire
„mich soviel ich kann, in That, Wort und Gedanken
„von diesen Possenreißern (den Politikern) und bin über=
„zeugt, daß, was es noch Anständiges in diesem un=
„glücklichen Lande gibt, bald nur noch in der Zurück=
„gezogenheit und in der Enthaltung (vom öffentlichen
„Leben) zu finden sein wird."

Dieser Gram ist tief, aufrichtig, allgemein bei allen
guten Franzosen; und man begreift nur zu gut, wie
den großen Männern zu Muthe sein mag, die, geboren
mit dem Jahrhundert, gewohnt waren in der Revolution
und in ihrem Vaterlande das Evangelium und das aus=
erwählte Volk zu sehen. Nirgends war der Patriotis=
mus aufrichtiger und gerechtfertigter als in jener Generation; nirgends kann der Schmerz aufrichtiger und ge=
rechtfertigter sein. Ein mildes Geschick hat es einem
Sainte=Beuve, einem Cousin, einem Villemain erspart,
diesem Schiffbruche ihrer Lebensüberzeugungen und ihres
heißgeliebten Vaterlandes zuzuschauen; ihnen wäre das
Herz gebrochen, wie es dem armen Mérimée brach, oder sie
hätten in Stumpfsinn hingesiecht nach diesem Anblicke wie
die Besten der Ueberlebenden es thun. Sie hätten das
Recht dazu gehabt: aber die Generation, die jetzt im besten
Mannesalter steht, sollte der Schmerz nicht lähmen, son=
dern zur mannhaften That anspornen. Und wahrlich,
wahrlich, geschieht das nicht, so ist Frankreich verloren,
wie Renan es voraussagt. Noch ist's zu retten. Tief
gesunken, wie es ist, ist es nicht auf der Stufe des sitt=
lichen, geistigen und materiellen Elends angelangt, worin
Deutschland im XVII. Jahrhunderte schmachtete. Ja,

in mancher Hinsicht ist es nicht einmal so tief gesunken, als es Deutschland zu Zeiten des Rheinbundes war; man denke, was die deutschen Heere waren; wie die deutschen Fürsten und freien Städte um Fremdherrschaft bettelten; welche Corruption unter den deutschen Beamten herrschte; wie es zuging in Rastatt und Regensburg, wie in den säcularisirten Landen; wie angegriffen selbst Norddeutschland war zu den Zeiten von Haugwitz und Lombard; welch ein Egoismus in den gebildeten Kreisen herrschte — freilich ein idealistischer, nicht ein materialistischer, wie im Frankreich unserer Tage — und man wird sich sagen müssen, auch Frankreich könne wieder genesen, wenn es Männer fände, wie wir sie fanden, und Muth, wie unsere Väter ihn bewiesen. Die geistige Ebbe von heute ist nicht schlimmer als die zwischen Voltaire's Tod und Chateaubriand's Auftreten; sittlich stand das Land schon auf derselben Stufe zur Zeit der Regentschaft und des Directoriums; materiell ist es blühender als je. Nur politisch liegt es anscheinend unrettbar darnieder, weil es sich zu retten den moralischen Muth nicht hat.

Denn nur ein Weg der Rettung steht Frankreich offen. Es muß einsehen lernen, daß es kein Regenerations-Recept gibt und daß nur Quacksalber derlei Panaceen bieten, nur Tröpfe sie annehmen. Man geht nicht direct an seine Regeneration, wie an ein Rechen-Exempel. Jener einzige Weg ist die Einsicht, zu der die gebildeten, freisinnigen Mittelclassen kommen müssen: daß die Untugenden des politischen Charakters durch die Schärfe und Kraft des Verstandes bekämpft und besiegt

werden müssen. Ein so eminent gescheidtes Volk, wie
das französische, das in allen Lebensverhältnissen die
Verstandesrichtung vorherrschen läßt, muß diesen seinen
Verstand dazu brauchen, um sich seines revolutionären
Credos, dann wo möglich seiner schlechten Angewöhnun=
gen, womit man, wie Hamlet meint, oft so weit kommt,
daß fast der unveränderliche Charakter selber verändert
zu sein scheint, zu entledigen; es muß einsehen, was ihm
frommt und wie es dasselbe erlangen und erhalten kann.
Es muß sich überzeugen, daß „Eines schickt sich nicht
für Alle"; daß es seine politische Blüthe, ja seine Wohl=
fahrt immer nur unter der absolut=monarchischen Staats=
form hat verwirklichen können. Gibt es denn wirklich
kein Heil außer dem parlamentarischen System und der
Selbstverwaltung? War denn Frankreich so zu bedauern
unter Heinrich IV. oder unter Napoleon III.? Eine
durch Presse, öffentliche Meinung, Mitwirkung der Besten
gemilderte absolute Monarchie allein kann endlich die
Aera der Revolutionen und Staatsstreiche schließen; aber
sie ist nur möglich, wenn alle guten Bürger des fran=
zösischen Staates entschlossen sind, auf Träumereien zu
verzichten und sich dem Ehrgeize oder Fanatismus der
Parteimänner und Politiker von Profession mannhaft zu
widersetzen. Zahlreich, intelligent, gebildet, ehrlich, äußer=
lich unabhängig genug sind sie dazu; werden sie auch
den Muth dazu haben?

Ermannen sie sich nicht, so ist's geschehen um
Frankreich: entweder roher Despotismus, oder Revolu=
tion und Anarchie werden das Land ertödten oder zer=
fleischen. Man gebe sich doch nur keiner Selbsttäuschung

hin. So glänzend auch die Rolle Frankreichs in der Welt noch nach 1830 war, es ist auf dem abschüssigen Wege, der immer schneller und unaufhaltsamer fortreißt, je näher man der Tiefe kommt. Auch Spanien herrschte noch am Anfange des sechzehnten Jahrhunderts in Italien und den Niederlanden, ja in beiden Welttheilen; eine spanische Dynastie saß auf dem deutschen Kaiser= throne; die Kirche war beherrscht von spanischen Ideen und spanischen Mönchen; alle Höfe Europas ahmten Spanien nach; alle Litteraturen holten noch in Spanien ihre Muster: Cervantes, Lope de Vega, Calderon und hundert Andere blühten noch — und fünfzig Jahre darauf war Spanien, was es heute ist, ein geistig und materiell verarmtes Land, eine politische Macht zweiten Ranges. Der sittliche und materielle Verfall Frankreichs wird weder so rasch noch so tief sein können, aber er= mannt sich der gute und friedliche Franzose nicht, so wird sich im politischen Leben grausam erfüllen, was Renan schon im Jahre 1868 prophezeit:

„Erst edel, dann schwach, endlich verachtet, werden „die anständigen Menschen von Tag zu Tag mehr aus= „sterben und nach hundert Jahren werden nur kühne „Abenteurer übrig bleiben, die unter sich das blutige „Spiel des Bürgerkrieges spielen, und ein Pöbel, den „Sieger zu beklatschen. Die Auftritte, welche die Re= „gierungswechsel im römischen Reiche während des ersten „und dritten Jahrhunderts begleiteten, werden sich er= „neuern. Am Morgen, wo man erfahren wird, daß um „den Preis des Todes oder der Verbannung einiger „Hundert von einflußreichen Männern ein kühner Streich

„die Zukunft des Friedens gesichert hat, werden die fried=
„lichen Leute Beifall rufen. Der Mann, der, befleckt
„mit Blut, Verrath und Verbrechen, als Sieger seiner
„Nebenbuhler dasteht, wird als der Retter des Vater=
„landes gepriesen werden. Zwei Ursachen: der Druck
„des Auslandes, das nicht dulden wird, daß eine Nation
„sich allzusehr von der gemeinen Ordnung Europas
„entfernt, und die moralische Autorität der Bischöfe, ge=
„stützt auf die katholische Partei, werden allein fähig
„sein, einen Ballast zu schaffen für das herumgeworfene
„Schiff. Offenbar werden diese beiden Interventionen
„nicht uneigennützig sein. In dem verhängnißvollen
„Kreislaufe der Revolutionen führt ein Abgrund zum
„anderen Abgrund. Es gibt Nationen, die, einmal ein=
„getreten in diese Dante'sche Hölle, daraus zurückgekom=
„men sind. Aber was soll man zu der Nation sagen,
„die, nachdem sie herausgekommen, sich zwei=, dreimal
„wieder hineinstürzt?“

Anhang.

Französische Stimmen
über
Deutschlands Gegenwart und Zukunft.

1.

Der Glanzzeit französischen Geistes und französischer Cultur (1725—1775) war die Glanzzeit französischer Waffen und französischer Staatseinrichtungen gefolgt; und auch sie war vorübergegangen.*) Ein zahlreiches Geschlecht reichbegabter Epigonen, denen nichts fehlte als Originalität und Neuheit der Ideen und Standpunkte, um eine Cultur zu begründen, war schon auf der Neige. Die Dichter, Maler und Musiker, die Philosophen, Geschichtsschreiber und Kritiker, die Redner, Naturforscher und Novellisten, die am Anfang des Jahr-

---

*) Zu nachstehenden Kapiteln gaben zwei neue und bedeutende literarische Publicationen Anlaß, deren eine wir Ernest Renan's geistreicher und feiner Feder, die andere einem weniger bekannten, doch nicht minder über Nationalvorurtheile erhabenen jungen Franzosen, Gabriel Monod, danken. Renan's Werk (La Réforme intellectuelle et morale. Paris, Michel Levy 1872) schließt sich an seine im Jahre 1868 veröffentlichten Questions contemporaines an und besteht aus einer Sammlung verschiedener Aufsätze aus den letzten Jahren; Monod's Büchlein (Allemands et Français, souvenirs de campagne, Paris, Sandoz et Fischbacher 1872) ist die Frucht der von dem trefflichen Verfasser als Krankenpfleger während des Krieges gemachten Erfahrungen. Siehe unten Nr. 3.

hunderts geboren, hatten ihr Tagewerk schon vollendet.
Da klangen uns Deutschen in Frankreich wohlbekannte
Weisen aus dem Vaterlande herüber, bald in anmuthigen,
bald in scharfen, ja grellen Tönen, immer deutlich er=
kennbar. Es waren die alten, schönen Gedanken des
Werdens und des Organismus, die unsere Väter gedacht
in der Glanzzeit deutschen Geistes und deutscher
Cultur (1775—1825), mit denen wir in unserer Jugend
genährt worden und die nun herüberdrangen von jen=
seits des Rheins.*)   Es waren Herder's, Wilhelm v.

*) Nicht als ob die Franzosen vorher nichts von Deutschland
gewußt hätten. Im Gegentheil haben sie seit den Tagen Mme.
de Staëls und Benjamin Constant's nicht aufgehört, eifrig die
Erzeugnisse der deutschen Litteratur zu studiren — nur auf ihre
Weise. Man kann keine Nummer der „Revue des deux Mondes‘,
aufschlagen, des Blattes, das in den Händen aller Gebildeten ist
jenseits der Vogesen, ohne neben irgend einem anregenden Auf=
satze über englische Sitten und Erscheinungen Arbeiten über
deutsche Bücher und Ideen zu begegnen. Uebersetzungen von den
Gesammtschriften, wie von den einzelnen Werken unserer großen
Dichter existiren mehrfach: Goethe's „Dichtung und Wahrheit“,
sowie „Die italienische Reise“, die „Campagne in Frankreich“, die
„Tag= und Jahreshefte“ sind sogar zwei- bis dreimal, der „Faust“
zehnmal übertragen; ja selbst Eckermann's „Gespräche“ sind zwei=
mal französisch erschienen — natürlich nur im Auszuge. In der
That scheint Goethe, der Mensch wie der Dichter, unsere Nach=
barn am Meisten zu interessiren, und der gelungenen Uebersetzung
von Lewes' „Leben Goethe's“ (durch Hedouin) folgten bald Faivre's
naturwissenschaftliche Werke Goethe's; dann Caro's geistreiches
Buch: „La philosophie de Goethe“; endlich ein Band von Bossert
über Goethe's Leben und Werke, dem schon ein zweiter gefolgt
ist und dem ein Band über die deutsche Poesie des Mittelalters
vorausgegangen war; und das zweibändige Werk A. Mézières'
über Goethe's Leben nach seinen Schriften. Man füge J. J. Am=

Humbold's, Fr. Aug. Wolf's, Savigny's, Bopp's welt=
umgestaltende Anschauungen, die sich geltend machten im
Lande Montesquieu's, Rousseau's und Voltaire's. Die
jugendlichen Waghälse aber, die solche Waaren nicht heim=

---

père's, Ozanam's, Ph. Chasles' Studien und von noch Jüngeren,
Heinrich's deutsche Litteraturgeschichte in drei Bänden, Delerot's,
Richelot's, St. René Taillandier's, Crouslé's, Fontané's, Assailly's,
Challemel=Lacour's, Schuré's, Charles', Grucker's, Hallberg's,
Schmidt's und andrer Elsässer Schriften über deutsche Dichter
und Dichtungen hinzu, und man wird zugeben müssen, daß die
Ignoranz bezüglich des Ausländischen nicht gerade so groß ist
in Frankreich, als man gewöhnlich anzunehmen pflegt.

Und doch irrt sich der Instinct nicht, der uns sagt, sie wissen
nichts von uns — wie wir nichts von ihnen wissen, gestehen wir
es uns nur. Vor Allem werden jene angeregten Schriften wenig
gelesen und bringen durchaus nicht in die Nation; dann aber
sind die Verfasser selbst nie eingedrungen in das Geistesleben des
deutschen Volkes. Man sieht, die Herren nehmen sich eines schö=
nen Morgens vor, über deutsche Litteratur zu schreiben. Ge=
schwind nehmen sie die betreffenden Bände zur Hand, lesen die=
selben mühsam durch mit Hilfe des Wörterbuches oder irgend
einer ungeprüften Uebersetzung — an Geist fehlt's ja nicht; man
schreibt einen angenehmen Styl, wie sollte man da nicht ein Buch
fertig kriegen? Daß man erst in einer Atmosphäre gelebt haben
muß, ehe man eine Erscheinung der geistigen Vegetation voll=
ständig erfassen kann, daß man wenigstens Umgebung und Boden
ein wenig kennen sollte, davon hat man keine Ahnung. Selbst
bedeutende Schriftsteller und gewissenhafte Arbeiter, wie Taine,
gehen ihren Gegenständen auf diese Weise zu Leibe; wie viel mehr
die große Masse. Wenn sie doch wenigstens mit diesem selbst so
isolirten Gegenstande erst längere Zeit vertraut gelebt hätten, ehe
sie es unternähmen, davon zu schreiben! Nein, jedes dieser Werke
trägt die unverkennbaren Spuren bestimmter, nur für den Zweck
der Veröffentlichung unternommener, absichtlicher Lecture. Nicht
so mit Renan, noch mit der jungen Gelehrtengruppe, die sich theils

lich einzuschmuggeln, sondern auf offenem Markte aus-
zustellen sich nicht entblödeten, traf der Zorn der Ge-
treuen, die nicht lassen wollten von dem Credo des
XVIII. Jahrhunderts: Montégut, ward lächerlich gemacht — und die Lächerlichkeit tödtet in Frankreich;
Taine, erst kurzweg als Materialist verdammt, konnte
nur dadurch seine Verzeihung erhalten, daß er seine
Herder'schen Grundsätze durch extreme, echt französische
Logik ad absurdum trieb, wie einst Robespierre Rousseau
ad absurdum getrieben; Renan zehrt der Gram um
das Schicksal seines Landes am Herzen und, müde der
Kassandra-Rolle, stimmt er ein, wenn auch immer mit
weicher und wohllautender Stimme, in das wüste Ge-
schrei der blinden Menge gegen seine Idole von vordem.
Im Kampfe zwischen den deutschen und französischen
Ideen auf gallischem Boden sind die ersteren unterlegen;
der Geist, den einst Renan so beredt geschildert in dem
National-Dichter Béranger, triumphirt, und an diesem
Triumphe verblutet die Nation.

Niemand sah besser, daß es so kommen würde, als
Renan, und in allen seinen Wandlungen finden wir als
Grundton diese trübe Ahnung. Denn mehr als Eine
Wandlung hat der geistvolle Mann über sich ergehen
lassen, trotz des Einen Hauptgedankens, den er immer
im Auge gehabt. Er begann voll Eifer und Fleiß,

---

um die Revue critique, theils um die école des hautes études
gesammelt. Sie haben sich mit deutschen Ideen von Jugend auf
genährt, kennen unsere Civilisation und Sprache, wenden unsere
wissenschaftlichen Methoden an, theilen auch bis zu einem gewissen
Grade unsere Weltanschauung.

kriegstüchtig in seiner Polemik gegen die Kirche (in der „Liberté de penser‘‘), gewissenhaft, unpopulär, gediegen in seinen gelehrten Arbeiten („Die Geschichte der semitischen Sprache“ u. s. w.). Aber wer lebt lange in Paris, mit leichter und anmuthiger Feder, ohne der Versuchung zu erliegen, vor das große Publicum, das gebildete große Publicum — ein Frankreich eigenthümliches gesellschaftliches Product — treten zu wollen? Bald brachten die „Revue des deux Mondes“ und die dritte Seite des „Journal des Débats“ jene wunderbar schönen Essays über Gegenstände der Religionsgeschichte, Sittenstudien und Portraits von Zeitgenossen, die leben werden, so lange die Menschen noch den Reiz und die Schönheit vollendeter französischer Prosa werden zu würdigen wissen. Indeß, der Vorwurf der „Oberflächlichkeit“, den man, namentlich in Deutschland, so gerne den Gelehrten macht, die ihre Forschung nicht auf entfernte oder unklare Gegenden richten, war empfindlich für Renan, der Deutschland nie aus den Augen verlor. Er unternahm es, seine beiden ersten Richtungen mit einander zu verbinden: gründlichste wissenschaftliche Studien in populäre künstlerische Form zu gießen; er gab das „Leben Jesu“, die „Apostel“, „St. Paul“. Aber mehr, Renan versuchte es zugleich, die deutsche Anschauung mit der französischen zu vermählen: die Idee des unbewußt Mythen schaffenden Volksgeistes mit der Idee des machenden Gesetzgebers, und, wie natürlich, befriedigte er keine Seite. Die Gelehrten warfen ihm vor, die Wissenschaft erniedrigt zu haben, die große Masse der Leser fand sein Buch zu gelehrt und den Inhalt

weniger populär, als die Form. Während die Deut=
schen sich verletzt fühlten durch die Unzartheit, mit wel=
cher der Heiland als ein bewußter Thaumaturg darge=
stellt worden, begriffen die Franzosen der alten Schule
nichts von der ehrfürchtigen Scheu, mit welcher der geist=
reiche Schriftsteller die geheimnißvollen Anfänge einer
Religion behandelte, die in ihren Augen nichts ist, als
eitel Betrügerei. Renan war tief verletzt; der ungeheure
Lärm, der sich um sein Werk erhob, konnte ihn nicht
darüber trösten, weder von den Besten seiner Nation,
noch von den hochbewunderten Deutschen anerkannt
worden zu sein. Kein Wort des Zornes entfuhr ihm
gegen die schnöden und rohen Angriffe der katholischen
Sansculotten, ruhig ließ er den vorausgesehenen Sturm
über sich ergehen. Bei der Elite der Nation keinen An=
klang gefunden zu haben, das wurmte ihn, verbitterte
ihn. Dazu die politischen Ereignisse.

Wie alle gebildeten und ehrlichen Franzosen seiner
Generation war und ist Renan gleichgiltig gegen Re=
gierungsformen und dynastische Fragen; wie allen seinen
Gesinnungsgenossen fehlt es ihm an der thatkräftigen
Leidenschaft, die in die Ereignisse bestimmend eingreift.
So sah er seine Nation — trotz alles bessern Wissens
und Wollens — sich dem Joche der Parteien fügen und
somit jede Regierung unmöglich machen; er sah sie, wie
er sich selbst ausdrückte, ins Verderben eilen, ohne die
Kraft in sich zu fühlen, sie aufzuhalten. Er theilte
keines der Vorurtheile, die gegen Napoleon III. in den
sogenannten liberalen Parteien herrschten, und hätte,
ohne den Mann zu überschätzen, auch von ihm die end=

liche Befestigung gesunder staatlicher Zustände ange=
nommen. Natürlich ward er verdächtigt, denn es ist
und war stets ein Verbrechen in Frankreich seit 1789,
sein Land mehr zu lieben als eine Partei. Er hatte
die Ueberzeugung, daß Alles für dies sein Land besser
sei als eine neue Revolution, und mußte sehen, wie
Alles darauf hinarbeitete. Die Ueberzeugung kam bei
ihm wie bei den Besten der Nation zum Durchbruche,
daß der Zeitpunkt nicht mehr fern sei, wo kein wirklich
achtbarer, feinfühlender Franzose mehr an der Politik
theilnehmen könnte, ohne sich zu beschmutzen. „Die
Theilnahme der Litteraten an der thätigen Politik be=
zeichnet eine Schwächung des politischen Sinnes bei
einer Nation,“ sagte Renan, und überhaupt war er der
Ansicht, daß „ein ernster Mann nur dann thätig in die
Ereignisse seiner Zeit eingreifen dürfe, wenn er durch
seine Geburt oder den spontanen Wunsch seiner Mit=
bürger dazu berufen sei; denn es gehört eine große
Ueberhebung und viel Leichtsinn dazu, freiwillig die
Verantwortlichkeit der menschlichen Dinge auf sich zu
nehmen“ — und doch fühlte er, wie die Scheu vor Ver=
antwortlichkeit eine Ursache des Verfalles seiner Nation
war, und doch bewarb er sich 1869 um einen Sitz im
gesetzgebenden Körper! So ansteckend war noch der
morbus politicus des unglücklichen Landes, daß selbst
ein Renan sich weder bei der von ihm selbst so beredt
gepriesenen, umfriedeten, uninteressirten Thätigkeit des
Benediktiners, noch bei der Rolle des geistreichen und
sinnigen Zuschauers menschlicher Größe und menschlicher
Thorheit zu bescheiden vermochte!

Zu der Mißstimmung, die ihm sein leicht voraus=
zusehender Mißerfolg verursachte — konnte er ja doch
bei allgemeinem Stimmrecht nur von der Leidenschaft=
lichkeit roher Gegner der Kirche, nie von der heiter=
ruhigen Unparteilichkeit seiner auserwählten Gesinnungs=
genossen einen Erfolg erwarten — zu solcher, leicht ver=
meidbaren Verstimmung, sage ich, gesellte sich die schon
lange brütende Ahnung von dem unvermeidlichen Zu=
sammenstoße des Landes, an dem sein Herz mit tausend
Fasern hängt, und desjenigen, dem er sein bestes geistiges
Eigenthum dankt. „Deutschland war meine Geliebte ge=
wesen, schreibt er noch heute; „ich war mir bewußt,
ihm das Beste zu danken, was in mir ist." Er erkannte
die Berechtigung der deutschen Einheits = Bestrebungen,
obschon er ihnen abhold war.

Der Künstler in ihm, der Rom für reizlos hält,
sobald Mönch und Schmutz es nicht verunzieren, konnte
sich nicht befreunden mit den neuen Formen und Rich=
tungen Deutschlands — denn der Künstler ist immer
ein laudator temporis acti. Er meinte mit Recht, schon
lange vor der „preußischen Zwingherrschaft", im Jahre
1857, daß „das goldene Zeitalter Deutschlands, wenig=
stens in Bezug auf die äußeren Bedingungen des gei=
stigen Lebens, vorüber sei", konnte sich aber nicht enthalten,
zwölf Jahre später diese nur zu allzu wirkliche Wand=
lung der „Prussification" des armen Deutschlands, zuzu=
schreiben — als ob die preußischen Universitäten Berlin,
Halle, Bonn, Greifswalde und Königsberg unter an=
deren Bedingungen geblüht hätten, als die kleinstaat=
lichen in Heidelberg oder Tübingen. Doch wußte er,

troß seiner künstlerischen Vorliebe für das alte pittoreske Deutschland, den Gesetzen der Geschichte und somit dem modernen Deutschland gerecht zu sein und wagte es — kein geringes Wagestück im Jahre 1868 — Napoleon's III. Politik zu billigen, der „die unvermeidbare Bewegung, welche unter dem Namen Preußen ein großes, gelehrt-liberales Deutschland bildet, sich ohne Widersetzen entwickeln ließ, ja sie in gewissem Sinne begünstigte". Er sah ein und sagte: „Bei Sadowa haben die deutsche Wissenschaft, die deutsche Tugend, der Protestantismus, die Philosophie, Luther, Kant, Fichte, Hegel gesiegt." Freilich will er heute nicht zugeben, daß es dieselben Kräfte waren, die bei Sedan gesiegt. Noch im Jahre 1868 meinte er, „der Krieg sei im Grunde ein gutes Kriterium für den Werth einer Race" und „die Barbarei", d. h. die rohe Gewalt ohne Intelligenz, sei für immer besiegt", seit die preußische Armee gezeigt habe, was Intelligenz und Wissenschaft im Kriege vermöchten. Er sah voraus, „der endliche Sieg werde dem unterrichtetsten und sittlichsten Volke gehören", indem er unter „Sittlichkeit die Opferbereitheit, das Pflichtgefühl" verstand — das sich eben auf den böhmischen Feldern bewährt hatte. Denn „das Land, welches [das göttliche Recht ohne Scham und] die gesellschaftliche Ungleichheit ohne Neid erträgt, das Land, das nicht daran denkt, sich gegen seine nationale Dynastie zu erheben, ist das tugendhafteste, das erleuchtetste und wird am Ende das freieste werden".

Und drei Jahre nachher:

„Comment en un plomb vil l'or pur s'est-il changé?"

Wie ist diese Armee, dieses Mittel zur moralischen Erziehung, zu einem rohen Gesindel geworden, der preußische Intelligenzstaat zum geisttödtenden Militarismus? Seien wir billig und nachsichtig. Der Verurtheilte hat das Recht, eine Viertelstunde lang seinen Richter zu verwünschen; sollten wir dem Besiegten dasselbe Recht nicht seinem Sieger gegenüber zugestehen? Auch unsere Väter waren ungerecht gegen Frankreich nach 1806 und der Haß des Erbfeindes galt für heilig zur Zeit Stein's und Arndt's. Freilich, unsere höheren Geister, Goethe, der alte Wieland, Humboldt, ja die feinsinnige Rahel, theilten weder jenen Haß, noch machten sie sich jener Ungerechtigkeit schuldig. In Frankreich hat sich auch nicht ein Mann von Bedeutung gezeigt, der den Muth gehabt hätte, dem herausgeforderten, zum Kampfe gezwungenen Sieger gegenüber Gerechtigkeit zu üben. Vielleicht kommen noch die französischen Heine und Börne, die es wagen, dem blinden Nationalhasse entgegenzutreten; bis jetzt zeigt sich keine Spur davon und es ist ein schlimmes Zeichen, wenn so durchaus edle Charaktere und leidenschaftslose Geister wie Renan sich von dem rohen Strome mit fortreißen lassen.

Als Hegel's Haus in Jena geplündert worden, entfiel ihm kein Wort des Zornes oder der Bitterkeit gegen die französische Nation. Als Ernest Renan sein Häuschen in Sèvres wiedersah — ob von Preußen oder französischen Mobilgarden so übel zugerichtet, weiß man nicht zu sagen — da wußte er sich nicht zu beherrschen. Unsere Soldaten, die im Jahre 1866 noch puritanische Rundköpfe waren, wurden „soudards, méchants, voleurs, ivrognes, démoralisés, pillant comme du temps de Wallenstein." Dergleichen ist eine einfache Geschmacklosigkeit — die erste, die wir je Renan's Feder haben entfahren sehen und hoffentlich die letzte. Schaden können unserem Rufe dergleichen Injurien und Verleumdungen nicht mehr. Die Zeit ist vorüber, wo Frankreich Europas Ohr ausschließlich besessen und, die Geschichte naiv und unbewußt fälschend, sich selbst und Andere betrog. Basilio mag „verleumden, verleumden" so viel er will, es bleibt nichts mehr hängen und die Welt wird nicht an die „Pendules" glauben, die jedem Franzosen eine unumstößliche historische Thatsache sind, wie ehedem die Talglichter fressenden Kosaken. Unser guter Stern hat es gewollt, daß fremde Nationen ihre besten, unbefangensten Beobachter in beide Lager geschickt, und wenn auch einzelne unvermeidliche Excesse vorgefallen sind (man macht eben keinen Eierkuchen, ohne Eier zu zerbrechen) — die italienischen, amerikanischen und englischen Berichterstatter haben, trotz ihrer Sympathien für Frankreich, Alle einstimmig beurkundet, daß nie ein Krieg humaner, schonender geführt wurde. Krieg ist Krieg, und ohne Blut und Thränen geht es nicht ab. Das wußte Deutschland und wollte ihn vermeiden — aber die Leiden des Krieges auf das geringste Maß eingeschränkt zu haben, ist das Verdienst deutscher Disciplin und Europa ist uns dessen Zeuge. Die Franzosen mögen unsere Moltke, Werder und Friedrich Karl mit ihren Jourdan's, Augereau's und Davoust's vergleichen; die Welt weiß, daß keine Provinz Frankreichs das Loos Nassaus, Sachsen-Weimars oder Hamburgs

gehabt: und kann eine so blinde Leidenschaft nur be=
dauern. Daß nun aber gar ein Renan zu den Märchen
von der deutschen „Spionirerei" herabsteigen kann, ist so
unbegreiflich und dabei so bemitleidenswerth, daß wir
lieber ganz darüber zur Tagesordnung übergehen.

Unter den vielen, theils unbegründeten, theils sehr
gegründeten Anklagen gegen Deutschland, denen wir in
Renan's Feder begegnen, haben sich auch manche einge=
schlichen, die einen Schein von Wahrheit haben, und auf
sie gebührt ein Wort der Vertheidigung. Deutschland
ist „ausschließlich patriotisch" geworden; es ist so „chau=
vinistisch", als das Frankreich Béranger's nur sein
konnte; es „stellt der Welt die Pflicht als lächerlich dar",
es „spottet der Ideale", es „hat alle Großmuth aus der
Politik verbannt", „Deutschland thut nichts Uneigen=
nütziges für die Welt", „Deutschland ist nur noch eine
Nation", wie der Künstler fein und geistreich zu all die=
sen, ihm so ungewöhnlichen, Gemeinplätzen hinzufügt,
denn „der Patriotismus ist das Gegentheil sittlichen und
moralischen Einflusses". Danken wir Gott, daß wir
nicht sind, wie Dieser Eine, glaubt man zu hören, wenn
man derlei Klagen von dem Munde eines Franzosen
vernimmt.

Freilich hat Deutschland seine Chauvins; aber es
ist dies ein alte Waare: und sie hat nicht mehr den
Einfluß auf die öffentliche Meinung des deutschen Vol=
kes, wie zur Zeit Jahn's und Wolfgang Menzel's.
Renan kennt unsere Litteratur besser, als irgend ein
Fremder; hat er aber auch die gefeiertsten Werke unserer
Zeitgenossen aus den Jahren 1868 bis 1870 gelesen?

Hettner's französische „Litteraturgeschichte des 18. Jahr=
hunderts", Justi's „Winckelmann", Strauß's „Voltaire",
— denen wir noch Schmidt's, Humbert's, Kreyssig's,
Frenzel's, Bona Meyer's, Paul Lindau's, Baudissin's,
Arnstädt's, Arndt's und so vieler Anderer Werke hinzu=
fügen könnten — und wenn er sie gelesen hat, diese
gelesensten und geschätztesten Hervorbringungen der letz=
ten Jahre, hat er nicht überall die vollste, freudigste, an=
erkennendste Dankbarkeit für alles das gefunden, was
wir, was die Welt Frankreich schuldet? Wo ist da eine
Spur von Nationalhaß? Und war es Deutschlands
Schuld, wenn es aus dieser Reaction gegen die Grimm=
Gervinus'sche Schule durch die tollste Kriegserklärung
herausgerissen und wieder in die anti=französischen
Strömungen hineingeworfen worden? Doch möge sich
Renan beruhigen: auch diese Strömungen gelten nur
dem gesunkenen Frankreich des 19. Jahrhunderts; das
große Frankreich des 18. Jahrhunderts wird immer
unseren Dank, unsere Bewunderung zu ernten fort=
fahren.

Wir haben „alle Großmuth aus der Politik ver=
bannt". Ja, wenn uns Renan auch nur ein Blatt der
Weltgeschichte zeigen könnte, wo „Großmuth in der Po=
litik" vorgekommen wäre — sollte es Campo=Formio,
oder Lunéville sein, Tilsit oder Preßburg? Und wenn
je mehr als ein Schein von Großmuth darin war, war
es nicht ein Verbrechen gegen die eigene Nation? Wir
gehören nicht zu den Verunglimpfern Napoleon's III.,
der das Unglück hatte, die Vorurtheile seiner Nation nicht
hinlänglich zu theilen. Aber als Napoleon III. zum

Frieden mit Rußland — immer unter der Bedingung
der „großmüthigen“ Abtretung Bessarabiens — trieb,
ohne etwas für Frankreich zu verlangen, sündigte er
nicht schwer an seinem Alliirten wie an der eigenen
Nation? Hat die Folge nicht bewiesen, daß dieser „groß=
müthige“ Friedensschluß es Rußland möglich machte,
vierzehn Jahre später ohne Schwertstreich den status
quo ante bellum wieder herzustellen, und daß so fran=
zösisches Blut und französisches Geld umsonst verschwen=
det worden? Daß man unseren Staatsmännern diesen
härtesten aller Vorwürfe nicht machen könne, haben sie
sich der „violence faite à l'Alsace et à la Lorraine“
schuldig gemacht. Renan glaubt freilich, daß „diese so=
genannte Bürgschaft des Friedens, welche sich die Zei=
tungsschreiber und Staatsmänner Deutschlands träumen,
eine Bürgschaft endloser Kriege sein wird“. Das ist
schwer zu reimen mit Renan's Ansicht vom Verfall seines
Vaterlandes. Konnte Deutschland dieses besiegen, als
es noch halb gesund war, wie sollte es nicht nach neuen
Jahren fortschreitenden Verfalles? Es müßte denn sein
— was bei einem Renan nicht vorauszusetzen ist —
daß man an kleine Ursachen, nicht an große, an Zufall,
nicht an Gesetz in der Weltgeschichte glaubt. Deutsch=
land hat Elsaß ohne Leidenschaft wie ohne Illusion,
mit vollstem Gefühle seiner Verantwortlichkeit vor der
Geschichte sich einverleibt. Es weiß, daß eine Generation
Menschen eines kleinen Landes geopfert werden muß,
um der Welt den Frieden zu bewahren; und es opfert
sie in voller Achtung der schmerzlichen Gefühle des
Opfers, aber mit der festen Zuversicht, daß die nächste

Generation des sprach= und blutsverwandten Stammes ihm ganz und hingebend gehören wird. Der alte Arndt sagte in seiner unpoetischen Weise: „Preußen ist wie eine wollene Jacke; man trägt sie Anfangs nur ungern; am Ende kann man sich nicht mehr von ihr trennen." Was Preußen mit den feindlich gesinnten Rheinlanden unter den schlimmsten Bedingungen in fünfzehn Jahren gelungen ist, dürfte doch wohl dem vereinten Deutschland unter den günstigsten Bedingungen in einem Menschenalter gelingen. Und frage sich Renan aufrichtig und offen, hätte Großmuth deutscherseits den Zweck besser erreicht? Hätte die Nation, die uns Sadowa nicht verziehen, uns je Sedan vergeben, selbst wenn wir ihre Grenzen unberührt gelassen? Und Renan weiß, wie vereinzelt er und die Wenigen dastanden, die keine Revanche für Sadowa verlangten. Er weiß, daß sein edles Billigkeitsgefühl für die Einheitsbestrebungen Deutschlands als Landesverrath dargestellt wurde, er erinnert sich, daß selbst die Wenigen, welche Deutschland gerecht sein wollten, sich nicht untersagen konnten, die Nation gegen dasselbe aufzustacheln, weil sie im neuen Deutschland eine Idee Napoleon's III. witterten — und es sich in ihren Augen zunächst nicht um Freiheit und Gerechtigkeit, sondern um den Sturz des verhaßten Emporkömmlings handelte.

Wer der Genesis des Krieges beigewohnt, der kann sich auch keiner Täuschung über die nothwendigen Folgen der Niederlage wie des Sieges hingeben. An Eroberung dachte man nur in zweiter Linie; das knabenhafte Verlangen sich mit dem preußischen Heere auf dem Terrain zu messen, ihm einen gehörigen Denkzettel zu geben, damit es einsehe, daß es nicht die erste Klinge führe, dann aber ihm ritterlich die Hand zu bieten, und, wie mit Rußland und Oesterreich, wieder gut Freund zu werden nach der Lection, das war das Grundmotiv. Hätte die französische Armee das unbegrenzte Sieges= vertrauen, das die Nation zu ihr hegte, gerechtfertigt, auf Händen hätte man den siegreichen Imperator in seine Hauptstadt getragen; als es gegen alles Erwarten getäuscht wurde, konnte Nichts der Bitterkeit und der Demüthigung des von solcher Höhe und Selbstschätzung gestürzten Volkes gleichkommen; aber man sage doch ja nicht, die Eroberung habe die eitle Nation gereizt und gedemüthigt; die Niederlage allein war es. Vor Weißen= burg und Wörth existirte keine Spur von Haß gegen Deutschland. Deutschenhaß wie Deutschen = Verfolgung begannen sogleich nach diesen Niederlagen (4. u. 6. August); von Eroberung des Elsasses aber war zum ersten Male erst am 19. September die Rede. Ja, man ist versucht zu glauben, daß, wenn Deutschland „großmüthig" ge= wesen wäre, d. h. gar keine Garantie gefordert hätte, Frankreich sich durch solche „Großmuth" noch viel tiefer beschämt und verletzt gefühlt haben würde. Einfach sein Unrecht einzusehen, seine Mitschuld zu gestehen, die sitt= liche, militärische und politische Ueberlegenheit eines Geg= ners anzuerkennen in dem Gedanken, daß man, wie Frank= reich dieselbe Ueberlegenheit so lange und so oft bewährt, sie einst auch wiedererlangen könne — dazu fehlt der Muth der Wahrheit, und man glaubt lieber an Verrath, Spionage, Uebermacht und was dergleichen Zufälligkeiten mehr sind.

Sich an die Stelle Anderer zu setzen — diese erste Bedingung jeder Gerechtigkeit — scheint den Franzosen absolut unmöglich: sie können sich nicht einen Augenblick denken, welcher Art die Gefühle der zu erobernden Rheinprovinzen unter französischer Herrschaft gewesen wären, noch weniger was deutsche Bürger empfunden hätten, wenn französische Heere ihre Städte und Dörfer besetzt hätten; und nun gar nicht wie eine fremde Nation sich bei einem Tilsiter Frieden befunden haben mag. Doch kann man an diesem Beispiel sehen wie mächtig solche Strömungen sind und wie wenig dabei auf den angebornen Sinn ankommt: am Unwahrsten, Rohesten, Feigsten haben sich die von deutschen Eltern in Frankreich Gebornen in der systematischen Verleumdung des Vaterlandes ihrer Väter gezeigt. Es gibt Lagen, wo das Stillschweigen, die Neutralität jedem delikaten Menschen sich von selbst aufzwingt: der französische Deutsche glaubte auch die Insulte gegen sein Stammland hinzufügen zu müssen, eine Feigheit, deren sich der Sohn, ja der Enkel eines Engländers oder Franzosen, eines Spaniers oder Italieners nie schuldig gemacht haben würde, und welche wir weiter unten historisch und psychologisch zu erklären suchen. Hier gilt es nur ein neues Beispiel zu geben von der Unfähigkeit der Franzosen, sich an Anderer Stelle zu versetzen. Einen in Deutschland gebornen Franzosen hielten sie für einen Landesverräther, wenn er die deutsche Partei ergriff, von einem in Frankreich gebornen Deutschen erwarteten sie als ganz selbstverständlich, daß er die Sache Frankreichs leidenschaftlich aufnähme. Die Gerechtigkeit der Sache selbst aber, abgesehen von der Nationalität, scheint ihnen von gar keinem Gewicht.

Doch weiter im Anklage = Register. Wir nehmen nicht allein die schwere Verantwortlichkeit auf uns, einer ganzen Generation, einer ganzen Provinz*) das schwerste aller Opfer aufzuerlegen; wir lachen noch dazu aller edlen Regungen, wir „spotten der Ideale". Wo Renan dies gesehen haben mag, wäre schwer zu sagen. Es ist frei=lich Mode geworden im idealistischen Deutschland sich etwas positiv und matter of fact zu geberden, wie der moralische Deutsche auch gar manchmal den fanfaron de vice im Auslande macht; aber eine Nation, die mit der Begeisterung von 1870 in den Kampf gezogen, spottet doch wahrlich nicht der Ideale. Es müßte denn sein, daß „Vaterland" kein Ideal mehr ist, und Renan ist nahe daran, so weit zu gehen. Der schönste Zug des deutschen Charakters, der einzige, den er sich selbst in seiner schlimmsten Zeit, in seiner tiefsten sittlichen und nationalen Versunkenheit bewahrt hatte, ist eben die Liebe zum Ideal, zur Sache, wenn man so lieber will. Nicht für ein Bändchen im Knopfloch, nicht für Gehalt und Beförderung, nicht für Ruhm und Befriedigung der Eitelkeit treibt der Deutsche Wissenschaft, Erziehung, Kunst, ja den Krieg selber, sondern allein um der un=eigennützigen Liebe zur Wissenschaft, zur Erziehung, zur Kunst, ja zum Kriege selber willen treibt er sie, und das ist doch wohl Idealismus. Und nicht länger alles Ideal

---

*) Die liberale Partei in Deutschland war im Allgemeinen gegen die Annexion des französischen Metz.

in Don Quixotiaden oder abgenützten humanitarischen Phrasen zu sehen, deren Hohlheit man schmerzlich aus der Erfahrung gelernt hat, das wäre doch wohl eher Wahrheitsliebe, als Verachtung der Ideale zu nennen.

Freilich ist's das alte Deutschland nicht mehr, und gerade in diesem Punkte ist's schwer, es sich begreiflich zu machen, wie ein so durchaus historischer Kopf wie Renan die Nothwendigkeit solcher Entwicklung durchaus nicht einsehen will. Deutschland ist nicht länger mehr der Jüngling Posa, doch es schämt sich seiner Jugendträume nicht. Aber mag man das immerhin in Frankreich Cynismus nennen — Deutschland kann in geflissentlicher Selbsttäuschung keine Tugend sehen. Sein Idealismus besteht darin, in jeder Phase seines Lebens den idealen Sinn sich zu bewahren, die ideale Seite herauszufinden, nicht in eigensinnigem Feiern und Anbeten von über- wundenen Idealen zu verharren, an die es innerlich nicht mehr glaubt. Das aber ist's gerade, was Renan uns vorwirft, daß wir nicht mehr an jene Ideale glauben; hier eben liegt die Begriffsverwirrung. Das deutsche Volk feiert noch heute die Männer des Friedens, die ihm seine nationale Cultur geschaffen, denen es seine religiöse Toleranz, sein wissenschaftliches Leben, seine Poesie und Bildung verdankt; ja selbst die Ideen dieser Männer verleugnet es nicht; wohl aber hat es die kind- lichen Illusionen aufgeben müssen, denen sich jene Gene- rationen über die politische Neugestaltung Deutsch- lands noch vertrauensvoll hingaben und die im Jahre 1848 so traurig zu Schanden wurden. Oder sollten wir aus lauter Consequenz die absolut als untauglich

erwiesenen Formen noch immer wieder von Neuem ver=
suchen, anstatt diejenigen Formen dankbar anzunehmen,
die uns die Ereignisse bieten und die uns erlauben, das
Wesen dessen zu erlangen, was wir immer erstrebt und
erhofft? Oder verbürgt die jetzige Gestaltung Deutschlands
die Entfaltung dieses Wesens nicht? Verbürgt sie nicht
Einheit, Sicherheit nach Außen, Entwicklung der öffent=
lichen Freiheit, sowie des öffentlichen Wohlstandes? Der
Franzose mag sich weigern, das helle Tageslicht zu
sehen, und von preußischem Militarismus, Junkerherr=
schaft, Pfaffenwirthschaft reden — wer den Parlaments=
Verhandlungen in Berlin seit 1866 gefolgt, wer die
neuen Gesetze kennt, die daraus hervorgegangen, wem
der volkswirthschaftliche Aufschwung Deutschlands seit
sechs Jahren nicht unbekannt ist, wer die Fragen nur
nennen hört, die seit dem letzten Kriege allein das öffent=
liche Interesse in Anspruch nehmen — der weiß (und
alle nicht französischen Ausländer erkennen es laut an)
daß das neue Deutschland nicht die Pfade des Militär=
Despotismus wandelt und daß es seit 1866 athmet wie
der erlöste Gulliver, als die hundert kleinen Stricke durch=
hauen worden, die ihn fesselten; oder glaubt Renan wirk=
lich, daß dieser Aufschwung auch in unseren Kleinstaaten
möglich gewesen wäre?

Freilich ist's das alte Deutschland nicht mehr, frei=
lich sind Politik und Handel in den Vordergrund ge=
treten; aber sollen wir denn durchaus die Ströme auf=
wärts fließen machen? Und ist's denn wahr, daß die
politischen und commerziell=industriellen Interessen Wis=
senschaft und Kunst in Deutschland ersticken? Sei man

doch wahr gegen sich selbst und Andere! Deutschlands schöpferische Epoche auf dem Gebiete der Kunst und Wissenschaft ist vorüber seit fünfzig Jahren; sie ist vorüber, weil's den ewigen Gesetzen der Natur und Geschichte so beliebt, und selbst die geliebten Kleinstaaten und der gesegnete Bundestag haben nicht vermocht, jene Epoche zu verlängern. Aber Kunst und Wissenschaft liegen darum nicht darnieder, noch sind die Bedingungen verändert, unter denen sie blühen. Ja, die wissenschaftliche und künstlerische Thätigkeit ist beiweitem verbreiteter, quantitativer, als sie es vor siebzig Jahren war. Auch die schöpferische Epoche Italiens dauerte nur fünfzig Jahre (1480 bis 1530); aber noch zwei Jahrhunderte lang pilgerten die Claude Lorrains, die Poussins und die Rubens nach den italienischen Schulen, welche die Methoden und Traditionen ihrer großen Väter noch immer bewahrten. Keine weltumgestaltende Idee hat sich seit fünfzig Jahren in Deutschland durchgebrochen; aber seine zwanzig Universitäten, seine gelehrten Schulen verarbeiten noch immer mit demselben Eifer wie ehedem die Ideen und Schöpfungen der Väter: sie haben noch allein in Europa rein wissenschaftliche Methoden und Traditionen bewahrt. Ein Blick auf die Studenten-Verzeichnisse wird Renan überzeugen können, daß die studirende Jugend sich, trotz der realistischen Tendenzen unseres Zeitalters, beinahe verdoppelt hat seit fünfzig Jahren, und der Leipziger Meßkatalog des Jahres 1872 mag ihm zeigen, daß der wissenschaftliche Bienenkorb Deutschlands mehr Honig als je in seinen Zellen sammelt.

Wir wissen nicht, welche Nation berufen ist, uns in
der Rolle des geistigen Protagonisten in der Weltge=
schichte abzulösen, wie wir Frankreich, wie Frankreich
England, England Spanien, Spanien Italien, nach=
einander abgelöst. Mag sein — der Kreislauf beginnt
von Neuem in Italien, mag sein, so unwahrscheinlich es
auch klingt — daß Rußland die Erbschaft antritt: was
wir aber wissen, ist das Eine, daß wir freudig bereit
sein werden, auf unsere Hegemonie zu verzichten zum
Besten der Menschheit, daß wir nicht Spaniens noch
Frankreichs Beispiel folgen werden, die sich in stolzer
Selbstbefangenheit von allem Fremden abgewandt, son=
dern England nacheifern wollen, welches es nicht unter
seiner Würde fand, nachdem Montesquieu und Voltaire
an Newton's und Locke's Fackel die ihrige angesteckt,
nun dieser Leuchte freudig zu folgen und so sich vor
geistigem Untergange zu bewahren.

Auch wir hofften, eine solche geistige Mitarbeiterschaft
im Sinne der englisch=französischen des achtzehnten Jahr=
hunderts, könne sich zwischen den Höhergebildeten Deutsch=
lands und Frankreichs herstellen lassen; auch wir trugen
unser Scherflein dazu bei, dieses Culturwerk zu fördern;
auch uns war's nicht wohl zu Muthe, als diese „Chi=
märe auf immer zerstört ward". Aber durch wen ward
sie zerstört? Durch das Volk, das sich zum wildesten
Angriffe gegen unsere Existenz hinreißen ließ, oder durch
uns, die wir das heiligste Gut, das Gut der nationalen
Unabhängigkeit, kämpfend schützten und durch erkämpfte
Bollwerke für immer in Sicherheit brachten? Möge
Renan es uns glauben, die in Frankreich wohnenden

Deutschen, die berühmten Spione Moltke's, waren
es nicht, denen das Herz am wenigsten blutete im Sep=
tember 1870. Wohl wußten wir, wie „fade ein Gericht
ohne Salz ist", aber wenn man zur Wahl gezwungen
wird, muß man es nicht der „Schüssel Salz" vorziehen?
Und war es Deutschland, das zu dieser traurigen Alter=
native zwang? Ist es Deutschland, das Frankreich von
der kommenden Culturarbeit ausschließen will? Uns will
es scheinen, daß der gebildete Deutsche nie seinen Na=
tionalhaß auf Einzelne übertragen, wie es der Franzose
seit 1870 mit uns thut; daß er selbst in der schlimmsten
Zeit, als eine französische Besatzung und Verwaltung
auf Berlin lastete, dem edlen Beispiel einer besseren Zeit
und besserer Männer, dem Beispiel eines Voltaire und
Maupertuis folgte, welche viel zu hoch dachten, als daß
sie dem Sieger von Roßbach, geschweige denn einem
Unterthan desselben, der persönlich Nichts gegen Frank=
reich gethan, hätten gram sein sollen, weil die Politik
einen Zusammenstoß beider Nationen herbeigeführt hatte.
Man erinnere sich nur, wie ein Campan, wie der junge
Custine in der Berliner Gesellschaft von 1806—1810,
während Fichte den Nationalhaß predigte, aufgenommen
waren; wie man dort zwischen dem Individuum und
dem Staat zu unterscheiden wußte; wie wenig man es
heute in Paris versteht: und dann frage man sich ehr=
lich, wo die tiefergehende Cultur herrscht.

Viel Treffendes sagt Renan über deutsche National=
fehler; er rügt geistreich unsere Härten, unseren Hoch=
muth, gewisse Geschmacklosigkeiten des deutschen Lebens,
unsere noch so wenig vorgeschrittene gesellschaftliche Ent=

22*

wicklung, die Ignoranz der deutschen Mittelklasse über französische Zustände und die falschen landläufigen Urtheile, welche daraus entspringen. Und doch scheint er mir in seinem Bilde nicht immer die richtigen Schatten und Lichter getroffen zu haben.

2.

„Jetzt, da Jeglicher liest und viele Leser das Buch nur
Ungeduldig durchblättern und, selbst die Feder ergreifend,
Auf das Büchlein ein Buch mit seltener Fertigkeit pfropfen,"

ist es eine Gewissenspflicht, solchem Beispiele nicht zu folgen, selbst wenn die Versuchung so nahe läge, wie in unserem Falle. Wer alle die tiefen Beobachtungen, glänzenden Paradoxien und muthigen Wahrheiten, oder auch nur die unglaublichen Ungerechtigkeiten und Naivetäten, die Renan hier in einem Bande zusammengestellt hat, aufzeichnen, wer alle Feinheiten unterstreichen wollte, alle bedeutenden Gedanken hervorheben, alle trefflichen Rathschläge in Erwägung ziehen; wer gar alle Irrthümer berichtigen, auf alle Anklagen antworten, dem Schriftsteller alle Widersprüche aufmutzen wollte, die hier friedlich und in reizendster Form nebeneinander liegen — der müßte in der That mehr als ein Buch schreiben. Der Widerspruch zumal muß dem Franzosen zugegeben werden: ist er doch das einzige Correctiv für die unerbittliche Logik seines Verstandes, und wie man sich die Geschichte der Nation nicht klar machen kann, ohne einem Montaigne einen Rancé gegenüberzustellen, so kann man Renan's Gedankengang nicht folgen, wenn man seine

Widersprüche nicht hinnehmen will; sind ja doch diese Widersprüche das Resultat seiner Stimmungen, und ist es doch die Stimmung, nicht das System, was die Originalität und Individualität Renan's ausmacht. So sei es uns denn erlaubt, aus der Fülle dessen, was der geistreiche und bedeutende Schriftsteller uns diesmal bietet, einen Punkt hervorzuheben und, ohne eine allzu leichte Polemik in's Unendliche auszuspinnen, den Ansich= ten Renan's unsere Ansichten gegenüberzustellen.

Dieser Punkt betrifft die Zukunft Deutschlands, und da wir unsere Ideen eben nur als Ansichten geben, so dürfte schon dadurch jeder Gedanke an eine litterarische Fehde ferngehalten werden. Wir zweifeln sogar nicht, daß Manches von dem, was wir auf dem Herzen haben und einmal aussprechen möchten, Wasser auf Renan's Mühle sein wird, wie so Vieles, was er über Frank= reich und Deutschland gesagt, uns in unseren Ansichten bestärkt hat.

Ueber das Vergangene hätten wir wenig zu rechten mit Renan. Seine kurz zusammengedrängte Geschichte der deutschen Einheitsbestrebungen ist trefflich; und wenn auch manche Irrthümer und Vorurtheile in der Schil= derung des deutschen Volks=Charakters mit unterlaufen, so ist auch diese im Ganzen lebendig und wahr; viele eingestreute Bemerkungen sind sogar der feinsten und treffendsten Art. Da wollen wir uns denn nicht zu laut beklagen, wenn er uns „eine harte, keusche, starke und ernsthafte Race" nennt; auch daß wir uns „auf Ruhm und point d'honneur nur mittelmäßig ver= stehen", wollen wir uns gefallen lassen, ja sogar, daß

wir „nachtragend und ungroßmüthig" sein sollen, der
„gutmüthige, leichtsinnige Franzose dagegen leicht das
Uebel vergesse, das er zugefügt", wollen wir zugeben;
aber daß der Besiegte von Waterloo auch „das Uebel
leicht vergesse, das man ihm zugefügt" — ist doch eine
etwas zu starke Forderung an unsere Erfahrung. Solche
Concessionen an die National-Eitelkeit und Selbstver=
blendung muß selbst der vorurtheilsfreieste und muthigste
Franzose machen, wenn er sich nur irgendwie Gehör
verschaffen will; und es ist schon ein so großer Beweis
von Wahrheitsliebe, eine solche Probe von Muth, wenn
ein französischer Schriftsteller die Berechtigung der deut=
schen Einheitsbestrebungen zugibt, wie Renan es thut,
daß man ihm dergleichen captationes benevolentiae
wohl verzeihen kann.

Natürlich kommt auch bei aller Anerkennung jener
Berechtigung die alte Märe wieder vor, die in allen
fremden Köpfen spukt, von einem undeutschen Preußen
und einem unpreußischen Deutschland, von einem Auf=
gehen des ersten in das zweite oder des zweiten im
ersten, das man bei einem unterrichteten und geschmack=
vollen Schriftsteller, wie Renan gerne vermißte. Aus
den Preußen „eine im Grunde mehr slavische als ger=
manische Bevölkerung" machen zu wollen, heißt doch nur
mit Worten spielen. Ist die „Grundbevölkerung" des
Königreiches Sachsen nicht noch beiweitem slavischer als
die Brandenburgs und Schlesiens — der einzigen alt=
preußischen Provinzen, auf die Renan anspielen kann —
und wer hat je daran gedacht, Sachsen ein slavisches
Land zu nennen? Freilich wird auch in England nach=

gerade „die celtische Grundbevölkerung" wieder vorherr=
schend über die angelsächsischen Eroberer — wenn wir
Renan Glauben schenken dürfen. Auch sollte man von
einem Kenner der deutschen Geschichte voraussetzen, er
wisse, daß die „Preußen" Winckelmann, Kant, Herder,
Schleiermacher, Alexander und Wilhelm v. Humboldt,
Tieck — und wie die Namen alle der Brandenburger,
Schlesier, Ost= und Westpreußen lauten, die an unserer
nationalen Cultur mitgewirkt — etwas für „Deutsch=
land" gethan, sowie daß die „Deutschen" Stein, Scharn=
horst, Niebuhr, Savigny, Hegel, Bunsen — und leider
auch General=Superintendent Hoffmann — auf „Preußen"
einen gewissen Einfluß ausgeübt. So scheint Renan die
Idee der kleindeutschen Partei trefflich zu würdigen,
aber — kaum glaublich! — er bildet sich ehrlich ein,
die großdeutsche Partei habe sich an Preußen angelehnt,
in Preußen concentrirt; die kleindeutsche dagegen in
Süddeutschland und den Kleinstaaten! Ein so grober
Irrthum verrückt natürlich auch vollständig seine Ge=
sichtspunkte in Bezug auf die zukünftige Politik des
neuen deutschen Reiches. Wer nicht weiß, daß dieses
Nationalreich gerade der Reaction gegen das geträumte
und angestrebte Siebzig=Millionen=Reich sein Entstehen
verdankt, kann offenbar nur falsche Folgerungen auf die
Zukunft desselben ziehen.

Wie alle Franzosen, sieht auch Renan in dem
Staate Friedrichs des Großen den „Herd des Feudalis=
mus" und den „Hauptsitz des ancien régime" mit
ganzen Kategorien „geopferter" Unterthanen. Nun galt
bislang Preußen gerade als der moderne Staat par

excellence, wie ihn Tanucci und Pombal, Gustav III.
und Struensee, Aranda und Joseph II. und alle die
andern „aufgeklärten und philosophischen" Staatsmänner
des 18. Jahrhunderts angestrebt, Friedrich und Leopold
allein aber hergerichtet; und die Reformen Stein's oder
Scharnhorst's konnten doch wahrhaftig nicht als ein
Zurückführen auf das ancien régime gelten. Weil in
Preußen noch ein zahlreicher kleiner Adel existirt und
das traditionelle Loyalitäts=Verhältniß zwischen Volk und
Königthum noch lebendig ist, so werden darum seine
bürgerliche Bureaukratie, sein Volksheer, seine Handels=
und Gewerbe=Gesetzgebung, sein Schulwesen, seine Justiz
und Verwaltung doch nicht nothwendig feudalistisch sein
müssen. Daß ein übrigens von Renan höchlich bewun=
dertes und beneidetes Loyalitäts = Verhältniß zwischen
Unterthan und Krone durchaus das ancien régime nicht
ausmacht, hätte er selbst in England sehen können, wenn
auch dort mehr Spuren davon zu finden sind, als in
Preußen; daß aber in den so viel gelobten — und so
wenig nachgeahmten — Kleinstaaten Deutschlands keine
Junker zu finden sein sollten, das ist eben eine jener in
der Fremde landläufigen Ideen, die es schwer halten wird
auszurotten, da sie so äußerst bequem ist für die Leute,
die nicht sehen wollen.

Die Gefahren, die dem neuen Deutschland drohen,
sind mannigfachster Art, wenn wir Renan Glauben
schenken dürfen. Das Glück — denn der Geschichts=
Philosoph Renan, der so klar sieht in der tiefen Kette
von Ursache und Wirkung, dessen durchdringendem Blicke
die Gesetze der Geschichte sich gewiß nicht verbergen,

glaubt auch an Glück, Zündnadelgewehre, zufällige
Napoleons und zufällige Moltkes — das Glück kann
sich von uns wenden. Die katholische Partei, die Feuda=
len, die Internationale werden uns im Innern, Ruß=
land, Oesterreich von Außen bedrohen. Um unser geistiges
Leben ist's geschehen, seit wir uns auf's Nationsein=
wollen verlegt haben — das hätten wir Frankreich lassen
müssen, für das natürlich eine Schande ist, was für uns
ein Lob: d. h. das „Verzichten auf Alles, was Ruhm,
Kraft, Glanz" ja auch Patriotismus heißt. Auch der
Föderalismus, ja schon eine energische Decentralisation
— zwei Principien, die Frankreichs Tod bezeichnen wür=
den — könnten Deutschland nur heilsam sein; denn nur
unter ihnen blüht Deutschlands eigenthümlicher Genius.
(Die größte Blüthe Deutschland's sollten wir demnach
wohl in's 17. Jahrhundert setzen.) Denn obschon Renan
nicht so kindisch ist, in Einem Athem von preußischem
Cäsarismus und Feudalismus zu sprechen, so kann doch
auch er's nicht lassen, vom preußischen Militär=Despotis=
mus und der preußischen Centralisation zu reden. Neben
diesen ererbten Krankheiten sieht er aber auch noch andere,
die unsere Gesundheit untergraben könnten, und wie ein
französisches Journal im Sommer 1870 vorschlug, ein
paar hundert Pariser Freudenmädchen in's deutsche Lager
zu senden, um die deutsche Jugend zu vergiften, so hofft
Renan, das Gift der französisch=demokratischen Ideen
werde auch Deutschland ergreifen und früher oder später
zu Grunde richten.

Und nicht ganz unbegründet ist seine Hoffnung lei=
der; denn nur anscheinend haben wir die französisch=

demokratischen Ideen überwunden, die seit den Dreißiger=
Jahren bei uns eingedrungen, herausgefordert durch eine
blinde Reaction. So lange im deutschen Reichstage und
in der deutschen Presse noch gewisse abstracte Schablonen
spuken, so lange ist der Feind in uns nicht besiegt, so
lange ist die ansteckende materia peccans noch nicht
herausgeworfen aus unserem Blute. Und wir sprechen
hier von abstracten conservativen Begriffen gerade so=
wohl, als von abstracten fortschrittlichen Begriffen.

Unsere Mittelclassen haben sich den Gebrauch des
französischen politischen Wörterbuches noch nicht abge=
wöhnt; nur schlagen es die Einen bei Louis Blanc und
Jules Favre auf, die Anderen bei Royer=Collard oder
Guizot. Die Namen sind zwar vergessen, über Gebühr
vergessen, aber die unfruchtbaren Begriffe, die sie in
Umlauf gebracht, gehen noch allerwärts um. Erst wenn
die Conservativen einsehen, daß Religion nicht auf star=
rem Festhalten der Confession, sondern auf dem religiösen
Gefühle beruht, welches sich zeitgemäße Formen schafft;
daß der Adel nicht auf Reinheit der Adelsregister, son=
dern auf Grundbesitz und angehäufte Bildung gegründet
ist; daß nicht Abwehren der öffentlichen Controle durch
Preßgesetze und ähnliche Maßregeln, sondern die Ver=
bindung aller realen Interessen in der Gesellschaft den
staatsmännischen Conservatismus ausmacht; erst wenn
die Mittelclassen begreifen werden, daß die politische
Gleichheit ein Wahn ist, wie die gesellschaftliche; daß ein
Staat nicht gedeihen kann, wenn jeder Bürger thätigen
Antheil am politischen Leben nimmt — man nennt
das heutzutage Gemeinsinn und ist sehr stolz auf die

rohe Anschauung, die im Staate den Hauptzweck, nicht das Mittel der Gesellschaft sieht; — daß das Heil einer Nation nicht in politischen Formen, zumal des Auslandes, sei es nun Englands, Amerikas oder Frankreichs, liegt, sondern in dem Wesen, das heißt einer guten Verwaltung, die Jedem seine Freiheit läßt; daß das Regieren ein schwer zu erlernendes Geschäft ist, das weder der Gesammtheit noch einer Kaste zukommt, sondern einem stets sich erneuernden und verjüngenden Stande (in England Aristokratie, in Deutschland Bureaukratie genannt); daß Opponiren nicht den Liberalismus ausmacht und nicht alle Leute im Amte nothwendigerweise „Volksfeinde" sein müssen; erst wenn die Arbeiter der Städte wie die des Landes wieder zur Ueberzeugung gekommen sind, daß der einzige sichere Weg zum Wohlstand und Ansehen Thätigkeit und Sparsamkeit ist, und daß man den Strom des socialen Blutes nicht in eigens zugerichtete Canäle und Canälchen lenken kann — erst dann mag Deutschland sich rühmen, die französischen Ideen überwunden zu haben; erst dann wäre die Gefahr vorüber, die Renan uns voraussagt. Man sieht, es hat noch Weile; und für's Erste thun wir noch wohl daran, auf der Lauer zu bleiben und das Uebel mit jeder Art Gegengift unverdrossen zu bekämpfen. Die Frage ist ja nicht, ob Deutschland eine große Zukunft vor sich hat — das erkennen ja Alle an, Freund und Feind, freudig oder unwillig; — auch nicht, ob es ewig jung und kräftig bleiben könne; sondern wie es durch Weisheit, Mäßigung und Selbsterkenntniß sein Mannesalter verlängere, seine Gesundheit nicht vor der Zeit

zerrütte. Auch es hat, wie jeder lebendige Organismus,
die Keime des Verfalles in sich. Diese zu erkennen im
staatlichen und gesellschaftlichen Leben, ist die Aufgabe
des denkenden Patrioten.

Unsere Feinde sprechen nur immer von Militaris=
mus, Despotismus, Feudalismus, Centralisation, Er=
oberungslust, als von solchen Keimen kommenden Ver=
falls; uns kommen gerade diese Gefahren nur scheinbar
vor und wir sehen die wirklichen Schäden anderswo.
Wir werden nie zugeben, daß eine Volksarmee, wie die=
jenige, welche den Angriff Frankreichs abgewehrt, je zum
Militarismus führen könne, und sehen in ihr im Gegen=
theile die beste Garantie gegen Prätorianismus, die beste
Schule für Vaterlandsliebe, Pflichtgefühl, Bürgersinn.
Wir wissen, daß eine gelehrte, arbeitsame, durchaus
ehrenwerthe Bureaukratie, überwacht und vorwärtsgetrie=
ben von einem freigewählten Parlamente, von Volksver=
sammlungen und Vereinen aller Art, wie sie kein Volk
der Erde freier und zahlreicher besitzt, und von einer
viel gelesenen, nur zu freimüthigen Presse, kein Despo=
tismus zu nennen ist. Wir können nur lächeln, wenn
man von unserem ganz modernen Staatswesen, in dem
auch nicht Ein Adelsprivileg mehr erhalten ist, als von
einer Feudalität, oder von unserem Kaiserhause, das seit
mehr als zwei Jahrhunderten mit dem protestantischen
Deutschland zusammengewachsen ist, als von einer Cä=
saren=Familie spricht. Wir vertrauen zuversichtlich auf
die Dauerbarkeit unserer Einheit, ohne uns durch die
Phantome der übertriebenen Centralisation und des dar=
aus als natürliche Reaction entspringenden Föderalis=

mus irremachen zu lassen; denn wir wissen ja, daß
Preußen nie seine Provinzen gewaltsam nivellirt und
uniformirt hat, und daß unsere junge Einheit ein Recru=
tirungs=, Garnisons= und Mobilisations=System gefahr=
los verträgt, das selbst der altzusammengewachsene fran=
zösische Staatskörper Frankreichs nicht anzuwenden wagt.*)
Wir glauben endlich, daß die klein=deutsche Idee, d. h.
der Gegensatz zu Allem, was an die alte Kaiser=Idee
universal=monarchischer Tendenz erinnert, so tief einge=
drungen ist in das deutsche Volksbewußtsein, daß es
uns nicht leicht einfallen wird, Friedrich Barbarossa aus
seinem Schlummer zu wecken, seit das deutsche Reich,
wie es Heinrich der Finkler einst gewollt, so stattlich
dasteht. Die Annexion Schleswig=Holsteins aber oder
Hannovers „der deutschen Eroberungslust" zuschreiben
zu wollen, überlassen wir den sentimentalen und schwa=
chen Gemüthern, für welche das Recht aufhört, Recht zu
sein, sobald es die Macht hat, und für die das Unrecht
interessant wird, sobald es besiegt und schwach geworden.
Mögen die Franzosen immerhin uns entrüstet zurufen:
Que c'est un méchant animal!
Quand on l'attaque, il se défend;

*) Natürlich gebe ich hier für's deutsche Publikum nur An=
deutungen: weiterausgeführt habe ich die Gründe, die gegen die
Wahrscheinlichkeit einer allzu centralistischen Entwicklung Deutsch=
lands sprechen, zuerst in einer Reihe von Aufsätzen im Journal
de Débats (Jahrg. 1866), dann in meiner Prusse contemporaine
(Paris Germer Baillière 1867), in drei Aufsätzen der Nuova An=
tologia (Jahrg. 1868 Mai, Juli, October) unter dem Titel Storia
dell' Unità alemanna und endlich in einem Aufsatze der Fort-
nigthly Review (October 1871) über The Prospects of Liberalism
in Germany. S. auch meine Arbeiten über Deutschland in der
Revue des Deux Mondes, passim.

wir suchen unsere schwachen Seiten anderswo und fin=
den sie in gewissen Staatsformen, in unseren gesell=
schaftlichen Zuständen; in Untugenden unseres Geistes
und Charakters.

Das Grundübel des neuen deutschen Reiches, seine
Zwitterform, die ihm noch viel zu schaffen machen wird,
ist eben für's Erste nicht zu entfernen, doch dürfte es
der natura medicans unseres sonst gesunden Staats=
körpers mit der Zeit gelingen, es zu heilen. So lange
der Kanzler an der Spitze der Geschäfte steht, wird die
widersinnige Organisation des Bundesrathes auch noch
vorhalten; aber die Zeit wird kommen, wo er noth=
wendig reformirt werden muß, und wird erst ein wirk=
liches Oberhaus daraus gemacht, so werden sich's auch
die heute noch souveränen Fürsten nicht verdrießen lassen,
wenn auch nicht selber darin zu sitzen, wie seit 1815 die
durch den Reichs=Deputations=Hauptschluß mediatisirten
Fürsten in den ersten Kammern der Einzelstaaten sitzen, so
doch sich darin durch einen Prinzen von Geblüt vertreten zu
lassen. Schon ihre Söhne werden sich mehr als Unter=
thanen denn als Vasallen fühlen; und damit wird, wenn
nicht de jure, so doch de facto, der Einheitsstaat, wie
er uns in Großbritannien als Muster vorschwebt, ja
hergestellt sein.

Schwieriger wird es sein, den auf unsere Bureau=
kratie gepfropften Parlamentarismus mit dieser zu frucht=
barer, gemeinsamer Thätigkeit zu verbinden. An eine
Alleinherrschaft des Reichstages im Sinne des englischen
Unterhauses zu denken, wäre ein Vergehen gegen unsere
Geschichte und abstractester, unheilvollster Doctrinarismus.

Daß aber das Beamtenheer vermindert, dagegen materiell besser bedacht, daß ihm auf jeder Stufe der Verwaltung ein controlirender, nicht ein regierender, Electivkörper zur Seite stehe, wie dem Bürgermeister der Gemeinderath, dem Oberpräsidenten in gewissen Provinzen der Provinzial=Landtag und sein ständiger Ausschuß, wie dem Bundeskanzleramte der Reichstag — leider noch ohne ständigen Ausschuß — das können, das wollen, das müssen wir anstreben. Aber klar müssen wir uns darüber werden, daß wir nicht mehr anstreben dürfen, ehe sich unsere gesellschaftlichen Zustände gänzlich geändert haben. Deutschland hat noch keine regierenden Classen, und mit dem Entwicklungsgange, den unsere Gesellschaft genommen, wird es sobald keine haben. Demzufolge muß es sich seine Regierer heranbilden und dazu dient ihm die Beamten = Carrière. Jedes System hat seine Licht= und Schattenseiten; ist's aber nicht ein leidiges Vorurtheil, wenn man annimmt, ein deutscher unabsetz= barer Regierungsrath, auf einer Universität gebildet, im praktischen Staatsdienste herangezogen, verstehe sein Metier weniger gut, als ein englisches Parlaments=Mitglied oder der Verwandte eines englischen Parlaments=Mitgliedes? Die Bureaukratie wird nur dann gefährlich, wenn sie sich, wie in Frankreich — und wie in Preußen von 1786 bis 1806 — durch Favoritismus recrutirt, oder wenn sie sich dem Tageslichte entzieht und der Nation nicht erlaubt, ihr auf die Finger zu sehen, und frische Luft, helles Licht in ihre Bureaux bringen zu lassen — wie das in ganz Deutschland der Fall war noch vor wenig Jahrzehnten.

Unsere geschichtliche Entwicklung, die unseren großen Adel vernichtet und damit die politische Freiheit unseres Vaterlandes um Jahrhunderte verzögert, hat dagegen auch wieder durch den kleineren Adel uns die Möglichkeit gegeben, ein Volksheer zu halten, das keiner Berufsarmee nachsteht. Denn ohne unseren kleinen Adel ist unsere Armee undenkbar; nur Standesvorurtheile in der That können eine intelligente und gebildete Jugend dazu bestimmen, einer gewinnreichen, freien Carrière eine ehrenvolle, aber beinahe mittellose Unfreiheit vorzuziehen. Aber eine solche Entwicklung hat auch im Voraus dem deutschen Parlamentarismus ganz andere Bahnen vorgezeichnet, als dem englischen. Unsere Parlamente werden noch auf lange hin Organe der öffentlichen Meinung, Controle übende Gewalten sein, wie es die Presse in England ist — zu regierenden Mächten werden sie nicht werden, solange unsere Gesellschaft noch keine müßigen Classen besitzt. Die Advocaten, Aerzte, Professoren, Ingenieure, Richter, die in unseren Kammern sitzen, haben die Zeit und die Mittel nicht, sich mit der Politik ausschließlich zu beschäftigen — und man sollte doch denken, das Regieren wäre ein Geschäft, ernst und wichtig genug, um ausschließlich getrieben zu werden — sie sind nicht für diese Laufbahn vorbereitet worden. Die ganze Theorie der Selbstregierung, wie sie in Deutschland so verbreitet ist, beruht auf unklaren Ideen. Eine moderne Nation kann sich nicht direct selbst regieren; deßhalb hat sie Vertreter, die sie regieren; erlauben es ihr ihre gesellschaftlichen Zustände nicht, solche Vertreter unentgeltlich und durch eigene Wahl zu finden, so nimmt sie Beamte,

welche sie besoldet und wählen läßt. Wie gewöhnlich
verwechselt man Rechte mit Aemtern. Gleiche Rechte
haben wir Alle oder beanspruchen sie Alle; Aemter
können nur die dazu Befähigten versehen. Aus dieser
Verwechslung leiten sich alle unsere politischen Enttäu=
schungen her. Fürst Bismarck fühlte es wohl, als er
die Beamten vom Reichstage ausgeschlossen, die Diäten
abgeschafft wissen wollte. Er war darin offenbar parla=
mentarischer im englischen Sinne, als der liberalste Fort=
schrittsmann; aber auch er war doctrinär. Man führt
keinen englischen Parlamentarismus in einem Lande
durch, das keine gesellschaftlichen Vorbedingungen dazu
hat. Unsere Kammern müssen fortfahren, die Rolle eines
controlirenden, officiell constituirten Organs der öffent=
lichen Meinung zu spielen, bis die Entwicklung unseres
Handels und unserer Industrie uns, neben unseren Be=
amten, eine politische Classe geschaffen hat. Mit anderen
Worten: nur angehäuftes Kapital, angehäufte Tradition,
angehäufte Bildung und Muße — nicht Müssiggang —
machen eine Gesellschaftsclasse aus, die sich ausschließlich
mit Politik beschäftigen kann.

Nun ist in Deutschland noch beinahe Alles zu thun,
um dahin zu gelangen. Unser kleiner Adel ist arm,
unser hoher Adel sehr wenig zahlreich und bislang in
— ich weiß nicht welchen — landesherrlichen Vorur=
theilen befangen gewesen; unser Kaufmannsstand ist
thätig, fängt auch an, sich zu bereichern, aber ist ohne
alle die humanistische Bildung, die ihn im 16. Jahrhundert
noch auszeichnete; unsere gelehrten Kreise sind weder unab=
hängig in materieller Hinsicht, noch stehen sie in Be=

ziehung mit den praktischen Interessen der Nation. Wir
sind auch weit entfernt, die „oberen Zehntausend" zu
haben, welche bis auf die letzten Jahre hin England
regierten, d. h. wohlhabende, durchaus nicht immer reiche
Familien, deren Söhne classische Bildung in Eton,
Rugby, Harrow oder Winchester erhalten, weiter in Cam=
bridge oder Oxford, dann auf Reisen diese Bildung be=
lebt und vollendet, darauf endlich sich dem Staatswesen
gewidmet, in die Diplomatie, die Beamtenwelt, die Co=
lonial=Verwaltung, das Parlament, die Armee und das
Richteramt eintreten.

Selbst Frankreich ist in dieser Beziehung besser
daran als Deutschland, was allein erklärt, wie die Na=
tion nicht schon lange der zersetzenden Wirkung einer
achtzig Jahre anhaltenden Revolution erlegen. Beinahe
alle französischen Advocaten und Richter haben von Haus
aus pecuniäre Unabhängigkeit; Erstere bringen es zu
colossalen Einkünften sowie damit zusammenhängendem
Einfluß und äußerem Ansehen im Verlaufe ihrer Carrière.
Alle einigermaßen wohlhabenden Kaufleute Bordeaux',
Nantes', oder Havre's senden ihre Söhne in die Gym=
nasien, lassen sie die Rechte studiren und nehmen sie mit
dem zwei oder drei und zwanzigsten Jahre ins Geschäft
auf. Kein Land zählt mehr Rentiers und Gutsbesitzer
von mittlerem Einkommen, die ein Interesse daran fin=
den, sich mit literarischen Gegenständen abzugeben; und
auf dem Tische jedes dieser Rentiers oder Gutsbesitzer
wird man einen Guizot oder Thierry finden, während
man bei den wenigen Deutschen dieser Kategorie wohl
doch eher eine gewisse Feuilleton=Litteratur antreffen

würde als Ranke und Sybel. Nirgends ist im Grunde, wenn wir wahr sein wollen, die National-Litteratur weniger durchgedrungen als in Deutschland. Unsere gelehrten Stände kennen Goethe auswendig; wie viele Kaufleute gibt es in Deutschland, die z. B. die „Wanderjahre" oder „Die natürliche Tochter" gelesen? — und der Grund davon ist leicht zu finden. Der Deutsche liebt seinen Beruf, geht darin auf und hat nicht die Zeit, sich mit „allgemeiner Bildung" zu plagen. Namentlich aber, der Deutsche ist arm. Nur ererbter Wohlstand gibt die Muße und die Sicherheit, welche dazu nöthig sind, die Reize eines höheren, geistigeren Lebens zu würdigen und zu genießen.

Die wahre Gefahr Deutschlands ist der Amerikanismus. Während der italienische und deutsche Kaufmann der Renaissance, der englische und französische des vorigen Jahrhunderts die Augen offen behielten für eine freie, offene Bildung, so sind der moderne Engländer und der moderne Deutsche in Manchester und Crefeld auf dem Wege, den die amerikanische Gesellschaft zu ihrem Verderben eingeschlagen, und der dort beinahe alle die schönen Traditionen, die sich, zumal in Neu-England, noch bis vor wenigen Jahrzehnten erhalten hatten, wegzuführen droht. Ich meine damit die ausschließlich realistische Bildung. Ein Knabe, der, auf der Realschule herangezogen, mit vierzehn Jahren ins Comptoir gekommen, wird kein besserer Kaufmann sein, als Derjenige, der zweiundzwanzigjährig, nach vollendeter classischer und juristischer Bildung, in den Handel tritt; jedenfalls wird er kein Mann freier, schöner Bildung sein. Selbst

23*

Politiker mag er werden — ein Politiker wie Cobden
oder Bright, — ein Politiker, der die moralischen
und historischen Interessen der Menschheit und des Vaterlandes fühlt, wird er nie werden. Mit Luxus wird er
sich zu umgeben wissen, wenn er zum Reichthum gelangt,
nicht mit künstlerischer Atmosphäre; materielle Genüsse
wird er auf's Höchste verfeinern, aber aus dem Getümmel
der Welt zu seinem Horaz, seinem Montaigne oder seinem Goethe zu flüchten, wird ihm nicht beifallen. Immer
schroffer werden sich von ihm die gelehrten und die adeligen Stände abwenden, die nichts haben als ihre Bildung und ihre Ahnen; in seinem Geldstolze wird er sie
verachten; sie werden ihn als einen rohen Barbaren oder
Emporkömmling ferne von sich halten. So weitert sich
die verhängnißvolle Kluft. Der Adel glaubt sich etwas
zu vergeben, wenn er wie der Kaufmann sein Vermögen
zu vermehren strebt; der gelehrte Stand bleibt in seiner
mehr als bescheidenen Lebensstellung und wird nie frei
entwickeln können was Jener nicht frei zu entwickeln
versteht: eine offene, schöne Bildung. Dies Eines unserer Gebrechen, das hauptsächlichste für Den, welcher
im Parlamentarismus das alleinseligmachende Princip
des modernen Staates sieht, das bedauerlichste in den
Augen Dessen, dem eine schöne, harmonische Zusammen-
wirkung aller Stände im Vaterlande, eine gegenseitige
Durchdringung und Solidarität, eine gemeinsame Bildung und gemeinsame Traditionen, Vergeistigung des
öffentlichen Lebens, Verschönerung der Geschäftsthätigkeit,
Unabhängigkeitssinn und Großsinn bei den gelehrten
Ständen als das Ideal der Nation vorschweben. Aber

neben diesem socialen Gebrechen wie viele moralische, wie viele geistige Untugenden, die wir erkennen, deren wir uns entledigen sollten!

Dieser Appendix über das liebe Vaterland ist schon zu lang, als daß wir noch viel mehr hinzuzufügen wagen wollten. Nur von einigen wenigen Winkelchen rasch und auf eine Secunde den Vorhang wegzuziehen sei noch erlaubt. Der Deutsche rühmt sich so gerne seines innigen Familienlebens; wie reimt sich das mit gewissen Gewohnheiten, die den deutschen Familienvater allabendlich ins Wirthshaus ziehen? oder mit der Sitte, unsere Töchter recht weit weg vom häuslichen Herde in Institute zu senden, wo weder Mutter noch Vater und Bruder nur den geringsten Einfluß auf sie behalten? Der Deutsche ist keusch und treu im großen Ganzen? aber ist die künstliche Aufregung durch Trinkgelage viel weniger ungesund als die Verwilderung — in Frank= reich nennt man's Verfeinerung — in Geschlechtsver= hältnissen? Der Deutsche ist wahr und offen; treibt er aber seine Freimüthigkeit nicht oft bis zur Rücksichts= losigkeit und Schroffheit? — und würde es uns mit Polen und Elsässern nicht viel leichter gelingen, würden wir bei fremden Nationen nicht eher Sympathie erwerben, wenn wir unsere Wahrheitsliebe mit etwas weniger derben Formen umgäben? „Der Deutsche ist nicht eitel, aber er ist hochmüthig", sagten wir am Beginne dieser Studien: jenes ist das Laster kleiner Geister, dieses der Auswuchs einer edlen Kraftfülle. Aber auch „Hochmuth kommt vor dem Falle". Wer gewisse deutsche Gelehrte von fremder Wissenschaft reden hört, wer andere privi=

legirte „Tüchtige" unserer Nation auf ausländische Corruption herabschauen sieht, der möchte fast jene ängstliche Bescheidenheit zurückwünschen, als der Deutsche
noch alles Fremde bewunderte — aber auch kannte.
Denn dem Verkennen und Mißachten sind das Nicht-
kennen und Verachten nahe verwandt. Wie viele junge
Deutsche, die gedankenlos Lessing's Worte wiederholen,
haben sich die Mühe gegeben, Racine oder Voltaire zu
lesen, über die sie so absprechend urtheilen? Und wo
sind unsere Schriftsteller, die, wie unsere Väter, den
„Misanthropen" alljährlich lesen, den „Orlando furioso"
unterm Kopfkissen halten?

Die wahre Gefahr aber für eine Nation ist das sich
Ab = und Ausschließen von der europäischen Geistes-
bewegung. So lange ein Land sich dieses Fehlers nicht
schuldig macht, darf es immerhin auf eine Zeit, ja auf
Jahrhunderte hin, die Führung dieser Bewegung anderen
Nationen überlassen: früher oder später wird es, wie
England es heute zu thun scheint, diese Leitung doch
wieder in die Hand nehmen. Ignorirt es aber die europäische Culturarbeit, weil sie gerade nicht im Vaterlande
mehr ihre Hauptwerkstätte hat, so wird es ihm, wie's
Spaniens Beispiel zeigt, beinahe unmöglich sein, je
wieder einen hervorragenden Theil daran zu nehmen.
Glücklicherweise ist jene Mißachtung aller fremden Wissenschaft, jene Ueberschätzung der allein selig-machenden deutschen Methoden noch nicht allgemein: glücklicherweise
gibt's noch Viele und zwar der Besten, die es nicht ver-
schmähen von einem Darwin, einem Mill zu lernen.
Dagegen leiden wir noch immer an einer gewissen Un-

gelenkigkeit des Verstandes, die uns vielfach, staatlich wie gesellig, ja litterarisch hemmt. Des Deutschen Verstand ist ehrlich und gewissenhaft; aber ist er nicht auch bisweilen gar stockig und unbiegsam? Der Deutsche begreift in Sachen der Phantasie und des Gemüthes schnell und leicht jede Schattirung; in Sachen des Verstandes ist er ein Wort- und Factenklauber, der nicht von der Stelle kömmt; erlaubt ihm seine Steifheit nie zu errathen, zu combiniren, zwischen den Zeilen, der Reden und der Handlungen wie der Bücher, zu lesen. „Diese Nation weiß durchaus Nichts zurechtzulegen," sagte Goethe zu Zelter; „durchaus stolpern sie über Strohhalmen." Dies ist heute noch viel empfindlicher, als vor fünfzig Jahren. Was würden das deutsche Staatsleben und die deutsche Geselligkeit nicht gewinnen, wenn wir uns etwas mehr von jener italienischen und französischen Eigenschaft aneignen wollten, welche die Dinge nicht so gar schwerfällig wörtlich nimmt und welche man mit dem Worte „esprit" zu bezeichnen pflegt? Denn es ist eine wohl zu erwerbende, durchaus nicht nothwendig angeborne Eigenschaft.

Man wirft uns im Auslande Neid vor, uns, die allein in der Geschichte das neidlose Verhältniß eines Schiller und Goethe, eines Moltke und Roon aufzuweisen vermögen; und doch nicht mit Unrecht: ein gewisser National-Neid, auf's Engste verwandt mit unserer Hybris neuerwachten Selbstgefühles — das sich merkwürdigerweise gar nicht seines kriegerischen Ruhmes, sondern nur seines geistigen und sittlichen Werthes überhebt — ein gewisser National-Neid regt sich bei uns schon seit den Vierziger=Jahren, und Renan hat nicht Unrecht, wenn er von uns sagt: „Der ernste, arme, gescheidte, reizlose Mensch erträgt nur widerwillig die gesellschaft= lichen Erfolge eines Nebenbuhlers, der, obschon ihm untergeordnet in gediegenen Eigenschaften, in der Welt Figur macht, die Mode regelt, und ihn mit aristokrati= schem Dünkel verhindert, darin einzudringen." Nun haben wir freilich die Thüre eingeschlagen und bewegen uns in der großen Welt und sind mehr als acceptés; selbst das connubium würden die alten Patricier dem neuen Eindringling, mächtig, aufstrebend, muthig und aufgeweckt, gewiß nicht versagen. Aber Parvenu's bleiben wir deßhalb doch in jedem Sinne, collectiv wie individuell: unsere National = Dynastie war noch ein armes Markgrafengeschlecht, als die Capetinger schon seit Vier Jahrhunderten die Königsthrone trugen; unser Staat war noch vor sechzehn Jahren ein Großstaat von so wenig Bedeutung, daß man ihn zum Pariser Con= greß nicht glaubte einladen zu müssen; unsere moderne Bildung kam hundert Jahre und mehr, nachdem Frank= reich schon seinen Racine und Corneille gehabt; unser industrieller und commercieller Aufschwung datirt von gestern. Und daß der Deutsche im Einzelnen dem Aus= länder gegenüber meist als ein Parvenu erscheint, sich als Parvenu fühlt, der Sicherheit und Unbefangenheit (aisance) ermangelt, welche die Mitte zwischen Dreistig= keit und Schüchternheit hält und das Kennzeichen aller Vornehmheit ist, das wird keinem entgangen sein, der zu beobachten weiß und den Muth hat, sich selber die Wahrheit nicht zu verhehlen. Die ganze Unpo=

pularität der Deutschen im Auslande hängt haupt=
sächlich davon ab, wie die Bewunderung, welche den
Franzosen als Nation gezollt wird, nächst der Flachheit
und Faßlichkeit ihrer demokratisch=rationalistischen Ideale,
hauptsächlich dem höheren Alter ihrer gesellschaftlichen
Cultur zuzuschreiben ist; man sieht in ihnen eine Nation
von Gentlemen, in uns ein Volk von pedantischen
Schulmeistern und reichgewordenen Handwerkern. Daher
auch die merkwürdige Erscheinung, daß, während des
großen Krieges, Alles was in England und Rußland,
in Amerika und Italien zur „guten Gesellschaft“ gehört
— oder gehören will — einmüthig die französische
Partei ergriff und festhielt, während diesseits und jen=
seits des Meeres Alles was sich zum Mittelstande be=
kennt und Rechtsgefühl höher stellt als Fashion, die
deutsche Partei ergriffen und festgehalten hat, — eine
Thatsache, welche die natürliche Sympathie der schwachen
Seelen für den Schwächeren, selbst wenn er der An=
greifende und Ungerechte ist, nicht hinreichend erklärt.
Freilich, früher, zu Zeiten unserer Demuth, als wir noch
ein „Volk von Träumern und Dichtern“ waren, da waren
wir recht liebe, brave Leute, de bonnes bêtes d'Allemands, etwas schwerfällig, aber gar gutmüthige, beschei=
dene Wesen. Seit wir uns fühlen, sind wir nirgends
mehr wohl gelitten: einzeln wie als Nation. In aller
Herren Ländern bildet die Colonie selbst der wohlhabend=
sten Deutschen in der „Gesellschaft“ die wenigst ange=
sehene Gruppe; und mehr als Ein Deutscher war feige
genug, seine Nationalität zu verleugnen, um diese Art

äußeren Ansehens zu erkaufen.*) Dieß mehr als alles
Andere erklärt das niedrige Betragen der in Frankreich
geborenen Deutschen während des letzten Krieges, das
ich oben gerügt. Denn während noch die Großenkel
spanischer oder englischer Auswandrer sich ihres frem=
den Ursprungs rühmen, so ist schon der Sohn eines
deutschen Vaters und einer deutschen Mutter auf fran=
zösischem Boden beflissen, sich das Vaterland seiner El=
tern durch übertriebnen französischen Patriotismus ver=
zeihen zu machen. Auch die Zähigkeit, mit welcher der
vornehme Elsässer der Nation anzugehören behauptet,
die ihn stets verlachte und geringschätzte, hat ihre erste
Ursache in dieser adeligen Superiorität der Franzosen
und jenem, der Geringschätzung der Juden ähnlichen,
Gefühle, welches das deutsche Volk im Auslande in=
spirirte.

Die Franzosen selbst fühlen jene Superiorität sehr
wohl und nur Wenige wagen sich zu gestehen, daß die
fremden „Gallomanen nur die französischen Laster und
Fehler lieben, und den Franzosen ihre Sympathie zu
beweisen glauben, indem sie über das spotten, was ihr
eignes Land am Meisten ehrt" (Aug. Langel). Aus
jeder Seite von Renan's Werken guckt die Eitelkeit
des Altadligen gegenüber dem Emporkömmling her=

---

*) Die Thatsache, daß andere Germanen — Engländer, Hol=
länder, Deutschrussen — unsere gesellschaftlichen Untugenden nicht
haben und deßhalb so viel besser gelitten, für soviel aristokratischer
gehalten werden als wir, während die deutschen Schweizer im
Auslande genau so wie wir angesehen sind, beweist auch eine wie
viel größere Rolle das Gefühl, einem Großstaat anzugehören und
altererbter Wohlstand in dieser Sache spielen als Racenanlage.

vor*): Seine ist ein „ritterliche, eine edle, eine feine Nation"; sie muß nun aufhören das zu sein, meint er mit offenbarem Bedauern, sie muß auch eine „arbeit= same, exacte", d. h. eine vulgäre, werden wie wir; und wir mögen dem tiefgebeugten Volke diesen Trost des besiegten Atheners dem siegreichen Macedonier gegenüber wohl lassen: Es wird schon noch einsehen lernen, daß in der deutschen Civilisation doch noch etwas mehr ist als im Macedonierthum; das können wir ruhig der Zeit überlassen. Wir indeß mögen uns immerhin rühmen Parvenus zu sein und stolz auf unsere selbsterrungene Stellung hinblicken. „Neid ist süßer als Mitleiden", sagten die Alten mit ihrem liebenswürdigen Cynismus, und warum sollten wir's nicht wiederholen? Aber zeigen wir nicht doch manchmal etwas ungentlemannischen Troß gegen die alten Weltleute mit ihren sicheren, an=

---

*) Zu diesen Nationalprivilegien der Franzosen gehört auch die Humanität: Wir Germanen — Deutsche, Engländer und Ame= rikaner — gelten nämlich in Frankreich für inhuman, weil wir nicht Alle für Abschaffung der Todesstrafe schwärmen, weil unsre Jungen in der Schule Prügel erhalten, weil wir strenge zu sein wissen, weil wir mehr Mitleiden mit den Opfern der Verbrechen, als mit den Verbrechern haben u. s. w. Die Humanität der Franzosen besteht eben meist in weichlicher Schwäche, oft in un= zeitiger Vertraulichkeit oder noch unzeitigerer Nachsicht, in senti= mentaler Rücksichtnahme, was denn freilich weder den Ausbruch der Leidenschaften, noch das Uebergreifen der Laune verhindert: gewöhnlich sind es sogar gerade die Leute, die für die humanen Principien schwärmen, welche am leidenschaftlichsten und grau= samsten wüthen, wenn sie der Zorn übermannt, welche am will= kührlichsten ihre Untergebenen, Kinder, Diener behandeln, wenn ihre Laune sie fortreißt. Das öffentliche und das Privatleben der Franzosen bietet dafür hundert Belege.

muthigen Formen? Und könnte es uns im Ernste viel
schaden, wenn wir die etwas herabgekommenen vor=
nehmen Herren — England, Frankreich, Italien, Spa=
nien u. s. f. — unter denen wir uns jetzt mehr als
gleichberechtigt bewegen, höflich und zuvorkommend be=
handelten, sie nicht bei jedem Anlasse unsere unendliche
Ueberlegenheit fühlen ließen? Unsere Kriegshelden er=
wiesen sich als Muster der Bescheidenheit; auf dem poli=
tischen Felde gibt uns unser großer, als so rücksichtslos
verschrieener Staatsmann ein treffliches Beispiel. Möch=
ten unsere Gelehrten, unsere Künstler, unsere reichgewor=
denen Geschäftsleute, unsere „Tugendhaften" doch jenen
Beispielen folgen! Vielleicht würden sie dadurch dem
Kanzler und seinem Nachfolger ihre Aufgabe sehr er=
leichtern. Ihre innere und ihre äußere Aufgabe: denn
mit Milde, Versöhnlichkeit, freudiger Anerkennung alles
Schönen und Guten haben unsere Väter den neuen
Aufbau begonnen — möchten Milde, Versöhnlichkeit,
freudige Anerkennung auch darin wohnen, auch davon
ausstrahlen. Das erst wäre die sichere Bürgschaft des
inneren und äußeren Friedens. Was der Muth gewagt,
die Kraft erkämpft, die Gerechtigkeit festgestellt, das wird
die schöne Tugend der Billigkeit allein mit drohenden
Neidern versöhnen und gegen den Zorn der Götter
schützen.

3.

Das Büchlein, welches Herr Gabriel Monod kurz
nach dem Kriege zuerst in englischer, dann in seiner

Muttersprache veröffentlichte*), ist unzweifelhaft das Un=
befangenste, Unparteiischste und Interessanteste, was eine
französische Feder über den Charakter des großen Krie=
ges geschrieben. Es erzählt ganz kurz die persönlichen
Erlebnisse des Verfassers, eines sehr vielversprechenden
jungen Historikers, vollständig vertraut mit der Methode
wissenschaftlicher Forschung, wie sie an deutschen Uni=
versitäten gehandhabt wird, und redlich bemüht, im
Vereine mit einigen Gleichdenkenden, diese Methode in
seinem Vaterlande einzuführen. Gleich bei Ausbruch
des Krieges hatte er den Katheder verlassen, um als
freiwilliger Krankenpfleger in's Feld zu ziehen, befand
sich vor Metz am Tage nach den großen Schlachten,
dann wieder bei Sedan, und endlich während mehr als
drei Monaten an der Loire, wo er, von der französischen
Armee abgeschnitten, sich beinahe nur unter Deutschen
bewegte. Der deutschen Sprache vollkommen mächtig,
nicht unbekannt mit deutschen Sitten, brachte er aus
seiner streng protestantischen Prediger=Familie, wenn
nicht streng=orthodoxe Ansichten, von denen keine Spur
in seinem Büchlein zu finden ist, so doch Traditionen
von Wahrhaftigkeit, Pflichtgefühl und Unabhängigkeit,
die ihn besonders befähigten, ruhig zu beobachten und
das Beobachtete unverbrämt zu sagen. Dieß thut er in
den vorliegenden treffenden und lebendigen Schilderungen
des französischen und des deutschen Heeres, denen ein

*) „Allemands et Français. Souvenirs de Campagne,
par Gabriel Monod, directeur-adjoint à l'École des Hautes
Etudes, infirmier volontaire." Paris, Sandoz et Fischbacher.
1872.

reizendes Capitel über die Mythenbildung im Kriege
beigefügt ist. Der Schluß des letzteren möchte beinahe
befürchten lassen, daß der Historifer der historischen
Forschung auf ewig Valet zu sagen versucht ist, wie
einst Sir Walter Raleigh sein großes Geschichtswerk in's
Feuer warf, als er sah, wie man sich nicht über den
Streit zweier Gefängnißwärter verständigen konnte, der
vor seinen Augen stattgefunden hatte. Möge Herr
Monod nicht so weit gehen in seinem Skepticismus:
die reine Erfindung lebt nicht fort in der Volkssage;
ob aber bei Marathon oder Platää, in den Catalau=
nischen Feldern oder bei Poitiers, in Austerlitz oder
Sedan ein paar tausend Mann mehr auf dieser oder
jener Seite gefochten und gefallen, das ändert die histo=
rischen Thatsachen und ihren Charakter nicht; denn die=
ser wird bestimmt durch die Folgen allein, welche ein
solches Ereigniß nach sich gezogen.

Ich sagte vorhin, Herrn Monod's Büchlein sei das
Interessanteste, was in Frankreich über den großen Krieg
geschrieben worden; ich möchte so weit gehen, es das
Beste zu nennen, nicht allein der knappen, lebendigen,
geschmackvollen Sprache wegen — die ist glücklicherweise
noch keine Seltenheit in Frankreich — sondern vor Allem
um des Muthes und der Wahrhaftigkeit willen, die den
Schreiber auszeichnen, den es einem reinen Sinne un=
möglich ist, nicht lieb zu gewinnen und hochzuachten,
selbst da, wo man seine Ansichten nicht theilen kann.
Ich habe in dem letzten Abschnitt dieses Buches schon
ausgeführt, wie meiner Ansicht nach das Schwin=
ben des moralischen Muthes, die Angst vor dem qu'en

dira-t-on und jeder Verantwortlichkeit, das bedenklichste
Symptom in dem durch die große Revolution von
Grund aus zerrütteten Volke ist, dessen Haupteigenschaft
noch zur Zeit Voltaire's und Diderot's gerade der
moralische Muth war. Was die „freiwillige Verblendung
„anlangt, welche die Franzosen unfähig macht, die Wahr=
„heit zu sehen, zu sagen und zu hören", so hat sie Nie=
mand besser geschildert, als Herr Monod, Niemand sich
selbst besser davon frei zu halten gewußt. Auch hat
man nicht verfehlt, dem „Verräther" vorzuwerfen, er
ginge zu weit in seiner Parteilosigkeit, der Augenblick
sei nicht gekommen für einen Franzosen, billig gegen die
Deutschen zu sein, worauf er stolz antwortet: „Ich denke
„anders. Die erste Pflicht des Patriotismus ist in mei=
„nen Augen die Billigkeit gegen unsere Gegner und die
„Aufrichtigkeit gegen uns selbst."

Und in der That: cecy est un livre de bonne
foy. Die erste Bedingung einer vergleichenden Charak=
teristik, wie sie Herr Monod unternommen, ist, keine vor=
gefaßten Meinungen mitzubringen, und der Verfasser ist
in einer zu gewissenhaften historischen Schule gebildet,
um dies nicht zu beherzigen. Er hat sich „von der
„Ungerechtigkeit überzeugt, absolute Urtheile zu fällen,
„die eine Nation auf Kosten der anderen herausstrei=
„chen" — ein Fehler, in welchen, gestehen wir es nur,
die Deutschen ebensogerne verfallen als die Franzosen.
Er wagt es also, in den Siegern von Sedan keine leib=
haftigen Teufel noch Barbaren zu sehen, er läßt ihnen
jede Gerechtigkeit widerfahren, lobt ihre Religiosität,
ihren Patriotismus, ihre Disciplin, ihre Achtung vor

den Frauen, ihre Liebe zu den Kindern, ihre Volksbil=
dung. Er hat sogar den Muth, seinen Landsleuten
viele unliebsame Wahrheiten zu sagen und unter Ande=
rem seine Verachtung für die französischen Offiziere
auszusprechen, die trotz ihres gegebenen Wortes wieder
Dienste nahmen. Daß die Deutschen rauh und hart
sein können, daß unter dieser trefflich disciplinirten Armee
leicht ein 10,000 Plünderer sein konnten, daß zumal
im Schweife des deutschen Heeres unsaubere Elemente
sein mochten, daß das anfängliche Zartgefühl sich nach
und nach abgestumpft*) und der Sinn der deutschen Sol=
daten durch die Dauer des Krieges zu verwildern be=
gann, daß sich unsere Soldaten oft gefräßig, unsere Offi=
ciere streng und unerbittlich zeigten, daß ein guter Theil
der dem deutschen Heere vorgeworfenen Diebstähle wirk=
lich stattgefunden haben, constatirt er, wo er kann, indem
er sogar das Vereinzelte zu verallgemeinern sucht und ist
keineswegs milde in seinem Urtheile über die feindliche
Nation; aber er wagt auch zu sagen, daß unter den
Zuaven „eine vollständige Gleichgiltigkeit für das Mein
„und Dein herrschte", und daß sie die Niederlage in
„plündernde Trunkenbolde verwandelt, furchtbarer für
„die französischen Bauern, als für die Preußen". Er
gibt zu, daß der alte französische Liniensoldat „trotz
„seiner anscheinenden Gutmüthigkeit ein wenig achtbarer

*) Freilich erst seit der Theilnahme der Nichtmilitärs am
Kampfe als francs tireurs u. s. w., d. h. nach Sedan, eine Theil=
nahme, die, so moralisch berechtigt sie auch sein mag, doch die
regelmäßigen Truppen stets auf's Aeußerste zu reizen pflegt, wie
man es sich in Deutschland aus Schill's Zeiten wohl erinnert, an
den französischen Soldaten gesehen zu haben.

„Typus ist" und daß „die Abwesenheit jedes großen
„Gedankens, jedes höheren Gefühls" die Mobilgarden
„entnervte". Mit Recht nennt er die Deutschen geradezu
„lächerlich", wenn sie die francs-tireurs im Namen der
Moral tadeln; aber er erkennt doch an, daß die deutschen
Heerführer das Recht hatten, sich ihrer durch die ener=
gischesten Mittel zu entledigen. Ja, Herr Monod geht
so weit, zu zweifeln, „ob das Betragen einer französischen
„Armee erbaulicher gewesen sein würde in Deutschland,
„als es das des deutschen Heeres in Frankreich war";
er meint, „der französische Bauer könne sagen, ob der
„französische Soldat das Eigenthum des Landsmannes
„besser respectirt, als der Deutsche das des Feindes",
und er erzählt zum Belege das Heldenstückchen einiger
französischer Officiere im Schlosse Ecomans, das eben
nicht sehr erbaulich ist.

Aus alledem, sollte man meinen, müsse Herr
Monod die Folgerung gezogen haben, daß dergleichen
Excesse, die von beiden Seiten begangen worden, nicht,
dem National=Charakter, sondern dem Kriege und —
der menschlichen Natur zuzuschreiben sind, daß es eben
so lächerlich ist, in Deutschland so freigebig mit dem
Prädicate „deutscher Tugenden" zu sein, wie in Frank=
reich von „deutschen Lastern" den Mund voll zu nehmen;
aber dazu kann er sich denn doch nicht entschließen.
Auch er will nicht einsehen, daß nur von Verschiedenheit,
nicht von Ueberlegenheit der Nationen zu reden ist? Der
Mensch ist, wie Pascal sagte: „ni ange, ni bête", und
da der Franzose und der Deutsche doch wohl Menschen
sind, so sind auch sie weder „anges" noch „bêtes",

sondern haben ihre guten und schlimmen Seiten; nur wiegen die einen oder anderen vor zu gewissen Zeiten. Der Deutsche von 1648 war unendlich viel tiefer gesunken, geistig, sittlich und politisch, als der Franzose von 1870; er hat sich doch wieder emporgearbeitet, und so wird's der Franzose thun. Volks-Charakter und Umstände spielen in der Geschichte eine immerhin bedeutende, aber doch weit geringere Rolle als große Persönlichkeiten, zumal bei einer Nation, die offenbar für den Cäsarismus geschaffen ist; man gebe den Franzosen einen Luther, Friedrich Wilhelm I., einen großen Friedrich, einen Stein, einen Scharnhorst, einen Moltke, und auch sie werden wieder werden, was sie gewesen sind: eine mächtige und achtungswerthe Nation — vorausgesetzt, daß sie solche Männer anerkennen und gewähren lassen. Es bedurfte dreier Jahrzehnte, um die in der Pfaffenwirthschaft verkommenen Rheinländer zu erziehen; es wird ebensolange dauern mit gewissen in der Kleinstaaterei versumpften und demoralisirten Süddeutschen, bis sie sich in die von Stein und Scharnhorst geschaffenen Staatsordnungen hineinleben werden. Leider sind die von Napoleon I. für Frankreich geschaffenen Ordnungen ebenso haltbar als die preußischen, ja nur zu haltbar und unveränderlich, und in ihnen ist der moderne Franzose groß geworden; ein Mann, der das Genie und die Energie hätte, sie umzustoßen, oder doch zu modificiren, könnte ganz Frankreich wieder in andere Bahnen lenken; aber solche Männer erscheinen nur alle Jahrhunderte und die Masse schafft nichts, sie strömt nur mehr oder minder mächtig in dem Bette weiter, das

ihr der politische Genius gegraben, der freilich nur die
Perſonification einer Nation und das Erzeugniß einer
hiſtoriſchen Entwicklung iſt.

Wenn ſich nun Herr Monod wohl hütet, irgend
eine Superiorität des franzöſiſchen Volkes über das
deutſche oder vice-versa ſtabiliren zu wollen und mit
gewiſſenhafteſter Unparteilichkeit die ſo verſchiedenen
Laſter und Tugenden beider Nationen abwägt, wenn
er ſogar mit lobenswertheſter Billigkeit vom gemeinen
Manne in Deutſchland ſpricht, ſo iſt er gar bitter, wenn
er auf die „aufgeklärten Stände“, zumal auf die Pfarrer
und Profeſſoren zu reden kommt, deren Eroberungsluſt
allein ſchuld iſt, wenn der Krieg ausgeartet, wenn alle
jene von ihm gerügten Exceſſe haben vorfallen können.
Sein ganzes Buch reſumirt ſich in folgenden Sätzen,
die immer wiederkehren:

„Der Geiſt des Haſſes und der Eroberung bei den Deut=
„ſchen iſt ſchuld an der Fortſetzung des Krieges nach Sedan,
„indem er Gebietsabtretungen verlangte. Das Uebrige war
„nur die verhängnißvolle Folge dieſes ungerechten Verlangens.“
. . . Die Deutſchen „durften nicht ohne abſolute Nothwendig=
„keit einen Krieg fortſetzen, der ſie zu ſolcher Strenge zwang.“
. . . Nur dadurch wurde er „ein Eroberungs = und Plün=
derungskrieg“.

Alſo an der Fortſetzung des Kampfes iſt nicht Der=
jenige ſchuld, der ſich nicht ergeben will, ſondern Der=
jenige, dem der Preis des Sieges vorenthalten wird!
Die Behauptung iſt ſo naiv, ſie iſt franzöſiſcherſeits ſo
oft erhoben worden, deutſcherſeits ſo unnöthig oft zurück=
gewieſen worden, daß wir uns nicht noch einmal der
Mühe unterziehen wollen, einem von Schmerz und

24*

Scham geblendeten Gegner die allerelementarste aller Wahrheiten zu beweisen. Vor dem Jahre 1870 ist es Niemandem im Traume eingefallen, Hannibal vorzuwerfen,` daß er nach Italien gedrungen, oder Scipio anzuklagen, daß er bis Zama gegangen. Aber in solchen Dingen läßt sich eben mit den Besten und Aufgeklärtesten der Franzosen nicht raisonniren, und es darf ihnen nicht zu sehr verdacht werden. Es ist ein schöner Zug beim Franzosen, sein Vaterland so hoch zu halten, daß er nicht um den Preis einer Provinz den Frieden erkaufen will, wie es doch Spanien und Oesterreich, Rußland und Preußen, ja England selbst immer gethan; aber er vergißt, daß er den Luxus dieses edlen Gefühls bezahlen muß. Moralisch wäre der Widerstand Frankreichs nach Sedan sehr schön gewesen, wenn er spontan gewesen wäre, politisch war er, unter jeder Bedingung, ein Wahnsinn. Auch Rußland konnte im Jahre 1855 den Kampf noch fortsetzen, aber es war klug genug, keinen Volkskrieg zu organisiren und seinen Vortheil abzuwarten. Hätte Kaiser Franz Joseph nicht nach Solferino die Lombardei herausgeben wollen, so wäre der Krieg fortgesetzt worden bis vor Wien, daran zweifelt gewiß kein Franzose, und nicht Frankreich, sondern Oesterreich wäre als der Fortsetzer des Krieges betrachtet worden.

Nichts ist im Grunde natürlicher, als daß eine Nation, die so lange eine durchaus hervorragende und bevorrechtete Stellung eingenommen, einen solchen Territorialverlust schwerer verschmerze als andere Nationen, die das Glück weniger verzogen. Auch ist's natürlich, daß der Franzose, wie jeder andere Mensch, seine Ge-

fühle und Eindrücke, unbewußt, beinahe ungewollt, zu
einem Systeme erhebt und was er als Schmerz em=
pfindet, auch vor der Vernunft als ein Unrecht hinstellen
möchte. Thun wir nicht alle dasselbe? Wo ist der
Gesunde und Glückliche, der nicht optimistisch in seiner
Philosophie, wo der Unglückliche und Kranke, der nicht
pessimistischer Weltanschauung wäre? Und haben nicht
auch die Deutschen sofort geschichts=philosophische Systeme
auf ihren Sieg angewandt? Was uns frappirt, ist viel=
mehr die Natur der Beweisgründe, welche Männer
wie Herr Monod anrufen, um darzuthun, daß das Un=
glück Frankreichs ein Unrecht Deutschlands war. Sie
beweisen, wie tief der politische Rationalismus, der seit
der großen Revolution in Frankreich zur Herrschaft ge=
kommen, Deutschland zeitweise ergriffen, Englands sich
zu bemächtigen droht, selbst in die besten Köpfe ge=
drungen. Sogar ein Historiker wie Herr Monod, selbst
ein Denker wie Renan können sich von dieser oberfläch=
lichen Weltanschauung nicht frei machen, welche einem
Montaigne, einem Pascal, einem Montesquieu so seicht
erschienen wäre, daß sie sich nicht die Mühe gegeben
hätten, sie nur zu widerlegen. Nichts beweist schlagen=
der, wie die französische Civilisation in ihren besten Ver=
tretern sich seit hundert Jahren verflacht hat. Wenn
Männer wie diese sich mit Wagner freuen, „daß wir's
nun so unendlich weit gebracht", und auf ihre Ahnen,
ja auf ihre Väter als auf Barbaren zurück= und herab=
schauen und sich mit dem naiven Stolze des Fortschritt=
lers blähen, für welchen die Welt erst mit ihm selbst
beginnt; wenn Männer wie diese sich ernstlich ein=

bilden, die Geschichte sei heute etwas Anderes als sie gestern war — wie soll es da um die Masse einer Nation stehen?

Wir möchten nicht gerne auf die Annexion des Elsaß und Lothringens zu sprechen kommen: wir haben genug davon für und wider hören müssen; aber indem wir die Frage verallgemeinern, ist es wohl erlaubt, die Vortrefflichkeit des ganzen Plebiscit-Systems zu bezweifeln, das Herr Monod als das ideale Staatsrecht der Neuzeit zu betrachten scheint, das aber weder er noch irgend ein liberaler Franzose zu Hause anwenden möchte, weil sie wohl wissen, daß das so pompös getaufte „Selbstbestimmungsrecht" wahrscheinlich die Dynastie Bonaparte, jedenfalls den Absolutismus herstellen würde. Also der augenblickliche Wille einer Generation soll mehr wiegen in der Geschichte als das permanente Interesse einer Nation? Also morgen soll es einer Provinz, einer Stadt — dem Sonderbunde zum Beispiele — freistehen, sich von der Nation zu trennen, zu der sie gehört, und sich durch Abstimmung zu einem anderen Staatsverbande zu schlagen.*) Also der Rechtstitel Frankreichs auf Nizza wäre die Volksabstimmung von 1860, nicht der Vertrag mit dem Könige von Sardinien? Und Italien besäße Rom und Neapel, die Lombardei und Venedig nicht

---

*) Ein interessanter Beleg, wie die „Liberalen" und „Modernen" sich die Sachen bequem machen, ist die allgemeine Verurtheilung, die den Südstaaten Nordamerika's in jenem Lager zu Theil ward, und hier handelte es sich doch nicht um die rebellische Provinz eines alten Einheitsstaates, sondern um die beinahe gleiche Hälfte eines jungen Staatenbundes, deren Interessen und Sitten ganz verschieden von denen der anderen Hälfte waren.

durch das Recht der Thatsachen, sondern durch die For=
malität der verschiedenen Plebiscite? Noch einmal, derlei
Dinge im Munde eines politischen Dilettanten, eines
Gymnasiasten oder improvisirten Journalisten lassen sich
begreifen; in der Feder eines Historikers sind sie geradezu
unerhört. Es ist eben doch noch immer der alte Spuk,
der seit Rousseau alle Franzosen, mit Ausnahme des
vielleicht einzigen Tocqueville, gefangen hält: „le culte
de la deésse Raison", die platte, mechanische Anschau=
ung, derzufolge eine Nation, eine Constitution, ein Kunst=
werk, eine Religion, eine Sprache gemacht wird, willent=
lich, wissentlich nach den Principien abstracter Zweck=
mäßigkeit und Gerechtigkeit.

Wie für den wirklich historischen Geist das Gesetz,
die Verfassung eines Landes nicht ein gewolltes System
a priori, sondern ein gewordener Organismus ist, der
a posteriori codificirt oder, was noch besser ist, nicht
codificirt wird, so auch die Nation selbst. Die größte
Civilgesetzgebung, die römische, beruht auf den gesam=
melten Rechtssprüchen der Prätoren; die vollendetste po=
litische Verfassung, die englische, ist die Gesammtheit von
hunderterlei Detailbestimmungen, die im Kampfe der
verschiedenen Parteien und Gesellschaft=Classen erobert
oder verjährt worden sind; der reinste Typus einer
Nation, die französische, ist geworden nicht durch Volks=
abstimmungen, sondern durch Eroberung, Heirath, Erb=
schaft, Vertrag. Ein Votum kann einen vierjährigen
Präsidenten, eine periodische Kammer wählen, aber kaum
eine lebensfähige Dynastie einsetzen, geschweige denn eine
Staatsgrenze bestimmen. Und sollte die Laune einer

Generation das Werk von Jahrhunderten zerstören kön=
nen? Oder kommt es nicht vielmehr der Weisheit der
Staatsmänner zu, nothwendige Modificationen durch Ver=
träge zu constatiren oder zu sanctioniren?

Ein internationaler Vertrag aber ist nicht ein In=
strument, das nach den Principien abstracter Gerechtig=
keit abgefaßt wird, sondern nach den Erfordernissen der
Interessen; er ist nicht ein rationalistisches Machwerk, er
ist eine Regelung der gegenseitigen Machtverhältnisse.
Ein Vertrag ist gerecht oder ungerecht, oder — um ge=
nauere Ausdrücke zu gebrauchen — er ist weise oder
unweise, je nachdem er diese Machtverhältnisse mehr oder
minder richtig constatirt; denn diese Richtigkeit allein
verspricht Dauer, und nur die Dauer ist der Prüfstein
der Verträge. Die von Münster, von Utrecht und von
Wien galten nur deshalb so lange, weil sie die Macht=
verhältnisse am richtigsten abgewogen und bestimmt hat=
ten; vor der abstracten Gerechtigkeit waren sie alle drei
wahre Attentate gegen Deutschland; doch lassen praktische
Politiker und historische Denker die Klagen darüber dem
politischen Sentimentalisten und Kannegießer: Deutsch=
land war ohnmächtig im Jahre 1648 und der west=
fälische Friede constatirte diese Ohnmacht; es war schon
etwas stärker, oder vielmehr Frankreich etwas schwächer
geworden im Jahre 1713 und Utrecht registrirte diese
relative Erstarkung und Schwächung ein, indem es der
Herrschaft Ludwig's XIV. engere Grenzen setzte; der
Wiener Congreß endlich bestimmte auf's genaueste die
Machtverhältnisse zwischen Deutschland und Frankreich,
Preußen und Oesterreich. Mittlerweile hat sich die

wachsende Kraft Deutschlands und Preußens in fünfzig=
jährigem Frieden entwickelt und die Verträge von Prag
und Frankfurt hatten nichts zu thun, als diese Ver=
änderung der Machtverhältnisse zu constatiren. Da aber
die benachtheiligten Staaten derlei Veränderungen nie
gutwillig anerkennen — noch je anerkennen werden —
mußte die Berechtigung und die Kraft derselben sich erst
durch den Krieg beweisen.

Wie die Verträge von 1648, 1713 und 1815 als
Muster weiser Verträge gelten in den Augen jedes un=
befangenen Geschichtsschreibers, so werden, der vier ersten
Verträge Ludwig's XIV. nicht zu gedenken, die Friedens=
schlüsse von Campo Formio, Lunéville, Preßburg, Tilsit,
Wien als Muster unweiser Verträge gelten müssen. Für
die drei letzten geben das die Franzosen selber meist zu;
Lunéville aber gilt in ihren Augen und besonders in
denen Herrn Thiers' als ein Meisterstück; er dauerte
keine zwei Jahre und im Vergleiche mit dem Frankfurter
Frieden von 1871 ist er exorbitant zu nennen. Ein
Blick auf die Landkarte und die 1802 cedirten Terri=
torien wird hinreichen es zu beweisen.*) Wir glauben,

*) Unglaublich ist es, wie wenig die Franzosen in geschicht=
lichen Dingen klar sehen, sobald ihr eigenes Interesse ins Spiel
kommt. So lese ich am selben Tage in zwei Artikeln des „Journal
des Débats", des gemäßigtesten und besonnensten aller französi=
schen Blätter, „daß der Friede von Frankfurt der härteste Friedens=
schluß ist, zu dem je ein Volk in Verzweiflung gezwungen worden",
und „der härteste und nothwendigste Frieden, der je abgeschlossen
wurde". Schreiber dieses fühlt sich geehrt, ein Mitarbeiter und
Freund beider Verfasser jener Artikel gewesen zu sein; er weiß,
daß nicht eine Spur von mala fides an diesen Aussagen ist; aber
er kann nicht umhin, zu bedauern, daß die ehrbarsten und ge=

daß auch der Frankfurter Friede zu, weit gegangen ist,
und wie die meisten wirklich liberal Gesinnten in
Deutschland tadeln und bedauern wir die Annexion von
Metz, welcher sich auch der leitende Staatsmann Deutsch=
lands widersetzt haben soll; aber was ist dieser Mißgriff
im Vergleiche mit denen von Lunéville oder Campo
Formio? Metz überschreitet eben die Grenze, bis wohin
die Interessen des Sieges gewahrt werden mußten, weil
Deutschland durch seinen Besitz an moralischer Sicherheit
einbüßt, was es an materieller gewinnt. Dem ist nicht
so mit dem Elsaß, und die Prätension, daß die zufällige
Neigung oder Abneigung einer Generation einer kleinen
Provinz in die Wagschale fallen sollte gegen das Interesse
der Menschheit (der Erneuerung eines Krieges wie der
von 1870, vorzubeugen), ist beinahe sündhaft zu nennen.

---

scheidtesten Leute sich durch die Leidenschaft zu solchen Uebertrei=
bungen hinreißen lassen. Also der Vertrag von Frankfurt, der
Frankreich eines Zwanzigstels seines Gebietes beraubt, ist härter
als der Friede von Tilsit, der Preußen um zwei Fünftel ver=
minderte? (von 5570 □ Meilen wurde Preußen auf 2877, von
9,743,000 Einwohnern auf 4,938,000 reducirt). Also fünf Mil=
liarden auf eine reiche Bevölkerung von 38 Millionen und bei
einer dreifachen Verminderung des Geldwerthes seit 1807 sind
mehr als die 154½ Millionen, die auf ein armes Volk von vier
Millionen Seelen gelegt werden? Also die Besetzung von sechs
Departements durch 50,000 Mann und die vollständige Freiheit
der Heeres=Reorganisation sind drückender als die Besetzung des
ganzen Landes durch 150,000 Mann und das Verbot, mehr als
42,000 Mann Truppen zu unterhalten? Und Campo Formio,
Lunéville, Preßburg und Wien waren nicht viel weniger drückend
als Tilsit. Mit solchen Uebertreibungen macht man eine Sache
gewiß nicht besser. Man nenne, wie Herr John Lemoinne, den
Frankfurter Frieden den härtesten, den das moderne Frankreich
unterzeichnen mußte, und man wird im Rechte sein.

Selbst wenn Elsaß länger als die Rheinprovinzen
schmollen sollte, war seine Eroberung eine Nothwendig=
keit. Was Frankreich zum Kriege getrieben, war die
Eifersucht auf Sadowa: was ihm heute den Durst nach
Rache einflößt, ist die Niederlage von Sedan, keineswegs
der Verlust des Elsaß, wie denn auch der Ausbruch des
Rachegefühles von der ersten Niederlage (4. Aug.) durch=
aus nicht von der Forderung der Rheinprovinz (19. Sept.)
datirt. Hätte Deutschland ohne Gebietsabtretung und
Kriegscontribution Frieden gemacht nach Sedan, so wäre
heute der Krieg schon wieder entbrannt, dessen kann
Herr Monod ganz sicher sein, und der Krieg mit einem
ungeschwächten Frankreich.

Gegen all das wird uns Herr Monod freilich ein=
werfen, daß die Welt nicht mehr dieselbe ist, daß seit
fünfzehn Jahren eine neue Aera datirt, daß unsere poli=
tischen Ansichten veraltet sind und daß Deutschland berufen
war, das gelobte Reich der internationalen Großmuth,
der modernen Ideen, der unsterblichen Principien von
1789 zu inauguriren, da Frankreich selbst versäumt hat,
es zu thun.*) Darauf wollen wir nicht mit dem wohl=

*) Manchmal freilich will es bedünken, als bräche die Stimme
des Historikers durch und lasse sich vernehmen trotz der des De=
mokraten. Er begreift zum Beispiele, daß die deutschen Völker
verantwortlich sind für die Politik der deutschen Fürsten und soli=
darisch mit ihnen; und wenn es sich um den dreißigjährigen Krieg
oder um die Liga von Augsburg handelt, dann sieht er wohl ein,
was er von Frankreich nicht zugeben mag, daß vor der Geschichte
Regierung und Nation identisch sind. Für Deutschland ist
Louis XIV. und Napoleon I. so gut Frankreich, als die Consti=
tuante oder der Convent, wie für Frankreich ein entthronter
König von Hannover oder ein mediatisirter König von Sachsen,

feilen Witze erwidern, der gegen Abschaffung der Todes=
strafe erfunden wurde: „Que Messieurs les aggresseurs
commencent." Nein, sollte je jenes millenarische Reich
eine Wahrheit werden können, so war es an Deutsch=
land, es zur Wahrheit zu machen; aber daran eben
glauben wir nicht und antworten einfach und offen auf
das Ansinnen der „Modernen": Ja, wir sind conservativ;
ja, wir glauben mit Faust, daß wir's nicht „bis an die
Sterne weit" gebracht; wir wissen, daß die Menschen
nicht besser sind als zur Zeit der Perikles und Sokrates;
ja, wir glauben, daß die Politik, wie die Kunst, wie die
Moral, keines wesentlichen Fortschritts fähig ist, daß,
wie in diesen, nur die Mittel und Formen sich ändern
und vervollkommnen; daß mit Einem Worte Leidenschaften
und Interessen (freilich auch zu Leidenschaften und In=
teressen gewordene Ideen), nicht aber Principien die Po=
litik leiten, heute wie vor zweitausend Jahren, und daß,
sollten Principien Einfluß darauf haben, wir für unseren
Theil diejenigen von 1789 nicht anrufen würden, und
das Recht, die Freiheit von 1789 nicht zu bewundern,
darf man doch wohl beanspruchen von den Verfechtern
der Freiheit. Im Wesen ist alle Politik, zumal alle in=
ternationale, eine Machtfrage; aber jede wahre Macht
beruht auf sittlicher, geistiger und ökonomischer Grund=
lage: das ist unser Idealismus.

Ob uns Herr Monod so viel zugestehen wird, be=

---

ein bezwungenes hannöver'sches Volk und unterjochtes Sachsen=
land sind, wenn auch die Bevölkerung dem Sieger zujauchzt. Wir
Conservativen geben die Berechtigung dieser Anschauungsweise
ohne Zögern zu.

zweifle ich. So unabhängig er zwischen den Nationen
steht, so befangen scheint seine Stellung gegenüber den
Parteien zu sein; wie aus einer charakteristischen Aeuße=
rung über den Kaiser erhellt. Dieser Haß des Kaiser=
thums wurde, wie wir schon früher constatirten, beinahe
von allen gebildeten Franzosen getheilt; aber welch eine
Idee gibt es von der sittlichen Energie einer Generation,
die sich von der unwissenden Menge eine Regierung auf=
zwingen läßt und dieselbe zwanzig Jahre erträgt? Herr
Monod geht nicht so weit, wie die meisten seiner Lands=
leute, die Schuld an diesem Kriege von der Nation ab
auf den Kaiser zu wälzen; aber er macht sich doch ge=
waltige Illusionen über die Stimmung der „gebildeten"
Classen Frankreichs, wenn er meint, daß unter ihnen
„jede Idee einer Eroberung lebhafte und zahlreiche Pro=
testationen hervorgerufen hätte". Wo hat denn Herr
Monod gelebt? oder wie hat er seine Ohren und Augen
gebraucht? Er meint, in Deutschland haben die „Ge=
lehrten der Universitäten den Nationalhaß geschürt", und
er vergißt, daß in Frankreich die Journalisten und Ad=
vocaten, Aerzte und Richter, Beamten und Lehrer ein=
stimmig nach dem Kriege riefen, worüber wir ihm per=
sönlich drastischste Belege liefern könnten.

Das Volk ist überall friedlich, in Frankreich wie in
Deutschland, heute wie ehedem. Aggressiv ist nur die
sogenannte öffentliche Meinung: diese wird aber allein
von jenen gebildeten Classen producirt; so war es vor
2000 Jahren, so ist es noch heute; so verhält es sich im
republikanischen Amerika wie im despotischen Rußland.
Nur sind diese Classen heute und in unseren Ländern

zahlreicher als zuvor und anderswo. Der gut geord=
nete Staat ist der, wo der lenkende Staatsmann die
öffentliche Meinung beherrscht, anstatt sich von ihr be=
herrschen zu lassen. Letzteres that Napoleon III. gegen
Ende seiner Regierung, und darin, darin allein liegt
seine Schuld als Staatsmann. Denn was Herr Monod
von der französischen Armee sagt, könnte er noch viel
besser von den gebildeten Classen seines Landes sagen:
„Nie haben sie die lächerliche Idee getheilt, daß Frank=
„reich die von den Preußen unterdrückten Deutschen be=
„freien wolle, wie es die kaiserlichen Manifeste behaup=
„teten. Die einzigen Gefühle Derer, die den Krieg
„billigten, waren eine kleinliche Eifersucht gegen Preußen,
„dessen wachsende Macht die französische Eigenliebe ver=
„letzte, eine alte Hefe des Hasses von 1815 und das
„kindische und unsittliche Vergnügen, seine Kraft zu
„zeigen, seinen Nachbar zu klopfen, als Triumphatoren
„in irgend eine Hauptstadt einzuziehen.“ Diese so vor=
trefflich geschilderten Gefühle aber, namentlich das letztere,
waren beinahe ausnahmslos unter den „liberalen“
Classen Frankreichs. Um so unentschuldbarer, würde=
loser und — man verzeihe das Wort — roher das nun
herrschende Rachegefühl. Man war schon ganz bereit,
nach einem siegreichen Gange, mit dem überwältigten
Gegner Kuß und Händedruck zu wechseln, wie mit
Russen und Oesterreichern nach Sebastopol und Sol=
ferino. Kaum hat man selbst das Sebastopol oder Sol=
ferino erlitten, so ändert sich das Verhältniß und man
hütet sich wohl selber so naive Gefühle zu hegen, die
gut sein mögen für die Barbaren des Ostens, aber

nicht für die ritterliche Nation, die „ihre eigene Art Ehre hat" wie Fürst Bismarck in einer berühmten Note sagte. Aber auch Würde und Klugheit verlangten eine andere Sprache. Mit welchem ruhigen und edeln Anstand wußte Rußland, das tiefgedemüthigte, sein Unglück hin= zunehmen und vierzehn Jahre vornehmen Schweigens waren kaum vorüber, als es die vollständigste „Revanche" auf friedlichem Wege erlangte. Frankreich keift vor Wuth und übergießt seine Sieger mit den ausgesuchtesten Schimpfwörtern. Glaubt es wirklich, dieß sei der schnellere und sicherere Weg zur Vergeltung? oder gar der wür= digere? Und auch eine gewisse Rohheit liegt darin, wenn in einer Nation nicht allein die Masse, sondern auch die Besten sich von blindem Nationalhaß hinreißen lassen und gar auf die Einzelnen Gefühle übertragen, die kaum dem Ganzen gegenüber gerechtfertigt sind. Wie anders die Väter, jene Heroen der französischen Cultur, die im vorigen Jahrhundert geschrieben und gewirkt. Der unvermeidliche Zusammenstoß der rohen Elemente, welche sich in der Politik begegnen, vermochte nicht die templa serena dieser Weisen zu erschüttern und, erhaben über die wilden Leidenschaften der Menge, wie über die unlautern Motive der Ehrgeizigen, bewohnten alle edleren Geister Europa's, mitten unter den Kämpfen der Staaten, das neutrale Reich der Humanität.

Auch in Deutschland waren und sind es die Ge= bildeten, in denen das Nationalgefühl am lebhaftesten glüht; sie hauptsächlich haben das demüthigende Be= wußtsein, „lange genug die Domestiken Frankreichs gewesen zu sein", das Verlangen, nun auch ein=

mal „die erste Violine spielen zu wollen". Aeußerst
natürliche, wenn auch keineswegs edle Empfindungen
eines politischen Emporkömmlings, aber, während zur
Zeit von Frankreichs Größe sich keine Stimme erhob,
den tollen Chauvinismus zu hemmen und zu bekämpfen,
mehren sich täglich die Schaaren unabhängiger Schrift=
steller in Deutschland, die Billigkeit und Gerechtigkeit
gegen Frankreich predigen, die vor den Gefahren der
Selbstüberhebung warnen, die kühn der eigenen Nation
ihre Fehler vorhalten. Unser Franzose citirt selbst
einige Beispiele, aber er braucht nur irgend eine deutsche
Zeitschrift oder Zeitung zu öffnen, um ähnliche Warn=
rufe in Masse zu hören. Kann er wirklich Deutschland
ein durch den Sieg „corrumpirtes Land" nennen? Ruht
Deutschland etwa auf seinen Lorbeern? Sucht es nicht
durch unausgesetzte Thätigkeit und Pflichterfüllung in
der Staatsverwaltung, in der Wissenschaft, im Privat=
leben sich der errungenen Größe werth zu erhalten?
Und wenn gar Manche sich eitel überheben, sind nicht
auch Viele da, die bescheiden und würdig den natio=
nalen Ruhm zu ertragen wissen?

Druck von Metzger & Wittig in Leipzig.

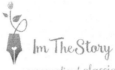

CPSIA information can be obtained
at www.ICGtesting.com
Printed in the USA
BVHW071047120819
555627BV00004B/427/P